新宿二丁目の文化人類学

ゲイ・コミュニティから都市をまなざす

砂川秀樹
SUNAGAWA Hideki

太郎次郎社
エディタス

はじめに

私には、ずっと心に残っている、ゲイバーでいただいた一杯がある。それは、新宿二丁目のゲイバーに行くようになって半年ほど経った、大学の卒業式が終わった夜のできごと。当時の私は、大学の友人には自分がゲイであることをカミングアウトすることはほとんどなく、またカミングアウトした数少ない相手とは関係が気まずくなっており、まわりの友人たちと親しくしゃべりながらもつねにどこか距離を置いているような学生だった。そのためか、卒業式が終わったあとのパーティに参加する気もおきず、またとくに強く誘われることもなく、そのままゲイバーへと足を運んだ。

いつものジントニックを飲みながら、なじみになりつつあった店のスタッフに「今日、卒業式だったんだよね」と、ぽつりと口にしてみた。そのときの私には、どこか寂しい思いがあったように思う。スタッフが「あら！　そうなの⁉　おめでとう！」と声をかけてくれた直後、一つ席を空けて隣に座っていた五〇歳前後の紳士が、その会話を耳にして、「卒業式だったんですか？　では、お祝いに一杯おごりましょう」とご馳走してくれたのだった。その方とは何度か店で顔を合わせたことがありながらも、それまで言葉を交わしたことはなく、その後も挨拶ていどの関係で親しくなることはなかったのだが、そのとき声をかけていただきご馳走になったことが、ずっと忘れられずにいる。

そんなことは、どこの飲み屋でも、とくになじみ客のあいだではよくある、ありふれた光景かもしれない。しかし私にとって、それはとても力づけられるもので、いま振り返ってみても、自分にとって大きな意味をもつものだったと感じられるできごとだった。それは、いまから言葉を与えるなら、「コミュニティ」の一員として認められたかのような感覚だった。その感覚に重要だったのは、自分が自分のまま（ゲイということを隠さない場で）仲間として祝ってもらったということだ。私が新宿二丁目を研究するようになったのは、それから六年もあとのことだが、そこにスタート地点があったのかもしれない。

その後も、私は新宿二丁目（以下、二丁目）のゲイバーに頻繁に足を運び、行く店も増えた。ゲイバーでの週末アルバイトも経験し、いろんな場面で多くの人に支えられた。そんな私には、この街でゲイである自分を肯定できるようになったという思いがある。

しかし、当時（あるいはいまでもそうかもしれないが）、マスコミや一部の研究者が描く二丁目のゲイバーのイメージは、「禁断の園」であり、「一般の人」とは異なる人が集まる場所、あるいは普段の生活とは完全に切り離された場所で、「いかがわしい、性的な空間」だった。一方、私自身が通うなかで経験していた新宿二丁目は、ときに孤独感を癒してくれる居場所であり、困ったときに助けられたネットワークが存在し、ゲイとして生きていくことの意味を考えるきっかけを与えてくれた場所だった。

ただし当然ながら、盛り場である以上、その街は、酔客が大騒ぎをしたり、酔いにまかせて悪ふざけをしたりする場所でもあり、場合によってはなんらかのトラブルに巻き込まれる可能性もある。また、さまざまな関係性が交錯するなかで精神的な傷を負うことも起こりうる場所であって、幸せや楽しいことだけがある「楽園」ではない。他の繁華街に比べると安全な街と語られつつも、つねにだれにとっても安全が保証されているわけでもないことは、あらかじめ誤解のないように強調しておきたい。

しかしいずれにせよ、当時のマスコミや研究者の二丁目像には、そこに通うゲイの多くが経験してきたであろう、自身が肯定され、仲間として経験を共有しながらつながることができる姿はなかった。そこで私は、自分の経験してきた二丁目を別の視点からとらえなおしつつ記録しようと思いたち、東京大学大学院に入り、文化人類学という学問分野に身をおきながら、二丁目の研究を始めたのだった。

私が研究を始めたころ、二丁目は大きく変化しつつあった。私がその変化のわかりやすい現れとして位置づけているのは、二丁目に「コミュニティ」という言葉が当てられるようになっていたことだ。正確には、その言葉を当てることを逡巡しながらも、この街を結節点とするネットワークへの親密感を深め、「コミュニティ」という言葉で表現しようする人が登場していたというべきだろう。それまでは、「ゲイ・タウン」として語られることがあっても、「(ゲイ) コミュニティ」という言葉は使われることはなかった。

そして、二〇〇〇年には二丁目のゲイバーを中心として、「東京レインボー祭り」という名の祭りも開催された。各地の商店街で開催されるようなありふれたイベントのようでありながら、その場所に思い入れのあるゲイにとっては心揺さぶられるものであり、二丁目の変化を象徴づける祭りだった。

私は、一九九七年から二〇〇五年にかけて「フィールドワーク」をおこなった。しかしそれは、たんに観察者として見るというものではなかった。もともとＨＩＶ／ＡＩＤＳに関する活動で二丁目にかかわっていた私だが、二〇〇〇年に東京レズビアン＆ゲイパレード（二〇〇五年に東京プライドパレードと改称）の実行委員長となったことから、二丁目で開催された東京レインボー祭りにも深くかかわることにもなった。

正直、パレードの実行委員長として名乗りをあげるときには、研究者としてのポジションはそぐわない大きな動きを自ら起こす選択をしているという意識から、研究の道はあきらめなければならないかもしれないと思った。しかし、指導教官であった船曳建夫先生や友人たちの励ましもあり、また実行委員長としての立場から、東京レインボー祭りが始まり、影響が広がる様子を内部から見ることができることはとても貴重な機会であると考え、フィールドワークを継続した。そして、それをもとに、二〇〇八年に博士論文「セクシュアリティと都市的社会空間の編成——新宿二丁目における『ゲイ・コミュニティ』意識形成の背景に関する分析から」を東京大学大学院総合文化研究科に提出し博士号を取得した。

そうして博士論文を提出してから七年が経った。この間に二丁目の様子もだいぶ変わったが、大きな構造は基本的には維持されていると思う。一方、全体社会のなかでの、ゲイを含む性的マイノリティをとりまく状況はかなり変化した。しかし、本書では、二〇〇八年提出時のものの論を出すことに意味があることを考え、基本的に現状を織り込むことはしなかった（新宿の交通の変化などは追記として記した）。ただ、多くの読者にとっての読みやすさを考えて、章の並べ替えと文章の調整をおこない、また当時のフィールドノーツや雑誌の記述からの例示や記述を増やした。

博士論文を提出するまでに私が新宿二丁目で訪れたゲイバーは、その間に閉店した店も含め五三軒であった。私がかかわっていた活動（HIV／AIDSに関する啓発や、性的マイノリティのパレード）で、パンフレットなどを配るために立ち寄った店を含めると一〇〇軒以上になる。また、ゲイバーへの訪問だけでなく、二〇〇〇年の東京レインボー祭りの実行委員会や、それをひき継いで発足した「新宿2丁目振興会」の二〇〇一年のミーティングへの参加も、当時の同会の会長や理事らの理解のもと可能となった。さらに、公益財団法人トヨタ財団研究助成プログラム二〇〇三年度の助成をいただいておこなった、二〇名のゲイへのライフヒストリーのインタビューも分析に含めている。そのほかにも、ゲイ解放運動グループの機関誌やゲイ雑誌を一次資料として使用した。

そして、私自身がゲイを自認し、それをオープンにしている者であることから、公私ともにさまざまな場面で他のゲイと知り合うことも多く、そのなかでの経験がセクシュアリティやジェンダーといった問題について考察する土台となったことを、その付き合いのなかで支えられたことへの感謝の意も込めて記しておきたい。

目次

序章

文化人類学と新宿二丁目と

この章では、まず最初に、私が身を置いている文化人類学という学問分野のあり方や手法について簡単にふれたあと、この研究における私自身のポジションに関して説明しておきたい。新宿二丁目や「ゲイ・コミュニティ」に関心をもち本書を開いてくださった人には、文化人類学という学問分野での手法になじみがない人も少なくないであろうし、逆に文化人類学の専門家には、私が対象に深く関係しながらも研究をおこなってきたことに戸惑いを感じる人もいると想像できるからだ。

その研究の方法論やポジションを説明したうえで、新宿や新宿二丁目、性的マイノリティについての基本的な情報を提示する。

1 どのように書くか、なぜ書くか

文化人類学などで、研究対象地域や集団について、長期にわたり調査し、その調査結果を詳細に記し、分析したものを民族誌《エスノグラフィー》という。民族（＝エスノ）誌（＝グラフィー）という名称ではあるが、一般的な理解における民族集団を対象とした研究だけに使う語ではない。そして、民族誌を書くために調査をおこなう対象の地域や集団は、「フィールド」とも呼ばれ、そこでの調査をフィールドワークという。フィールドワークで用いられる調査手法は、学問分野によって異なるが、文化人類学では、調査対象のなかで生活するなど、深くかかわりながらそこで起きていることを観察・記述する参与観察と呼ばれる方法が中心である。

その調査にもとづいて記述される民族誌のなかでは、まずフィールドの基本的な地理的情報や歴史的背景、人びとの人口構成などを示し、その後人びととの日常の行為や関係性、儀礼などを詳細に記述することが定石となっている。基本的な地理や人口などを提示するのは、その対象について知らない読者に対してその研究の前提となる見取り図を指し示し、その大まかな全体像を把握してもらうためだ。またさまざまな行為を詳述するのは、それにもとづいて分析を進めていくためである。しかし、それは、その場所になじんでいる者からすると、仰々しく、ときに不自然に響く。じつは、そのような記述のスタイルは文化人類学という学問分野の性質とかかわっている。

もともと文化人類学の参与観察は、研究者が、自分が生まれ育った習慣と大きく違う習慣をもつ土地に移り住んだり、あるいはそれまでかかわりのなかったコミュニティに入り身を置いたりすることで、そこでの生活や関係性に慣れ親しみ、その経験を書き留めて分析することにより対象集団を研究するというものであった。その研究の先には、人間の社会や文化、日々の生活の営みの仕組みや役割、意味について、より普遍性の高い理論を組み立てていくということがあるわけだが、文化人類学は、そのように自分にとって他者性の高い対象へと目を向けることが基本であったことから、「異文化の学問」と定義づけられてもきた。

このような「異文化の学問」では、往々にして、その研究結果として発表される文章にふれる読者たちも、その研究者と同じかあるいは近い文化的背景をもつ者と仮定されており、フィールドの人たちが読むことはあまり想定されてこなかった。そのため、その前提で書き記されたものを、描かれて分析の対象となった人たちが読むと違和感を感じることが多い。日ごろ無意識におこなっていることが抽出され、普段自分が見ている視点とは異なった視点で解釈されているからであり、当たりまえと思うことがわざわざ書き記されているからだ。フィールドの基本情報の提示がそこに慣れ親しんだ人に仰々しく見えるのもそのためである。

そして、書き記す方法を含めたその研究手法は、調査者と被調査者のあいだの力関係への無自覚さや、研究者が透明な中立的な存在で対象を一方的にまなざしているかのような描写、あるいは、固定的なイメージの生産／再生産などをめぐり、一九八〇年代後半から批判されてきた。それ以降、その批判をどれだけ意識するかは、個々人によって大きな差があるものの、文化人類学者は研究し記述することにおける自己を省察するようになり、民族誌を書くさいにもさまざまな工夫がされるようになった。

また一方で、近年、自分が生まれ育った国や地域で調査したり、自分と同じ属性をもつ対象グループや地域やコミュニティなどを研究する研究者が増えたことも、「異文化の学問」としておこなってきた研究のスタイルや記述を変えている。そのように「自文化」のなかで調査する者、とくに調査対象者との属性が重なる部分が多い場合、その調査者はしばしばネイティブ人類学者と呼ばれる。自称するかどうかはさておき、ゲイとしてゲイ・コミュニティの調査をしてきた私は、そのような意味で、典型的なネイティブ人類学者である。ネイティブ人類学者が書くものは、研究結果も自分の所属している社会のなかで発表することが多いことから、調査対象となった人たちが読む可能性も高くなり、結果として、「異文化の学問」としての研究、記述方法と異なりがちだ。共通知識とされる情報が増えるため、細かな前提を省略するためである。

しかし、私は、まさにネイティブ人類学者として、新宿二丁目（以下、二丁目は新宿二丁目を意味する）を調査しながら、「異文化の学問」として培われてきた方法を強く意識し記述した。それは、基本的な情報を確認し、当たりまえと思われていることも描写しつつ、さまざまな側面から総合的に対象を見るという全体性を意識して調査・分析することである。ただし、ここでいう全体性とは、フィールドに関するすべてを研究者として掌握しているという意味ではなく、遠景となる要素も含めさまざまな角度からとらえていくということだ。

研究を始めるまえから日常的に頻繁に、二丁目に通っていた私には、その対象に対してあまりにもネイティブ性が高いため、文化人類学において使われてきたスタイルをとおして研究することは、違う視点を獲得するのに重要な作業だった。「異文化の学問」としての文化人類学は、研究者が同化していく過程が重要だが、ネイティブ人類学者は、異化していく手続きが必要といえるかもしれない。だが、無批判に古くからの方法を取り込んでしまうと、先に書いたような、「調査者と被調査者のあいだの力関係への無自覚さや、一方的な固定的イメージの生産／再生産」の問題を生じさせてしまう可能性もある。それは、対象と同じ属性をもっているからといって免れられるわけではない。むしろ、マイノリティ性を意識する「ネイティブ人類学者」は、調査にともなう「裏切り感」を生じさせ、いっそう複雑さを増す。また、詳細な記述が、そこに所属している者にとって、好事家的な色合いをもっているように眼に映ることも悩ましい点だ。

本書のなかでは、このあとの東京レインボー祭りやゲイバーの様子の描写が、そのような記述となるが、私にとって、ゲイバーの描写はとくに困難であった。その場における関係性と意味を考察していくために、また、その場を知らない者たちもわかるように微細に書かなければならないのだが、隠しているものを覗き見られた感を与えてしまわないかと躊躇した。その結果、民族誌的な記述としては十分に厚みをもって書けたとはいえず、博士論文の審査会でもそのことを指摘された。しかし、これが、ゲイであり、文化人類学者であり、二丁目になじみのある者であり、ゲイの活動家でもある多面的な私のなかで生じたネゴシエーション（対話／交渉）の結果である。

文化人類学者レナート・ロザルドは、民族誌の記述について、つぎのように述べている。

> 社会記述が適切かどうかを査定するための信頼できる評価基準があるとしたら、次の思考実験がそれにあたるだろう。それは、他者についての民族誌の言説が、自分自身を記述するのにつかわれた場合、どの程度有効だと考えられるだろうかと問うことである。［ロザルド 1998（1989, 1993）：75］

私は、この民族誌的な記述のなかで自分のかかわりが見えるようにした。フィールドに入った研究者は否応なくそこでの関係性に巻き込まれ、一方的な観察者としての存在ではなくなるが、私はとくに、活動が並行していたため、その度合いが強かった。それもあり、「思考実験」としてではなく、実際に自分自身をも記述に含めた。それは逆の言い方をすれば、自分を透明な存在として描かない、ということだ。それはまた、唯一無二の真実がそこにあるかのような描写となることを避けるということでもある。

こうして私なりの研究と記述の方法を考えてはきたが、調査にともなう「裏切り感」ともいえる葛藤は消えることがない。それでもなお、私がこの研究を進め、博士論文を記し、そして出版をすることにしたのはなぜか。その問いに答えるならば、まず「はじめに」で書いたように、一面的なメディアの表象とは違う面を提示し、その変化を書き残したかったということがある。

そしてまた、この新宿二丁目という街の現在のあり方を書き残すことも重要であると考えていた。この街になじんでいる人は、いつまでもその場があるかのように思ってしまうが、本書中で記した新宿の歴史からもわかるように、長い歴史的な視点からみれば、いつかは大きく姿を変えることは明らかだからだ。

それについて考えるとき思い出すのは、アメリカの歴史学者ジョージ・チョーンシーの研究である。アメリカでは、ゲイなどの性的マイノリティの解放は一九六〇年代の終わりに始まり、それまで長らくつねに抑圧されていたと一般的に思われているが、第二次大戦前のニューヨークをはじめとした大都市で、ゲイたちはオープンに暮らしていたこと、当時のゲイの世界では異性愛と同性愛がいまのような二極のようにとらえられていなかったことなどをチョーンシーは示した［Chauncey 1994］。それは、米国で長いあいだ忘れられていた歴史だった。往々にして、マイノリティの歴史は当事者のなかでも忘却の彼方に追いやられがちだ。ここにこうして書き留め出版することは、歴史に残すことだと私は信じている。

長い前置きとなってしまったが、この章では、対象となる地域に関しての基本的な地理的な状況や、話をすすめていくうえでおさえておきたい言葉の定義を示していく。ここに記されていることになじみが薄い人は、森のなかを通る長い曲がりくねった道を歩くための大まかな地図を頭に入れるつもりで、また、それらになじみがある読者は、なじんだ道を違う視点で見ていくための異化装置として読んでいただきたい。

2 フィールドをめぐって

●新宿と新宿二丁目

新宿や新宿二丁目の歴史については、第4章において詳述するが、以下、その舞台となる街や考察の対象となるゲイバーについて、また性的マイノリティに関する語句の確認も含め簡単に説明していく。

「新宿は、言わずと知れた日本最大の繁華街である」。このように語るとき、「新宿」という言葉が、住宅街も含んだ面積一八平方キロメートル、人口二九万人[1]の「新宿区」全体を指すものではないことは明らかだ。その言葉が指し示すのは、数えきれないほどの飲食店や小売店がひしめき、伊勢丹や三越、丸井といったデパートがその存在をアピールする東側や、高層ビルがそびえたち、昼どきともなると都職員や会社員らが昼食を求めて街にあふれる西側を併せもつ、あるいはその南側に象徴されるように、つねに開発され新しい商業地区を拡大しつづける新宿駅周辺を指しているといえるだろう。よってこの論文では、「新宿」という語は、新宿区全体ではなく新宿駅周辺の繁華街を指す言葉として用いることにする。

「新宿駅」としては、JR新宿駅のほか、小田急線、京王線、西武新宿線の三線の私鉄、東京地下鉄株式会社（東京メトロ）丸ノ内線、都営新宿線、都営大江戸線の三線の地下鉄の合計七つもの新宿駅が存在しているが、一日平均一五〇万人という日本で最多の乗降者数をもつJR新宿駅が新宿の中心をなしていることは間違いないだろう（追記――本書のもととなる博士論文を提出したのち、二〇〇八年には東京メトロ副都心線が開通し、新宿には同線の新宿三丁目駅、東新宿駅ができた）。

街を案内するガイドブックに掲載される新宿の地図では、JR新宿駅の出口の名称が、そのまま駅周辺の地域を指し示す名称として使われ、新宿に存在するさまざまな店舗の支店名にも、東口店、西口店といった名称がつけられていることがそのことを物語っている。

新宿二丁目は、JR新宿駅の東口から新宿通りを、あるいは南口から甲州街道をいずれも四谷方面に六〇〇メートルほど進んだ先に位置している（図1）。緑が生い茂る、広さ五八・三ヘクタール（東京ドームの約一二個分）、周囲三・五キロメートルの新宿御苑の北側に隣接した地域である。JR新宿駅の東口、南口どちらからも徒歩十数分ほどだ。にぎわう時間帯にJRの駅から向かうと、人で混雑した通りを抜け、ようやくゆったりと歩けるようになったと思いはじめた少し先にあるという感じだ。もっとも近い駅は、地下鉄都営新宿線の新宿三丁目駅であり、その改札口を出ると一、二分で二丁目内にある出口に出られる。地下鉄丸ノ内線では新宿三丁目駅と新宿御苑駅のちょうど中間あたりに位置する。地下道でいうと、新宿のメインストリートともいうべき、新宿通りのほぼ真下を通るメトロ

▼1……新宿区区民部区民課統計係［2000］『第24回新宿区の統計』。

プロムナードの東端、行き止まったところが新宿二丁目だ。

新宿二丁目は、行政区分としては、新宿通りの北側に、東西約三〇〇メートル×南北二〇〇～三〇〇メートル、南側に約三〇〇メートル×約七〇メートルの区画をもつ。しかし、多くのゲイが「(新宿)二丁目」という言葉で指し示しているのは、基本的に、ゲイバーが集中するその北側のことだといっても過言ではない。実際に、一日一万～一万五〇〇〇件のアクセスがあるゲイ向けのインターネットサイト「G」(仮名)の地図では、バーの案内のために掲載されている「新宿二丁目」と題された地図には、その北側しか掲載されていない(二〇〇八年の博論提出時であり、本書出版の二〇一五年現在、この地図は存在していない。以下も基本的に博論提出時のデータである)。

図1●JR新宿駅と新宿二丁目方面

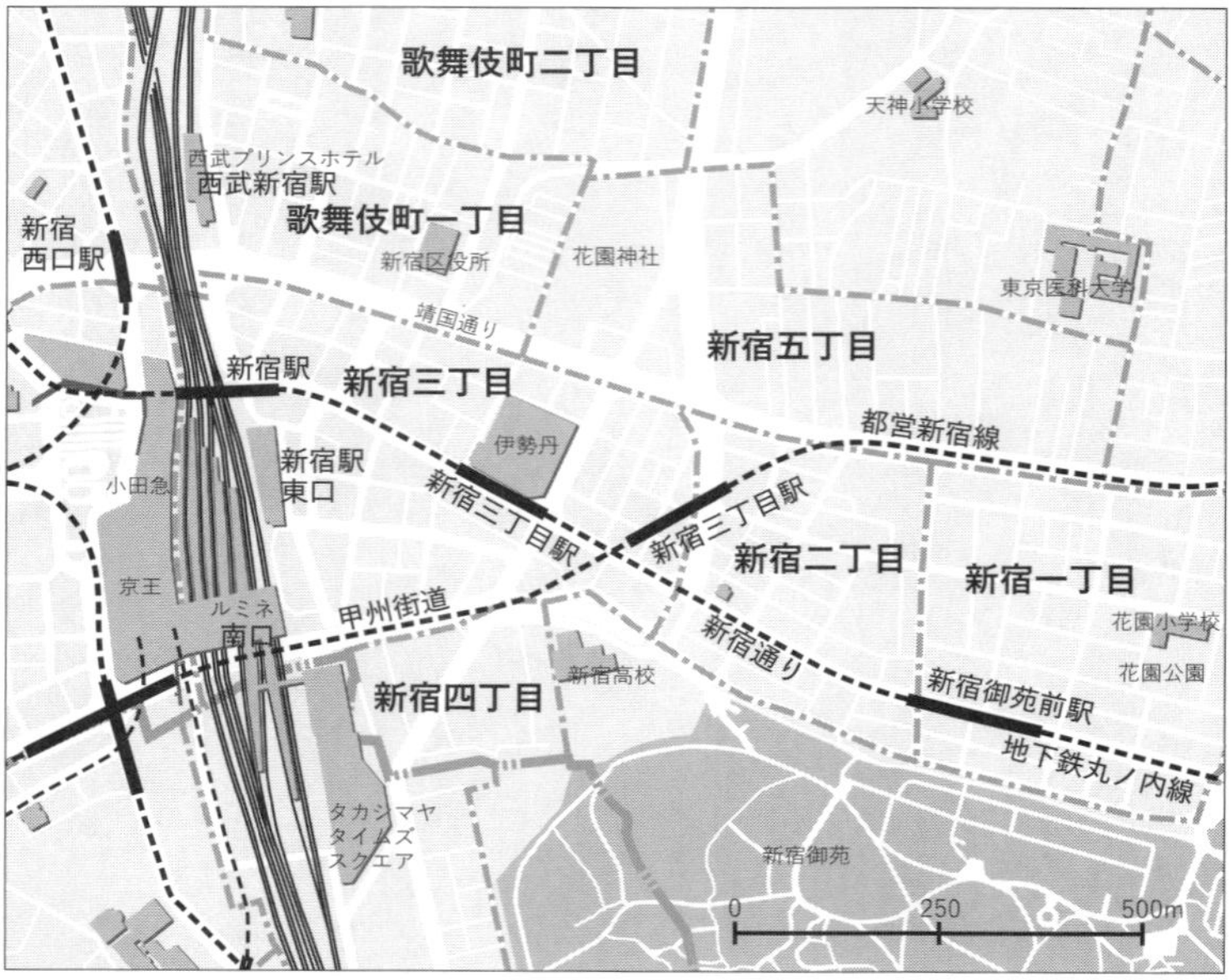

注——東京メトロ副都心線は表記していない

しかしまた、その一方で、新宿二丁目の南側に存在しているゲイバーはもちろんのこと、大通りをはさんで新宿駅寄りに位置する新宿三丁目にあるゲイバーに飲みに行くことも含めて、「二丁目に行く」「二丁目に出る」と形容されることは珍しくない。よって、ここでは、ゲイが頻繁に用いる「二丁目」という語を、新宿二丁目の北側の土地を中心としながらも、その周辺のゲイバーも含んだ、領域があいまいな語としてとらえている。そのあいまいな二丁目概念は、漠然とした広がりをもってとらえられている「界隈」という言葉のもつ、感覚的な地理感と重なるものだ。このあと、地理的な位置づけとしてはおもに新宿二丁目という表現を、民族誌的な表記では二丁目を使っていくが、それらは完全に分離できるものではない以上、互換的に用いている。

新宿二丁目より新宿駅に近い区域は、駅前も含め新宿三丁目という行政区分になっており、その二つの町は、ほとんどその名が知られていない「御苑大通り」という五〇メートル幅の大きな道路によって隔たれている。新宿の飲食店などを案内するガイドブックの拡大地図などでは、JR新宿駅を中心に東側はその通りまでしか掲載されていないことが多い（博論を提出した二〇〇八年頃から、その傾向は少し変わり、その通りを越えた二丁目まで記されることが多くなっている）。

また、新宿通りで日曜日におこなわれる歩行者天国は、JR新宿駅東口からその通りの手前までが実施範囲となっている。これらのことは、JR新宿駅の東側では、その大通りまで、つまり新宿二丁目の手前までが新宿のおもな繁華街であることを意味しており、新宿二丁目が、新宿においては周縁に位置していることを示唆している。四谷方面に延びる地下道がその御苑大通りの下あたりで終わっていることは、その象徴であると同時に、その周縁的性質を維持させている要因ともいえる。

一方、新宿二丁目より四谷側に位置している新宿一丁目は、マンションが立ち並び住宅も新宿駅周辺よりも格段に増え、小学校もある。さらにその東側は四谷四丁目となるが、そのまわりには富久町、愛住町、大京町など古い町名を残すさらに住宅の多い地域が広がっている。平成一四年の報告では、二丁目よりも東側、JR新宿駅の西口周辺を含む新宿三丁目（面積〇・二三平方キロメートル）に住民登録されている人の数は二〇四人、二丁目より西側（四谷側）の新宿一丁目（面積〇・一六平方キロメートル）は二九七三人、そして、その中間地である新宿二丁目（面積〇・一平方キロメートル）では一一一〇人である。また、新宿二丁目の北側に位置する新宿五丁目（面積〇・一六平方キロメートル）では一七五〇人の人が住民登録をおこなっている。[2] この数

図2●新宿二丁目界隈

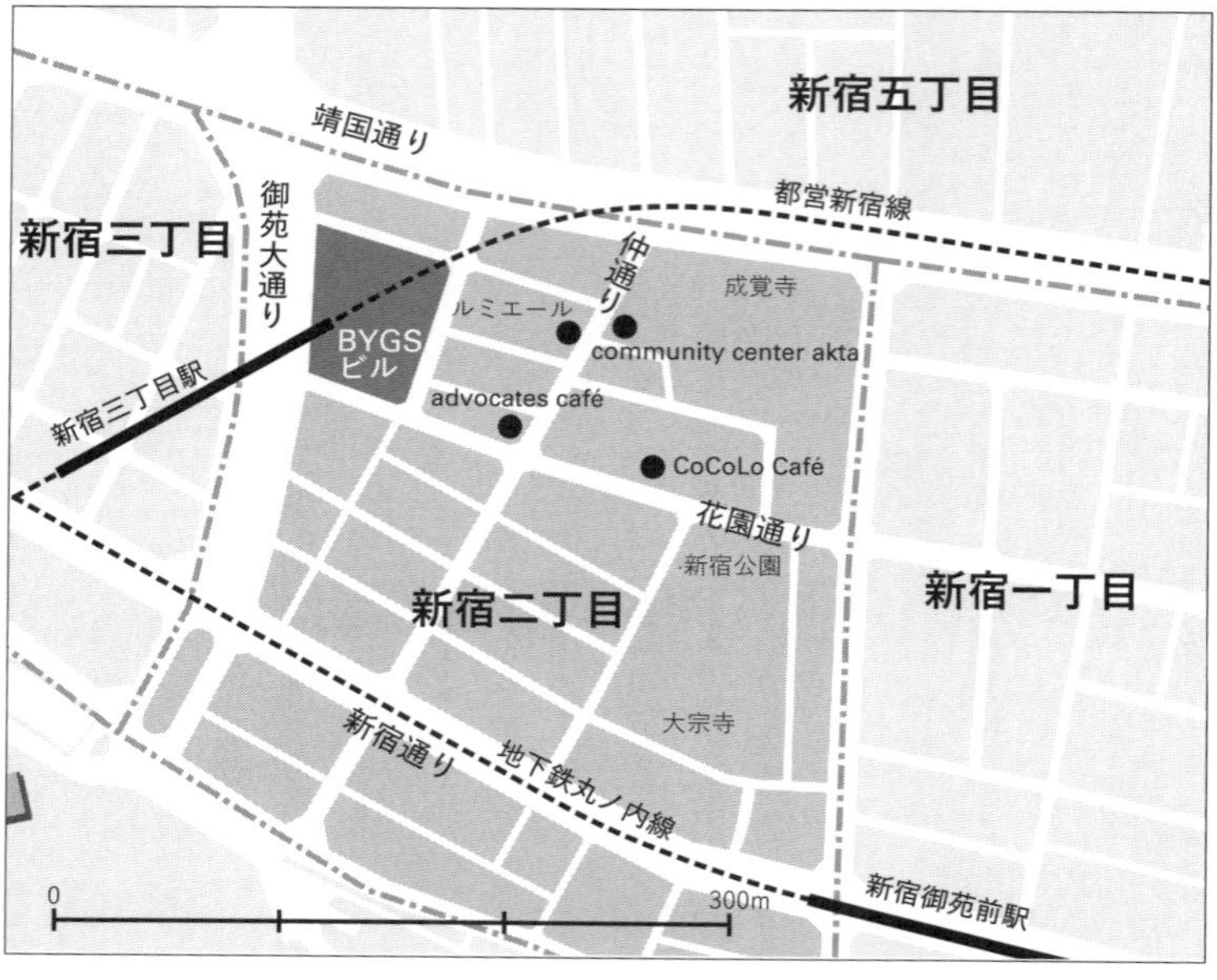

字は、新宿二丁目が、繁華街と住宅地域のあいだに位置することにより、バーと住居の混在性が比較的高い場所となっていることを示している。

新宿二丁目には、二〇〇一年四月の時点で保健所に届出の出されている飲食関係の店は約六三〇軒あり、うちスナック（バー）が約五四〇軒、約八六パーセントを占めている。その約五四〇軒のバーを、ゲイ向けに発行されているゲイバーのガイドブック［海鳴館 2001, 2003］やゲイ雑誌におけるゲイバー特集での紹介記事と照らしあわせ、それらに掲載されていなかった店についてゲイメンズバーのマスターに確認することによって、広義な意味でゲイ関係のバーと思われる店を可能なかぎり判別した。その結果、ゲイ関係のバーは約三三〇軒あった。また、「レズビアン＆バイセクシュアルのための雑誌」と銘打たれている『anise』（廃刊）に掲載されている、女性のみ入店可の「レディースバー」は一〇軒あった。［アニース編集部 2002「Girl meets Girl」『anise 2002冬号』］[3]

●用語について

これまでも述べたように、本論文のもととなるフィールド調査は、二丁目を拠点としておこなったものであり、新宿二丁目とその周辺に位置するゲイバーと、そのなかで築かれている関係性やそこに足を運ぶゲイのネットワークをおもな対象としている。男性を恋愛対象、性的対象とする男性に対し

▼2……新宿区公式サイト「新宿区について」（当時）より

▼3……ここでいう「ゲイ関係のバー」にはのちに説明する、バーの形態をとっている「売り専」も含んでいる（これも後述するが、本論文では「売り専」は「ゲイバー」には入れていない）。

ては、「ゲイ」「ホモ（セクシュアル）」「男性同性愛者」「おかま」といったさまざまな言葉が当てられるが、ここでは、引用や要約をおこなうインタビューあるいは論文などで他の語が使用されている場合をのぞき、ゲイという言葉を用いる。

また、英語のgayという語は、「同性愛者の／同性愛者である」という意味をもつ形容詞であり、女性も含む言葉であるが、ここでは日本語で一般的に意味する男性の同性愛者のみを指す言葉として使用する。一方、女性を恋愛対象、性的対象とする女性にふれる場合はレズビアンと呼ぶ。マスメディアなどでよく耳にする「レズ」という略称も当事者のあいだでよく用いられるが、当事者間以外の文脈で使われることに対しては侮蔑感を感じるとして不快感を示すレズビアンが多いからである。

なお、「ホモ」という語は、侮蔑的なニュアンスを感じるとして嫌う人も少なくないこと、また、そのような意識のあるなしに関係なく、近年、さまざまな場面で、とくに正式な場での表現としては、ゲイという語が使用される頻度が高くなってきていることから、ゲイという語を選択した。一九九〇年代までは、当事者のあいだでは圧倒的に「ホモ」という語が使われており、いまでも、ゲイのあいだでは頻繁に用いられる語ではあるが、一九九一年に、日本のゲイ・スタディーズの嚆矢ともいえる伏見憲明の『プライベート・ゲイライフ』［伏見 1991］が出版され、その後、女性誌を中心としたマスメディアでゲイが盛んにとりあげられた「ゲイ・ブーム」と呼ばれる現象を経て、ゲイという言葉は、当事者のあいだでも広く使われるようになっている。

なお、「おかま」という語も、当事者のあいだで肯定的な意味をもって使われることも多いものの、それ以外の文脈で、とくにゲイでない人が使うことに抵抗感を示す人は多いことから、ここでは引用以外では使用しない。[4]また、「おかま」という表現と入れ替わるように、テレビなどで「オネェキャラ」と呼ばれるタレントが人気を博し、「オネェ」という言葉が定着しているが、この語のマスメディアでの用いられ方は、ゲイがもともと使ってきた意味とは大きく異なっている。マスメディアでは、出生時の身体にもとづき男性と判断された人で現在「女性的」と見られる人を主として、ときに「女性的」でなくとも同性が好きな人をもひとくくりにしてその言葉が使われている。つまりその表現には、出生時の性別に違和感のあるトランスジェンダー[5]も、性別に違和感のないゲイも含まれてしまう。しかし、性的マイノリティのなかで、トランスジェンダーとゲイは、連続する部分もあるとはいえ、基本的には当事者意識もコミュニティも大きく異なっており、また直面する問題や経験も大きく違ってくる。なお、ゲイバーにおいては、「オネェ」という語とそれが指し示す振る舞いや性質は重要な意味をもつため、ゲイバーについての記述の中で再度とりあげたい。

なお、本書では、ゲイやレズビアン、バイセクシュアル、トランスジェンダーなど、性的指向（恋愛や性的対象）や性別に関するマイノリティを総称する語としておもに性的マイノリティという語を

▼4……「おかま」という言葉の使用をめぐる議論については『「オカマ」は差別か』［伏見ほか2002］を参照。

▼5……性同一性障害には、「反対の性に対する強く持続的な同一感」「自分の性に対する持続的な不快感、またはその性の役割についての不適切感」があり、その「障害」が、「臨床的に著しい苦痛、または社会的、職業的、または他の重要な領域における機能の障害を引き起こしている」といった、医学的な診断基準がある。トランスジェンダーは、そのような「医学的な定義におさまらない、当事者の多様な実態を表現する言葉と考えられて」いる［野宮ほか2003］。トランスジェンダーの人には、出生時の性別に違和感を抱きつつも、性自認が揺れている人、どちらの性別でもあると感じている人、どちらの性別でもないと感じている人など、さまざまなありようがある。

使用している。近年では、日本語でも、レズビアン、ゲイ、バイセクシュアル、トランスジェンダーの頭文字をとったＬＧＢＴという表現が浸透しているが、ここではより包括性の高い語である性的マイノリティを用いた。

●「ゲイ・コミュニティ」と呼ぶこと

二丁目には、ゲイにかぎらず、他の性的マイノリティも、あるいは性的マイノリティでない人も多く訪れており、もちろんゲイをおもな対象としていない飲食店も多い。また、この街に昔から居住する人たちのほとんどは性的マイノリティではない。そのことを考えるならば、「ゲイ・タウン」「ゲイ・コミュニティ」という言葉を使って二丁目を語ることについて、注意も必要だろう。

しかし、その一方で、ゲイのあいだで、あるいはメディアのなかで、そのような言葉で語られ、表象されてきたことも確かである。また、そのような言葉の使用をとおして、二丁目におけるコミュニティ意識が高揚し、東京レインボー祭りなど新たな動きを促進している面もある。そして、本書は、ゲイをおもな対象として、二丁目を舞台とした「コミュニティ」意識の高揚の背景を分析し、そのあり様を描くものであることから、ゲイの側の視点から二丁目をとらえたものであり、そのような立場から、二丁目に対して「ゲイ・コミュニティ」という言葉を使用している。このような議論も意識して、ここまで、二丁目に対する表現としての「ゲイ・タウン」「ゲイ・コミュニティ」という言葉を、いわゆるという意味をこめて括弧をつけて使用してきたが、以下はこの「」を外して表記していく。

そして、強調しておかなければならないのは、ゲイの関係性とは違う視点から見ればもちろんのこと、同じゲイでも違うネットワークや立場から見るときには、二丁目に対して違った表現を用いて語ることのほうが適切なこともあるということだ。その視点からは、まったく異なる姿が見えるであろう。

また、ときに被差別の対象ともなりうるゲイという属性がかかわってくるにもかかわらず、「新宿二丁目」といった実際の固有名詞を明示することにも議論があるだろう。文化人類学においては、その中で言動が書き記された人たちに不利益が生じる可能性を考え、調査対象の町や村の名前を実名と変えることも多いからだ。

しかしこの街の名は、メディアをとおしてすでに一般に広く知られており、仮名を使うことの意味が失われていること、その名前にも現れている場所性こそがこの研究において重要な意味をもつことから、この論文ではそのまま用いることとした。しかし、二丁目におけるバーの店舗の名称や個人名は、基本的に仮名を使用する。ただし、振興会会長など肩書きをともなって表記することにより仮名にしても事実上意味をなさない場合は、本人の承諾を得て実名を用いた。

3　ゲイバーとは

●ゲイバーかホモバーか

ゲイバーという言葉で指し示される飲み屋の範囲やイメージは、二丁目で店を構えている人やその街に足繁く通う常連客のあいだでもさまざまである。ゲイが店主およびスタッフとして働いているということを共通点としつつも、客をゲイにかぎっている店をゲイバーと呼ぶ人もいれば、逆におもに女性や「ノンケ」[6]の客を対象としている店をその名で呼ぶ人もいる。後者の立場をとる人は、ゲイのみを客とするバーを「ホモバー」と呼ぶことで区別することが多い。

また、女性やノンケの客を対象とする店は、「観光バー」といわれるが、その言葉で指し示される範囲にも幅があり、おもにゲイを対象とした店でも女性やノンケが入店可能であるだけでそのように呼ぶ人もいれば、「ニューハーフ」[7]と呼ばれる人たちがショーを見せるような店、あるいは店主やスタッフが「女装」して接客する店だけを「観光バー」と位置づける人もいる。マスメディアでは、そのようにショーがおこなわれたり、店の人が「女装」をして接客したりする店をゲイバーとしてとりあげる傾向があり、ゲイバーとはそのような店を指す言葉であるという誤解はいまも根強い。

このように、マスメディアが一面的なイメージを流通させていることもあいまって、ゲイバーの定義づけやカテゴリー分けは容易ではない。石田仁は、ゲイをおもな客としているバーをとりあげた論文のなかで、「最近はとくに、『ホモは差別語』として『ゲイ』と呼びならわすようになっているが」

［石田・谷口 2001：167］と断わりつつも、そのような店を「ホモバー」と呼ぶことを意識的に選択している。その理由として挙げられているのは、「ホモバー」という語のほうが、ゲイをおもな客としているバーを指し示すには安定したカテゴリーであること、また、その語のほうがおもに当事者のあいだでは使われていることである［石田 2001：68-69］。

たしかに、先にも記したように、ゲイバーという語は、ゲイがおもな客となっているバーにも、ノンケや女性がおもな客となっているバーにも使われる語である。一方で、「ホモバー」という語は、石田の指摘するように、基本的に前者のタイプのバーにしか用いない。しかし、ゲイという言葉が広がり定着しつつあるなかで、「ホモバー」という語がしだいにゲイバーという語に移行しつつあるという変化もみられ、どちらの語が「おもに」用いられるかは、年代などの客層、街によっても違いが大きく判断が難しい。だが、少なくとも現在では、ゲイ雑誌やインターネットのサイトにおけるバー紹介では、ゲイのみを対象とするバーに対してもかならずといっていいほど、ゲイバーという表現が用いられている。また、「ホモ」という語からゲイという語への変化には、全体社会での表現に対する当事者の抵抗という面もある以上、私には、この流れに抗って「ホモバー」という語を使うことの

▼6……「ノンケ」とは異性愛の人を指す言葉で、頻繁にゲイのあいだで用いられている。異性愛の女性を含むこともあるが、基本的には異性愛の男性を指す言葉である。

▼7……「ニューハーフ」と呼ばれる／自称する人たちには、出生時の解剖学的性別が男性で性自認が女性というＭｔＦ（Male to Female）―トランスジェンダー（出生時の性別に違和感があったり、出生時の性別と異なる性別で生活する人たちなど）が多い。しかし、なかには、出生時の性別に違和感はないが、職業として「女装」をおこなっているというゲイもいる。

意味は見出せない（全体社会という言葉は、当然日々の生活としては、ゲイなど性的マイノリティやそのコミュニティも含み存在しながらも、マイノリティが抑制され顕在化しづらい大きな社会単位をイメージして使用している）。

よって、ここでゲイバーの定義を、ゲイバーという語が使われる店の最低限の共通項にもとづき「ゲイであることを客に対して明らかにしている店主やスタッフが、アルコールを中心とした飲み物を提供する店」とし、ゲイをおもな客とする店もそのなかに含む。しかし、区別が必要な場合、そのなかで、「異性愛者をゲイと同等あるいはそれ以上に主要な客として営業しているバー」を「観光バー」と呼び、さらに「ニューハーフ」と呼ばれるスタッフなどがショーを見せる店を「ショーパブ」と呼ぶ。ちなみに、その店を取り仕切っている人物は、マスターともママとも呼ばれるが、ここでは店主あるいはマスター／ママと表現している。

●ゲイメンズバーとは

「観光バー」という表現は、その店の店主やスタッフ自身が自称として用いることも少なくないが、そう自称していない場合でも、ゲイ以外の客、とくに異性愛の女性客が入店可能であると、ゲイのみを対象とした店のスタッフや常連客からそう呼ばれることも多い。そう呼ばれることを好まない店もある。そういう意味では、「異性愛者をゲイと同等あるいはそれ以上に主要な客として営業しているバー」として「観光バー」を定義することは、ゲイ客だけを対象とするバーの視線に近いものとなっている。しかし、まさにこの「観光」という表現を用いてゲイバーを区分し差異化する見方は、ゲイがゲイバーをどのように経験しているか、またそこを訪れる異性愛者がどのような役割を果たしているかを考えるうえで重要であり、当事者のあいだでのそのような定義の揺れも含めて論じなければならない。よって、詳細については、第4章において再検討することとし、ここでは、先の定義を見取り図的なものとして暫定的に提示しておく。

そして、この論文では、基本的にゲイのみを客とするバーを、便宜上「ゲイメンズバー」というこの論文独自の名称で呼ぶこととする。この新しい語を使用することにより、この論文を読む者がそれ以前にメディアをとおして得たゲイバーのイメージを投影することや、当事者間の会話ではないところで「ホモ」という語が使われることの不快感を当事者に与えずにすむ。また、おもにゲイを対象とするゲイバー（つまりここでいうゲイメンズバー）で女性の入店を厳しく断わるような店でも、見た目で判断がつかないという当然の理由も含め、とくに店の雰囲気を壊したり興味本位な態度で訪れたりしないかぎり、ノンケ男性の入店を断わることはないのがほとんどであることから、ゲイメンズバーという語は、そのようなバーの性質をも的確に表現できる。

また、その新語の導入とともに、ショーパブはゲイバーに含めないとしてきたこれまでの私自身のショーパブの位置づけ［砂川 1999a, 2002］を変更し、この論文からはゲイバーの範疇に入れている。実際にはショーパブは、他のゲイバー、とくにゲイメンズバーとは料金体系などのシステムも大きく異なり、また、ゲイのあいだでは両者はまったく違うものとして意識されている。しかし、むしろここでいうショーパブのほうが、ゲイバーという呼び名を使用してきた歴史も長く、また、現在も、その店にかかわる者たちも自分たちの店をゲイバーという名で呼ぶことがあることから、ゲイバーという範疇に含めるべきであると判断した。

4 文化人類学とゲイ研究

●新宿二丁目を見ることの意義

先に記したとおり、私が、新宿二丁目をフィールドとし、考察の対象とするようになった当初の動機には、その街が、たんなる「ゲイバーが多く存在している街」から、「コミュニティ」という言葉が当てられるようになる街へと変化しつつあることへの関心があり、その変化の調査分析をとおして、日本のゲイがおかれている社会状況とその変化を見ることができるのではないかという思いがあった。

しかし、日本各地にゲイバーが多く集まる場所があるなかで、二丁目はきわめて特異な場所であり、よって日本のゲイをとりまく状況の変化を記述するにしても、適切な対象ではないと考えるむきもあることだろう。文化人類学者エリック・ローランは、二丁目を研究対象とすることについてつぎのように語っている。「東京、特に新宿二丁目は、確かに日本のゲイの世界を理解するために必要不可欠のトコロである。けれども、日本における男性同性愛について研究をするための代表的な場所と考えられないし、新宿二丁目だけが別の研究の対象となるべきである」［ローラン 2002：66］。

この言葉は、おそらく、二丁目で見られる様子やあり方が日本のゲイの一般化に安易に使われることへの抵抗であり、私自身もその問題意識を共有している。だが、さまざまな角度から注意深く分析し、記述するならば、「日本のゲイの世界を理解するために必要不可欠のトコロ」である二丁目の研究は、安易な一般化を避けなければならないにしても、「日本のゲイ」について広範囲のことを語り得、さらにはセクシュアリティについてより広く考察をもたらすことができる。その理由として以下の三点を挙げておきたい。

まず第一に、東京のあるいは大都市の性質として、その街をさまざまなかたちで構成する者の多くが地方からの移住者であり来訪者であること、そして、そのことと深く関係して、二丁目のバーと地方のバーのあいだにはネットワークがつくられていることがある。よって、二丁目においては、東京移住者や東京来訪者の語りから、あるいは逆に地方を訪問した東京在住者の語りから、地方のゲイの生活世界をある程度知ることができる。またそのあいだには相互に影響しあう関係ができている。さらに、ゲイにとって東京へ移り住むという行為は、場合によっては自らのセクシュアリティと関係のある場合も少なくない。東京への移住や来訪が頻繁におこなわれ、多くの情報が東京から発信されることを考えるならば、二丁目のもつ意味は、日本のゲイのおかれている状況を考えるうえできわめて重要である。

第二の理由として、二丁目が日本のゲイにとって象徴的な意味を担い、表象の拠点として作用する場所であるために、ゲイがおかれているさまざまな社会的状況が反映されていることが挙げられる。それは、二丁目に行かないゲイ、あるいはゲイバーに行かない人も多いという事実とは矛盾しない。当然、二丁目から日本のゲイのすべてを語りうるとはけっして思わないが、二丁目の関係性、その街の変化と背景を丹念に見ることが、二丁目に行かない、あるいは二丁目を忌避するゲイについても何かを語ることは確かだろう。このような私の意識は、山口昌男の「都市を読むということは、場合によっては文化全体を読むに等しい」［山口 1986：168］という言葉と重なる。二丁目は、ゲイにとって最大の都市なのである。

そして、第三の理由として、二丁目の調査をとおして見られたゲイバーの性質と、それが照射するかたちで示している全体社会においてセクシュアリティの果たしている役割の構図は、地方も東京も基本的に変わらないことが挙げられる。そこで見られる振る舞いや関係性を細かい描写で終わらせるのではなく、それが生起する背景、土台を構造的に分析することで、安易な一般化を避けつつも広くゲイのおかれがちな社会状況や、さらには社会全体でセクシュアリティが果たしている役割を指摘できると思う。

●文化人類学研究と二丁目、ゲイ・コミュニティ

おそらく、日本の文化人類学（以下、人類学）という学問分野のなかでは、新宿二丁目やゲイを研究することの意義を疑問視する声もあるだろう。しかし、その街を一つの拠点とするかたちでゲイのあいだでコミュニティ意識が生じつつあり、新宿二丁目がその一つの象徴として位置づけられることもある状況のなか、そのコミュニティを、そして、その言葉と重ねあわされる街を調査することは、差異化をはかりながら人びとが結びつく原初的な仕組みへ注視することである。それはまさに人類学が関心を払ってきたテーマだ。逆に言うならば、さまざまなコミュニティが研究されているなか、同様にコミュニティという言葉と重ねあわされながら重要な場所として語られる街が無視されつづける

ことがあるとするならば、それこそが疑問に付されるべきだろう。

だが、日本の人類学においては、これまでホモセクシュアリティ研究やゲイ／レズビアン研究自体が注目されることがほとんどなかったため、その蓄積について知るものは少なく、それらの研究の流れのなかでの本研究の位置づけも理解されづらい。そこで、本書のもととなった博士論文では人類学におけるそれらの研究がどのように展開されてきたかをレビューし、また、人類学にかぎらず日本のゲイ／レズビアンに関してどのような研究がおこなわれているかを詳細に検討した。しかし、この関連分野の過去の研究の振り返りは、そのような文章にあまりなじみがないものには読み進めにくく、また全体的には新宿二丁目の研究と直結するものではないことから、その部分は巻末に別添とした（巻末の文献レビューIを参照）。

だが、ひじょうに簡単ではあるが、人類学研究の流れにおけるこの研究の位置づけを示したい。まず、人類学の研究では、大きく分けると、非欧米社会における「ホモセクシュアリティ」をめぐる概念に注目し、「ゲイ・アイデンティティ」の広がりや構築過程をとらえようとする流れと、欧米のゲイ／レズビアンのおかれてきた状況を歴史的に考察し、より広い文脈のなかに位置づけてそのなかでの変化をとらえようとする流れがある。本書も、前者と関係する議論が、日本のゲイの歴史について書いた第5章に記されている。また、歴史や街の構造という面を意識しながら、ゲイ・コミュニティ意識が生起する過程をとらえることは、後者の流れのなかにある。そして、日本のゲイを対象とした研究では、全体量が少ないうえに、フィールドワークをおこないつつ、かつ総合的な観点から論じるという人類学的なものはほとんどないことも指摘しておかなければならない。本書に収めた研究は、二丁目という街をフィールドとしているものであるが、日本のゲイに関する研究としても意義あるものと考えている。

5 本書の構成について

この書籍は、新宿二丁目という街を舞台にしたゲイ・コミュニティ意識の形成の背景を、フィールドワークをおこないながら分析するものであることから、日本のゲイに関してほとんど存在しない民族誌《エスノグラフィー》の一つとなるだろう。

しかし本書では、それらの人類学的なゲイ／レズビアン研究に与しながらも、新宿二丁目におけるゲイ・コミュニティ意識の形成を普遍性をもたない独自の存在として位置づけたり、セクシュアリティ論に囲い込んだりするのではなく、新宿二丁目やゲイ・コミュニティとして語られるものの分析をとおして、盛り場における社会的結合のあり方やセクシュアリティを含めた親密な関係性の構造を抽出し、そのなかから「コミュニティ」として語られるものをとらえるときの一つの視座を提示することで、都市論やコミュニティ論など他の問題系へつなげていくことをめざしている。

ここで、このあとの章の構成とそれぞれにおいて考察する主題について簡単に示しておくが、もとが博士論文であったという性質から、読者によっては読みづらいと思う章もあることだろう。前後のつながりは多少あるものの、それぞれ独立しても読める内容となっていることから、読みやすい章から読んでいただきたい。

第1章では、二丁目の祭り「東京レインボー祭り」についての記述にもとづいて、現在の二丁目におけるコミュニティ意識が登場している様子を示し、そのコミュニティ意識と相互に作用しあっていると思われる変化を、二丁目におけるゲイにとっての時間と空間の拡大として分析している。

そして、第2章では、二丁目での祭りの成功の土台ともなっている、盛り場で築かれている社会的結合の構造を分析する。新宿およびそこに含まれる二丁目は、言うまでもなく盛り場の一つである。盛り場については、吉見俊哉が東京の盛り場を意味論的に分析したものなどの成果があるもの〔吉見 1987〕、学問的分析の対象となることは少ない。また、そのなかでも、そこで築かれている社会的結合に注目されることについては、あらためて分析し整理されることがほとんどなかった。ここでは、多層的な盛り場のさまざまなアクター（行為者）がいかに関係を築いているのかを考察する。

第3章では、ゲイメンズバーと観光バーとを比較し、それぞれの趣向性の違いを明らかにすることで、ゲイメンズバーがゲイにとってどのような役割を果たしているのかを明確にしていく。そして、ゲイメンズバーが、マスター／ママやスタッフ、そして客、それぞれの立場にとってどのような意味をもつのかを探る。また、店と店、店と客、客と客の関係についても分析する。

そして、第4章では、新宿および二丁目がいかに編成されてきたかを歴史的に辿る。具体的には、新宿が変遷するなかで蓄積してきた場所性や、交通や人口配置の変化が新宿の構造に及ぼした影響、物理的状況（マテリアリティ）によって促進された街の分化を追う。また、売春防止法などの法律の施行や都市計画の実施が街の形成にいかにかかわったかを分析し、二丁目にゲイバーが集中してきた背景をとらえる。

第5章では、日本のゲイをとりまく社会的状況の変化を見るなかで、いかに「ゲイ・コミュニティ」という語りが登場してきたかを、ゲイメディアの登場による経験や情報の共有、「ホモ」から「ゲイ」へのイメージの転換などに見られる新しいイメージの取り込みに注目して追う。

第6章では、ゲイメンズバーなどで見られるセクシュアリティのあり方の考察をもとに、セクシュアリティと社会的結合のあり方を、交換や共有に注視して論じる。そのなかで、親密な関係を根源的なところに立ち戻り、「介在関係」「直引関係」という言葉を用いて整理することで、セクシュアリティを再定義していく。

最後に結として、上記における考察や論をもとに、二丁目がコミュニティとして意識されるに至った背景をまとめながら、コミュニティとセクシュアリティとの関係をあらためて問い、またコミュニティと意識されるものを、学問的議論のなかで今後どうとらえていくべきなのか考察する。

I

新宿二丁目の民族誌《エスノグラフィー》

第1章

変化する二丁目

二〇〇〇年八月二七日午後九時、東京都新宿区の一角で、街なかでは珍しい打ち上げ花火が夜空を飾った。それを見上げていたのは、ある「祭り」に参加し、小さな通りで身動きもとれないほどひしめきあっていた数千人の人びと。打ち上げ花火としては大きくはない、ほんの二〇発程度のものであったにもかかわらず、祭りの主催者だけでなく、そこに集った多くの参加者も、花火を目にして感動し涙を流した。そして、新聞やテレビでとりあげられることもなく、広く「一般」には知られることもなく終わったその小さな祭りは、しかし、そこに参加した人びとのあいだでは大きな歴史的な出来事として、その後も熱く語られることになる。

新宿二丁目でゲイバーを中心として開催されたその祭りの名は、「東京レインボー祭り」という。その日、祭りと、それに先立ち渋谷の街でおこなわれた「東京レズビアン&ゲイパレード2000」に参加したオープンリー・ゲイの評論家の伏見憲明は、その日の感動をゲイ雑誌のなかでこう表現している。「そう、あの夏の日、日本に真のゲイ・コミュニティが誕生した」と［伏見 2000：112］。

1 レインボー祭りの開催

●祭り開催の背景

東京レインボー祭り（以下、レインボー祭り）を、初代実行委員長として実現させたのは、おもにゲイを対象としたビジネスを幅広く展開していた有限会社の代表取締役、川口昭美（実名、二〇〇二年逝去）であった。会社は、ゲイバーが集中する新宿二丁目の北側の区域の中心に位置する交差点付近に事務所を構え、二丁目でゲイ向けのショップ、クラブ、ハッテン場、ショーパブなどの店舗を経営するとともに、ゲイ向けビデオの輸入販売も展開し、ゲイビジネスのなかではもっとも大きな企業の一つだった。二〇〇一年には、やはりその交差点近くにカフェレストランもオープンさせている。

レインボー祭りが川口のネットワークの広さと人びとを牽引する力によって成し遂げられたことは確かだが、じつは、この祭りが動きはじめる背景には、ほとんどだれにも知られていないやりとりがあった。初めにこの祭りを提案したのは、ゲイ向けの大きなクラブイベントなどを手がけていた有限会社の代表取締役、湯川浩二（仮名）だった（以下、フィールドワーク調査のなかに記す人物の名は、実名という表記がないかぎり基本的に仮名である）。

当時、私は、東京レズビアン＆ゲイパレードの実行委員長を務めていたことから、パレード開催への協力を依頼するために、ゲイビジネス関係者を訪問していた。その一人が湯川だった。彼は、パレードの計画についての私の説明をひととおり聞いたあと、「二丁目の通りを車両通行止めにして、屋外ビアガーデンみたいなものをやりたい」という話をきりだした。私は、その話を聞いたときに抱いた印象をはっきりと覚えている。「とても難しい提案だ……」というものだった。その後、実現し何度も開催されるうちに、開催されることが当たりまえのように感じられるようになった祭りだが、当時の二丁目をよく知っている者には、実現に向けた具体的なプロセスとその結果をイメージすることは困難であった。その理由として、まず、その時点では二丁目のゲイバーをとりまとめる組織が存在していなかったことが大きい。そしてさらに、街の構成として、ゲイバーなどゲイ向けの店が二丁目に多く集まっているとはいえ、ゲイをとくに対象としていない店も多く、さらに、この街に居住している人たちの大部分は性的マイノリティではないため、街で祭りを開催するための合意形成は難しいと想像できたことがある。発案した湯川自身、「あれば楽しい」という程度でおこなった発言だったと思う。実際、彼がこの祭りの開催の運営にかかわることはなかった。

それでも、ゲイビジネスにおける重要な人物からの提案であったことから、私は、その話をパレードの実行委員会にもち帰り、パレード関連イベントとして「新宿二丁目祭り」という企画を立てることにした。だが、パレード自体が、東京で開催される大規模なものとしては四年ぶりのものであり、実行委員長である私を含め、パレード開催未経験のメンバーだけで構成された委員会で実現しなければならないという難しさを抱えていたため、祭りをパレード実行委員会で企画し運営するというのは不可能であると私は判断した。

このとき、私が協力を依頼する相手として思い出したのが川口だった。私が彼と知り合ったのは、一九九七年、私がかかわっていたＨＩＶ／ＡＩＤＳの活動への協力を要請するために訪れたときに遡る。彼を訪れた背景には、私がサンフランシスコのゲイＨＩＶ活動家から「ＨＩＶ対策を進めるために、コミュニティで影響力のある人たち一〇〇人を訪問しなさい」と言われていたということがあった。同年に開催されたＨＩＶとＭＳＭ（男性と性行為をする男性）をテーマにした厚生労働省ＨＩＶ疫学研究班主催の国際ワークショップを通じて出会ったときに言われた言葉だった。結果的には数人しか訪問できなかったが、その数少ない一人が川口であり、そのときの会話が印象に残っていた。

彼は当時、ハッテン場と呼ばれる、ゲイがセックスを主たる目的として集まる商業施設を一つ経営していたが、そのような店舗をつくった理由として、屋外の公園などで出会いを求めてゲイが集まるなかでトラブルに巻き込まれたり、社会から否定的に見られたりすることを考えてのことと語っていた。HIVの問題に取り組む私を意識しての発言ではあっただろうが、そのように語る彼からは、ゲイをとりまく環境への問題意識の高さがうかがえた。そのときの印象が、私が祭り開催への協力要請に彼を訪ねる動機となった。

●グローバルな影響

パレードと「新宿二丁目祭り」への協力を川口に相談したところ、彼は、以前から同様の祭りを開催したいと考えていたといい、二丁目で長らく店を構えてきた友人・知人に声をかけて、パレードから独立させるかたちで祭りを具体化し、実現させていった。川口が祭りというスタイルでのイベントを考えていたことの背景には、サンフランシスコのパレードなどの影響があった。そのことを川口は、私との直接のやりとりのなかでも、またゲイ雑誌のインタビューのなかでも語っている。

そのインタビューによると、彼が「東京でもパレードをやりたい」とサンフランシスコのパレード関係者に相談したさいに、「パレードにこだわらなくてもいいのでは?」というアドバイスを受けたという。「宗教的・文化的背景を考えると、東京のゲイの現状はアメリカよりも、例えば南米のブエノスアイレスなどに近い。ここのゲイたちはパレードではなく、ゲイ・タウンでフェスティバルをやることでゲイシーンを豊かにしている」と言われたと述べている〔『バディ』2000年9月号：94〕。ちなみに、彼がこの言葉を言われたのは、記事によると一九九九年のようだが、実際には、ブエノスアイレスでは一九九二年にすでに最初のパレードが開催されており、二〇〇六年には、二万人が参加する規模になっている。

しかし、ここでは、事実との食い違いは大きな問題ではない。興味深いのは、彼の祭り開催の動機に、サンフランシスコでのやりとりがあり、そこで語られた内容に南米のゲイシーンへのイメージがあるという、グローバルな情報の流通が重要な役割を果たしているということだ。彼はゲイ向けのビデオ作品の輸入販売にもかかわっていたことから、アメリカのゲイビジネスとのつながりができていた。また、同様のつながりや影響でいうならば、この祭りのきっかけとなる発案をした湯川も、日本で大きなクラブイベントを始めるまえに二年間ニューヨークに住み、ニューヨークのゲイクラブに通っていた人物であり、そのときの経験が発案につながった可能性は高い。そして言うまでもなく、祭りを誘発することになったパレードも、海外から伝わってきていたイメージに直接的な影響を受けている。いまや、社会変化のきっかけとして、グローバルな情報やイメージの影響を無視することはできない。しかしまた、このような変化や事の起こりを、完全に外から一方的にもたらされた結果と見るのは、素朴すぎる社会変化論だろう。それを取り込む価値観や心性があったことは重要だ。このことは、同性愛をめぐる日本における位置づけの変化が、単純に海外からの価値観の「輸入」によるものと結びつけられがちな視点について、第5章のゲイをめぐる状況の変化の歴史を追うなかで、批判的に検討している。

なお、ここまでの祭り開催に至る経緯に関して強調しておきたいのは、祭りそのものに関していうならば、私自身の動機や発想から誕生した案ではなく、ゲイビジネスを手がけてきた湯川によってもたらされたものであり、それを具体化し牽引したのは、やはり二丁目を中心に商売を営んできた川口であるということだ。そしてさらに、その川口の提案を実現させたのは、彼に賛同し協力した多数のゲイバーの経営者や店主だった。

私は、パレードの実行委員長を担ったあとに書いた主体に関する論考で、自分のまわりのゲイ・ネットワークのなかで生じていたある種の心性にせりだされていく自分と、主体性を意識して決断する自分について記述し、「結節点としての自分」として表現したことがあったが［砂川 2000］、レインボー祭りの始まりにおける自分のかかわりも、同様であった。その結節点にいたからこそ、その大きな動きの始まりを見ることができたといえるだろう。

●祭りの様子

レインボー祭りは、二〇〇〇年に始まり、その後も継続されている。回数を重ねるにつれ、警察の許可条件が厳しくなったことから、バー関係者が飲食物を販売するブースなどの出店方法や使用できる道路の範囲が変更になり、開催時間も早くなるなど変化している。ここで描き分析する祭りの様子は、初期ともいえる二〇〇〇年代前半のものだが、分析のうえで重要となる構造やそこで示されている表象は、基本的にその後も継承されている。

新宿二丁目の北側（ゲイが二丁目としておもに意識するエリア）には、「二丁目のメインストリート」ともいわれる幅一〇メートルほどの狭い一方通行の「仲通り」があり、その通りと二丁目の中央で交差する、仲通りより幅の広い二車線の「花園通り」がある。レインボー祭りは、花園通りの北側、つ

2000年の第1回東京レインボー祭りの様子／写真：田口弘樹

まり仲通りの半分とその仲通りにつながる路地を車両通行止めにして開催される。そして、主催者である新宿2丁目振興会が、振興会に加入している各店舗をブロック別・特徴別にグループ化したうえで、そのグループ単位で飲食物を提供する屋台を出店し、また振興会から依頼されたドラァグ・クィーンなどのパフォーマーがパフォーマンスを演じる。初めて開催された二〇〇〇年以降、パフォーマンスがおこなわれる場所やブースの設置場所は年ごとに変更になっているが、この基本形態は変わっていない。以下は、二〇〇一年のレインボー祭りの様子をもとにした祭りの風景だ。

午後五時頃から人が押し寄せ、パフォーマンスなどが始まる午後七時頃には、仲通りは身動きがとりにくいほどの人混みとなった。しかし、大通りを越えて二丁目に足を踏み込むまでは、そのエリアで大勢の人がひしめいて盛り上がっていることなどまったく感じられない。ちょうど、大通り沿いに立つ大きなビルが壁のような働きをしているためだ。よって、新宿二丁目の近くまで足を運んだとしても、二丁目をとり囲む大通りを越えないかぎり、そこで祭りが開かれていることに、ほとんどの人は気づかないだろう。

ゲイバーのスタッフが担いだ「みこし」が仲通りを通ることを合図とするように、レインボー祭りが本格的に始まった。しかし、新しく始まったこの祭りには祀るべき氏神は存在しない。そのため、その輿の上には、神体や霊代が乗っているわけではなく、かわりに大きな酒樽が乗せられているだけだ。よって正確には、それは「みこし（神輿）」とはいえない。とはいえ、担ぎ手となるゲイバーのスタッフは、半纏《はんてん》と褌《ふんどし》といういでたちで掛け声をかけながら担ぎ、「みこし」としての演出が十分に図られている。担ぎ手となるのはがっちりとした体格のスタッフで、みな、ひじょうに短く刈り上げた短髪であり、きれいに整えられた髭《ひげ》をたくわえている者も多く、「男性的な」風貌の者たちである。そのような風貌をした担ぎ手は、セクシュアリティとは関係なく「伝統的な」神輿を担ぐ祭りにもよく見られるわけだが、そのことがいっそうこの「みこし」を神輿として印象づけ、祭りの雰囲気を盛り上げる役割を果たしている。そして、その「みこし」のあとは、仲通り上でダンサーや歌手によるパフォーマンスのほか、ドラァグ・クィーン（drag queen）によるショーがおこなわれ、観客は、身動きがとれないほどひしめきあった道路上からそれを眺める。[8]

ドラァグ・クィーンのショーは、クラブイベントを含め、ゲイのイベントなどではかならずといっていいほど演じられるものだ。ドラァグ・クィーンは、女性性を誇張したような過剰なメイクをほどこし、派手な衣装を身にまとう。ドラァグ（drag）という語は、そのような派手な衣装を「引きずる」ことに由来しているといわれる。ドラァグ・クィーンのパフォーマンスは、録音された歌詞つきの音楽を流し、自らはその場では声は出さずに口の動きを合わせながら、表情や身振りをつける「リップシンク」（lip synch）と呼ばれるスタイルが基本である。人気のあるドラァグ・クィーンのパフォーマンスには、笑いを喚起するものが多々あり、そのようなものは「お笑い系」と呼ばれたりするが、異性愛社会において男性が「女装」するだけで笑いになるというあり方とは大きく異なっており、[9]「お笑い系」ドラァグ・クィーンは、凝ったメイクと音楽に合わせた表現力、パフォーマンスの構成によって笑いを引き出す。

祭りへの参加者は、そのようなパフォーマンスを観て楽しむだけでなく、関係者が出した屋台でビールなどの飲み物や食べ物を買い、路上で飲み食いしながら、ともに来た友人や恋人／パートナーと歓談し、久しぶりに会った友人らとの再会に歓喜していた。街がパーティ会場になったかのような印象だ。

そしてパフォーマンスの最後に、沖縄の「伝統的」踊りであるエイサー[10]が、東京のエイサーグループによって演じられ、そのまま、観客も一緒になって踊るカチャーシーへと移行した。エイサーも、二〇〇〇年の初回から演じられているものである。エイサーからカチャーシーへ移ることによって観客も踊りに巻き込まれ、仲通り全体が高揚感に包まれたあと、音楽はＤＪによって奏でられるテンポの速いポップスにひき継がれた。それによりさらに多くの人びとが、さもクラブで踊るように路上で踊るという展開となり、いっそう熱気は増した。そしてその熱気が残った雰囲気のなかで、主催者の短い挨拶が述べられ、カウントダウンとともにまえもって配られていた風船を参加者が手放す。何百もの風船が夜空に上がっていく様子に歓声があがり、それに少し遅れるかたちで仲通りにあるビルの

▼8……しかし、実際にしっかりとパフォーマンスを見ることができるのは、近い場所に陣どった人たちだけで、多くの人は十分に見ることができない。見ることそのものだけでなく、見ているということを共有することに意味があるようでもある。

▼9……ドラァグ・クィーンのほとんどはゲイだが、女性でもドラァグ・クィーンとしてパフォーマンスをおこなう人がいることは、これがたんなる男性の「女装」としては位置づけられないことの証左となっている。

▼10……エイサーは、太鼓を用い振りをそろえて踊る、もともと盆の時期に踊られるものである。カチャーシーは、祝い事や祭りの最後に、みんなで比較的自由な形で踊るものである。この祭りでエイサーがおこなわれるのは、当時の振興会の副会長が沖縄出身であったことも関係していると思われる。

屋上から、打ち上げ花火としては小さな花火が一〇発ほど打ち上げられた。花火が上がるたびに、やはり歓声と拍手が起こり、花火が終了した時点で祭りは終わった。しかしそのあとも、すぐには道路から人の姿は消えず、真夜中まで街のあちこちでたむろする姿が見られた。

2 祭りの分析

●ただの「商店街祭り」か？

このように、発案者がおり、それを受けるかたちで企画を立てる者がいて、その者たちが地域の「有力者」に相談し実施を依頼するという経緯は、地域や商店街の活性化などを目的として各地で開催されている同様の「祭り」においてもよくみられるものだ。

現在、日本各地で、街の活性化を図るための「祭り」が、さまざまな形態や規模で、町会や商店会あるいは地方自治体などが主導するかたちで開催されている。都市祭礼を研究している阿南透によると、このような「祭り」が各地で勃興した背景には、戦争で中断した祭りが戦後になって復活するのと同時に、戦後の復興そのものを記念する「祭り」や観光客を誘致する「祭り」が各都市で開催されるようになったことがあるという。そして、一九八八年の「ふるさと創生」施策や一九九二年の「おまつり法」ができ、「祭りやイベントもそうした風潮のなかで、隆盛を迎えて」いくという流れが指摘されている［阿南 1997］。このように新興の「祭り」が広がるにつれ、「祭り」という言葉で語られるものは、かならずしも宗教的意味を内包しなくなり、イベントとの区分も難しくなった。そのため、こうした新興の「祭り」を「カミなき祭り＝イベント」として位置づける向きもある。

一見するとレインボー祭りも、街を活性化するために開催されている祭りとなんら変哲のないものであるかのように見える。実際に、そうしたイベント的祭りが全国各地で開催され定着していることも、二丁目で新しい祭りをおこなうというイメージの土台を形成しているだろう。しかし、一般的な地域経済活性化事業としての祭りとレインボー祭りとのあいだには、開催主体と参加者との関係において、明確な違いが存在している。

それは、レインボー祭りの開催のためにつくられた実行委員会が、二丁目に以前から存在していた「二丁目町会」や「仲通り商店会」といった町内会や商店会とは別の組織として、構成員も異なる会として立ち上げられたということである。そして、その実行委員会は、祭りの準備が進行するなかで、新団体「新宿2丁目振興会」へと移行し、二丁目の新たな商店の集まりとなった。レインボー祭りの開催にあたって、振興会は、既存の町会や商店会に理解を得るため、その会長に挨拶に行くなどの配慮をみせながらも、それらの会から祭りの運営への参加を求めたり、正式に意見を聴取したりすることはなく、単独で計画し実施している。通常、ある地域で祭りを開催する場合、その地域を基盤とする既存の町内会や商店会が中心的役割を果たすか、あるいは、少なくともその構成員の意見を十分に反映させなければ開催が困難であろうことは想像に難くない。しかしレインボー祭りは、そのような形式をとっていない。

こうしたかたちでレインボー祭りが実現していく背景には、盛り場に共通する構造と、二丁目にみられる特異的な性質の両面がある。盛り場に共通する構造とは、アクター（行為者）が多層的でありながらも、それぞれの層が重なりあうことで盛り場全体に社会的結合が生じていることだ。そして、その結合の結節点としての役割をバーが果たしていることが、レインボー祭りに多くの人が足を運び、成功をおさめる要因となっている。この構造については次章で詳述する。

そして、レインボー祭りにみられる特異的性質とは、なによりそこに集う少なからぬ数の人びとがゲイであることなど、性的マイノリティであることを強く意識し、それを共同性の重要な根幹としながら親密な関係性を築いているということである。この祭りの開催主体となるために新しく結成された振興会の構成員となった人びとも、同じ地域で商売にかかわっているということだけではなく、「ゲイやレズビアンであること」や「ゲイやレズビアン向けの商売をしていること」という性的指向を社会的結合の決定的な契機としている。そして、そこに一般参加者として足を運ぶ者の多くも、その性的指向を大きな動因として集まっているのであり、あとで示す参加者の声からもうかがえるように、そのことによりつくられている共同性こそが、祭りの開催主体と参加者を結びつけつつ気分を高揚させているのである。

このように表現すると、性的マイノリティがゲットー的な「排他的」場をつくっているようにイメージする人もいるかもしれない。実際に、私がゲイメンズバーに関する研究について研究会などで発表すると、そのような質問を受けることがあった。レインボー祭りに関しては、そこに集う人はゲイなど性的マイノリティだけではないが、性的指向にもとづいて集まることについていうならば、これまでも指摘してきたが［砂川 1999b, 2002, 2003a］、全体社会においては異性愛を前提として人と人との関係が築かれ、それが親密な関係性を築いていくうえで重要な要素となっている、その傾向が反転したものであることをくり返しておきたい。

この親密な関係性とセクシュアリティとの関係をめぐる分析は、第6章においてさらに論じるが、この章では、全体社会においておこなわれる祭りの構造をもち、祭りとしての表象を取り込むことで、「私たちの祭り」をつくりあげている様子を見ていく。そして、そのレインボー祭りは、さらにその性的指向にもとづくアイデンティティを強めていく役割を果たしている。

●祭りとしての構造

レインボー祭りは、一見、現代的な商店街イベントの一つのように映るが、そこには伝統的な祭りや祝祭（フェスティバル）にも共通する構造や性質も潜んでいる。

祭り（祝祭＝フェスティバル）はさまざまに定義される。M・ド・マリニスはフェスティバルの要素として「周期性」「共同体関与」「聖性／日常性からの離脱」の三点をあげるが、森田三郎は、そのうちの「共同体関与」を「集団関与」という言葉に変更して、祭りの暫定的定義とする。

さらに森田は、祭りの構造について、エドモンド・リーチの理論と園田稔の論をもとに考察する。リーチは、形式性（formality）か乱痴気騒ぎ（masquerade）のいずれかで始まった祭りが、役割転倒（role reversal）を経て、始まりとは逆のかたちで終わるとしている。すなわち、乱痴気騒ぎで始まったものは形式性で終わり、形式性で始まったものは乱痴気騒ぎで終わるということだ。また、園田は、リーチと異なる表現を用いているが、両者とも、形式性や乱痴気騒ぎをあくまで役割転倒という目的を実現するための手段としてとらえている。しかし、森田はそれを修正し、祭りは、形式性を手段として、その祝祭のなかにあらわれる「聖なる時、非日常的状況」を実現することをめざしているという［森田 1990］。

最初の定義においても、「周期性」や「共同体関与（集団関与）」は、定期的に集合するあらゆるものに適用できてしまう以上、肝心なのは、最終的に「聖性／日常性からの離脱」ということになるだろう。よって、言いふるされた表現ではあるが、やはり、祭りの構造や意味において重要なのは、祭儀などによって区切られるなかで生じる、役割逆転などを含む「聖なる時、非日常的状況」の実現である。

だが、その「聖なる時、非日常的状況」の実現については、現代社会の文脈も考えながら、船曳建夫のつぎの指摘も忘れるわけにはいかない。

船曳は、儀礼やパフォーマンスにおける非日常に関して、「日常から非日常への変化を構造的転換として二項対立の枠組みでとらえるのではなく、非日常を産み出し収束されるプロセス」としてとらえることの必要性を指摘する［船曳 1997：159］。そして、現代的パフォーマンスも考察の対象としながら、「儀礼の時空と劇場の時空との双方において、いくつもの『始まり』によって、人々の間の共有する価値と位置づけの気圧が高まり、予め切り取られた時空の実際の現われとしての『場面』の成立が容易になる様子」、「そうした『場面』が再び、いくつもの終りによって、次第に、なだめられていくようにして消えていく様子」を描く。そして、それを「『日常化』と『非日常化』の力が交錯するプロセス」と表現する［船曳 1997：162-163］。

これらの議論は、一見、レインボー祭りのような新しい「カミなき祭り」とは無縁の議論のようにみえるが、レインボー祭りも、そのなかで逆転性が実現されており、それにより「非日常的状況」が生みだされることで、祭りとしての感覚を参加者に残しているのである。

逆転性という語は、伝統的な祭りの儀礼において演じられる役割逆転などを想起させるが、レインボー祭りにおける最大の逆転性は、二丁目の通りにゲイを中心として集うという行為そのものにある。通りに集うという行為は、通常の祭りでは、さほど重要な意味をもたない。しかし、性的指向を普段明らかにしていないゲイなどが、「ゲイ・タウン」と意味づけられている街で姿をさらすということ、また、日ごろ二丁目に客としてしか来ない者たちが、「自分たちの」祭りによってその街を占拠するということは、大きな逆転である。

初回のレインボー祭りのあと、多くの感想がゲイ雑誌にも掲載されたが、つぎの文章には、日常とまったく違う様子への高揚感と、そのことがゲイである書き手にもたらした感動が表現されている。

レインボー祭りも、パレード以上に最高でした。とても、あのいつもの「二丁目」なんて思えませんでした。通り一杯に沢山の露天が出て活気に溢れ、続いて、様々なパフォーマンスが、より一層のみんなの団結力と盛り上がりを見せてくれて……本当に、夢の中の出来事のようでした。そして、最後の花火を見上げた時、自然と涙が出てきました。とても綺麗な花火でしたが……まるで「夢の終わり」を告げる合図のようで、胸が痛かったです。［MAKOTO 2000「感動！感激！　怒涛の三日間――なにわのまぁくん漫遊記」『バディ 2000.12』No.92：42］

「夢の中の出来事」のように感じ、そしてそれが終わることへの「胸の痛み」が生じるのは、祭りにつきまとう感覚だろうが、ゲイにとっては、その感覚をいっそう強める理由がある。それは、レインボー祭りが、しっかりと「祭り」としての構造と表象をもちながら、全体社会でみられるような異性愛を前提としたものとしてではなくおこなわれるということだ。

地域に根ざした祭りは、伝統的なものか新興のものであるかにかぎらず、またどれだけ明示されるかはさておき、異性愛が中心化された空間である。民俗学においては、祭りが、男女の出会いを求める機会として活用されていたことが指摘されてきた。出会いの場が拡散している現代においては、そのような意味あいは低下しているものの、それでもなお、「ナンパ」も活発におこなわれる出会いの場の側面は残っている。

また、そのような祭りは、家族連れや男女カップルが、その関係性を表示しつつ祭りをともに経験することで絆を強化する空間でもある。このような空間のなかでは、ゲイやレズビアンは、たとえば同性カップルがカップルとして見られないように努めるといった意味で、疎外された存在である。しかし、ゲイバーが中心となって企画運営され、多くのゲイが集まるレインボー祭りでは、当然ながら異性愛の中心性は解体され、ゲイを主としながら性的マイノリティが中心化する。これこそが、レインボー祭りにおける最大の逆転構造である。レインボー祭りは、日常生活のあらゆる場面にみられる異性愛を前提としたあり方だけでなく、非日常的空間である祭りにおいても存在する（あるいは、さらに顕在化する）異性愛中心性を逆転させるものなのだ。だからこそ、この祭りは、開催が実現したときに大きな感動をもって迎え入れられることとなり、終わるときの切なさを強めた。祭りが終われば、多くのゲイは、また異性愛前提の日常生活に戻っていくのである。

そして、船曳の提示した祭りのプロセスは、レインボー祭りにもみられ、そのプロセスが祭りへの思いを盛り上げていくようにみえる。

祭りへ向けて、事前に振興会に加入する各バーでポスターが貼られ、ゲイ雑誌でも宣伝されることによって、祭りへの「気圧」が高まっていく。祭りが近づいてくると、祭りに関する打ち合わせがおこなわれるようになり、さらに祭りの「場面」の成立が容易になる土台がつくられる。そして当日を迎えるわけだが、二〇〇一年の二回目のレインボー祭りの様子を報告したゲイ雑誌の編集者が、その「気圧の高まり」をみごとに表現している。

そして祭りを作るための第一歩、仲通りの掃除から始まり、終わり次第ブースの飾り付けに取りかかります。各ブース事に色々な飾り付けがあり、ビルの二階から紐や幕を垂らす等、様々です。そうやって少しずつ仲通りに化粧が施されていく中、風船で作られたレインボーアーチが登場し、その設置が終わるとほぼ同時に祭りの開始時刻です。スタート地点に待機していた御輿や行進が出発し、いつの間にか集まっていた人達で辺りは埋め尽くされました。そこで繰り広げられるのは鮮やかなパフォーマンスやショー。しかし楽しいことは束の間なのか、気が付くと大きな音と共に空に拡がるエンディングの花火。それを見上げつつも名残惜しいのか響き渡る曲に合わせて踊る人達。そうやってレインボー祭りはゆっくりと幕を降ろし、仲通りは会場から道へと戻っていきました。［おにぎり 2001「祭りが作られて消えいくまで」『G-men2001.1』No.68：149］

船曳は、場面を生む役割として、「幕」という仕掛けの必要性を強調しているが、レインボー祭りにおいては、みこしが開始の「幕」としての役割を果たし、花火が上がり、風船が舞い上がることが、終了の「幕」となっている。このレポートにもあるように、その後、人びとはその場を離れがたいように通りに留まるが、それはちょうど、船曳が長いカーテンコールを「時としての「日常化」の困難さ」と表現する様子と似かよっている。さらに、レインボー祭り終了後、多くの者がバーへ足を運ぶが、それが「非日常」が収束へ向かうプロセスとなっていることだろう。

●祭りにするために

ここまで、レインボー祭りが、祭りとしての構造をもっていることを確認してきた。しかし、この節の冒頭でみた議論の宗教的意味という点からみるならば、「本当の祭り」として意識されるような、祭りのもつ祭儀や聖性をレインボー祭りが欠いていることは明らかだ。そうした意味ではレインボー祭りは、その他の地域活性化のための新しい祭りと同じだ。

だが、もし「たんなるイベント」であるならば、ゲイやレズビアンが、ゲイやレズビアンとしては疎外されてきた地域の（とくに伝統的な）祭りを、自分たちのものとして再現する「祭り」の意味は弱まってしまう。そこで重要な役割を果たしているのが、「みこし」やエイサーといった伝統的な祭りや行事に含まれる要素ではないだろうか。つまり、祭儀性とつながる行為、あるいはそれをイメージさせる行為が取り込まれることにより、祭りとしての表象が加えられるのであり、それにより、「自分たちの祭り」を完成させることができるのだ。神輿が前提とする神や、エイサーが意識する先祖の存在は、祭りにおける本質的な要素だが、それを形式的に流用し表象することで、新しい自分たちの祭りをつくりあげたといえるだろう。

そう考えるとき、二〇〇〇年の最初のレインボー祭りのポスター案に、神輿のイラストが描かれていたのは象徴的である。その神輿を囲むようにさまざまな人が描かれていた。もしかすると、当初、実行委員長の川口らは、「神」が祀られているものかどうかはさておき、そのような神輿の形をしたものを担ぐイメージをもっていたかもしれない。しかし、ミーティングの場で、マスターの一人から、「ふだん神輿を担いでいる客から、『このイラストの神輿は、神輿を担ぐ者として認められない』と言われた」と異議が出され、ポスターから神輿は消えた。また、その異議をきっかけに、ミーティングで「酒樽を担ぐかたちでいいのではないか、自分らはお酒を売って仕事をしているのだから」という意見が出され、酒樽みこしが実現することになった。よって、その酒樽みこしは、正統的なものとして全体社会において位置づけられるものと、あらたな共同性を築いているマイノリティの抵抗的実践のあいだに生まれたものといえるだろう。

もう一方の、「自分たちの祭り」を完成させるのに大きな役割を果たしているエイサーは、もともと沖縄本島で、お盆に各集落で先祖を迎えたり送ったりするために踊られるものである。先のレインボー祭りの描写は二〇〇一年のときのもので、エイサーを踊っていたのは沖縄県人会の流れとしてある東京のグループ「エイサーシンカ」だが、その後、二〇〇五年に、ゲイを中心としたエイサーグループが誕生し、それ以降、彼らが踊っている。そのグループは、エイサーシンカにいたゲイのメンバーが中心となりつくったものだ。レインボー祭りで踊るからには、ゲイを中心としたグループで踊りたいと思うようになったというのが、グループ結成の動機であったという。新たな、ゲイを中心としたエイサーグループがこの祭りをきっかけとして生まれ、祭りのなかに根づいている様子は、沖縄の集落で青年会が中心となり、毎年旧盆に踊られている姿とも重なる。それはまた、取り込んだ表象が、実体性を増しながら「自分たちの祭り」の完成度を高めているプロセスを見るようでもある。

●アイデンティティの確認

ここまで、構造という点から、レインボー祭りの祭りとしての性質を分析してきたが、祭りへと人を動員し、またその結果としてもたらされる重要なものとして、アイデンティティについて考えないわけにはいかない。森田は、「祭りが参加者のアイデンティティを確認する機能を持つこと」を重視し、つぎのように述べている。

> 祭りを準備し、祭りに参加する者の存在は、祭りの成立にとって不可欠の条件である。しかし参加者や準備する者がいるというだけでは、せまい意味でのイベントとかわらない。彼らが象徴を使用することによって、意識や感覚が日常とはちがった状態すなわち非日常的次元に達し、自らのアイデンティティを感覚的に確認できる状態になってはじめて祭りといえるのである。
>
> ［森田 1990：143］

まさに、レインボー祭りは、企画運営をおこなう者たちにとってだけでなく、そこに集う者にとっても、「アイデンティティを感覚的に確認する」祭りだ。

レインボー祭りの開催を具体的に検討するにあたり、川口は最初に、二丁目で長らくゲイバーなどの商売をおこなってきた親しい知人に声をかけ、会合を開いた。集まったのは七人で、一人をのぞき二〇年以上ゲイバー経営に携わってきた人たちであった。彼らはみな、二丁目で祭りをおこなうという計画にとても高揚し、生き生きとした表情を見せていた。各人がそれぞれにイベントへのさまざまなアイディアを出し賑やかに会が進行するなかで、二〇年ほどまえからゲイメンズバーの経営をしている佐藤喜久雄は、二丁目でこのようなイベントがおこなわれることを「長年の夢だった」と語った。

佐藤の言葉は熱く、「ゲイ・タウン」としての二丁目に思い入れのある人間には強い共感を引き起こすものだった。しかし、その言葉をそのまま文字どおりの意味として受けとることは難しい。なぜならば、二丁目は、長らくそのようなイベントの開催を思い描けるような街ではなかったからだ。

一九九〇年代以前の二丁目を知る者は、現在のようにゲイが通りにたむろし、たたずんでいる姿に驚きを見せる。現在でも、家族や親戚はもちろんのこと、会社や学校などの知人に自分がゲイであることを知られるのを恐れる人が大多数だが、当時はいまよりもさらにその傾向の強い時代であった。そのため、「昔は、ゲイバーに入るのをまわりに見られないかと心配しながらドアを開けたものだ」と語る人は少なくない。たとえば、ゲイの評論家である伏見憲明は、パレードやレインボー祭りを振り返る座談会でつぎのように語っている。

二丁目のストリートにゲイの人たちがあれだけ出たことは、二丁目開闢《かいびゃく》以来初めてです。それこそ、右を見て左を見てゲイバーに入っていくようなクローゼットの時代が長かったですから。［砂川 2001：123］

また、一九八〇年代の中頃まで、二丁目の通りで女性が客引きをしていたことを記憶にとどめている人も多い。そのような環境のなかで、二丁目の街なかでゲイが中心となったイベントをおこなうという発想が、実際に具体的に生じて「長年」抱かれつづけてきたとは考えにくい。むしろ、その言葉は、そのような「隠れた」存在であった過去を想起しつつ、その時代といまの時代とのあいだにある変化の大きさへの感慨を語ったものであり、あくまで、二丁目で店を構えてきた彼の「その時点での二丁目への思い」を表現したものと解釈すべきであろう。しかし、そのように解釈するにしても「長年の夢」という言葉は、レインボー祭りが、二丁目に親しんできたゲイにとってはたんなる商店街イベントを超える意味を担うものであることを表している。

さらに、レインボー祭りの参加者に当日配布された「東京レインボー祭りにあたって」と題された川口の挨拶文からは、より明確に二丁目への深い思いを読みとることができる。

第一回東京レインボー祭りへようこそおいでくださいました。二一世紀を目前にして、日本のレズビアン&ゲイを取り巻く環境が大きく変わり始めています。私たちレズビアン、&ゲイ、の故郷ともいうべき新宿二丁目の仲通を交通止めにして、このような催しを実現できるのもまさにその変化の現れです。このたびの開催にあたっては、昔から新宿二丁目に住み、仕事をされているレズビアン&ゲイではない多くの皆様のご理解、ご協力をいただきましたことを感謝いたします。晩夏の一夜、しばし暑さをも忘れて新世紀への期待に思いをよせながら、楽しいひときをお過ごしください。［2000年8月27日配布、傍点は引用者］

本来、「故郷」という語は、両親や祖父母などの出身地やときに自らの幼少期の生育地域を意味する言葉だが、むろんここではそのような意味では使用されていない。おそらく、「落ち着く場所」「なじみ深い場所」という意味で用いられているのであろう。一般的にもそのような意味で使われることは珍しくはない。しかしそのさいにも、「故郷」という語はつねに「懐かしさ」を含む「過去」や「源泉」を想起させるものであることは見逃せない。また、そこに、たとえば「日本人の『故郷』」という表現と同じように、ある集団への共同性や帰属意識を再発見・再構築する強い力が潜んでいる言葉である。

二〇〇〇年に最初の祭りが開催されたあとには、そこに参加したことによって感じた感動を語る言葉がゲイ雑誌上で多く記された。ゲイのあいだでもっとも広く読まれているゲイ雑誌『バディ』と『G-men』は、パレードと祭りが終了したあとに特集記事を組み、編集者自身がそのときに感じた心情を吐露している。

「忘れられない夏になったね」／いつか今年の夏を振り返るときっとそんな言葉で語られるだろう／この夏東京で起こった様々なことは二一世紀につながるきっかけになる［G-men 2001（初出2000）：21］

今思えば恥ずかしいくらい泣いたけど、それが、人がつながって作り出すお祭りの魔法なんだと思う。／レインボー祭りは、二丁目のゲイたちが何十年もかけて作り上げた夢を、カタチあるものに変えてくれたのだ。［斎藤 2001（初出2000）：17-20］

「何十年もかけて作り上げた夢」という言葉は、最初のミーティングで、バーの店主から語られた「長年の夢」という言葉と重なる。また、別の編集者は、米国でゲイ解放運動を大きく躍進させたという「ストーンウォールの反乱」[▼11]にたとえて、つぎのように記している。

パレード後のレインボー祭りで「ゲイに生まれてよかった!」と心から感動し、涙を流した人たちも数知れない。この日の出来事は、それほど特別な意味を持っていたし、「日本のストーンウォール」（しかも石を使わない）としてこれからもずっと語り継がれ、僕らの心に生き続けるだろう。［junchan 2001（初出2000）：13］

また、この祭りの感動を表明しているのは、ゲイだけではない。異性愛者で「風俗ライター」の松沢呉一もつぎのように語っている。

最後の花火が打ち上がる頃には、涙で曇って花火はよく見えなかった。きっと何百、何千という人たちが涙の滲む目であの花火を見上げていただろう。なにしろノンケの私が泣いたくらいだ。二丁目で暮らす人達、二丁目にいる時だけ自分らしくいられる人達、二丁目を何年、何十年と見てきた人達は、そりゃ泣くさ。（後略）［松沢 2001（初出2000）: 51］

二〇〇二年に川口が亡くなったあとに、二代目の新宿2丁目振興会会長になった福島光生（実名）は、当時、バー店主の一人として祭りのスタッフを務めているが、そのときのことをつぎのように語っている。

二〇〇〇年八月二七日。多分、この日はゲイにとって特別な日として語られることになるんじゃないかなぁ。（中略）この日、〝レズビアン&ゲイパレード２０００〟と新宿二丁目の〝レイ

▼11……この事件は、一九六九年六月二八日未明、グリニッジ・ビリッジにあったストーンウォール・インという名のゲイバーに対しておこなわれた警察官の手入れに反発し、ゲイ、レズビアン、トランスジェンダーたちが抵抗をおこなったことに始まり、ゲイやレズビアンたち二〇〇〇人以上と警察官四〇〇人以上が衝突する暴動にまで発展したというものである。この事件は全米のゲイ／レズビアンに勇気を与え、その後、解放運動が一気に拡大したといわれたこともあり、運動の文脈では「反乱」と呼ばれることが多い。

ンボー祭り〟が同時に開催されたんだ。（中略）当日「ゲイに生まれて良かった」という声を、本当に数多く聞いた。こんな良い仲間や感動が得られたのは、バーという入り口から始まってゲイのコミュニティに関わりをもてたからだと思う。［福島 2000：194-195］

先にあげた川口の「私たちレズビアン&ゲイの故郷ともいうべき新宿二丁目」という語りや、「長年の夢」「何十年もかけて作り上げた夢」「二丁目を何年、何十年と見てきた人達」という言葉は、この祭りをきっかけに、過去に遡って歴史的共同性が再発見されていることを示している。そして、「ゲイに生まれて良かった」という言葉は、まさに、この祭りによって、アイデンティティが肯定され強化されている様子を表している。

そして、レインボー祭りと「ゲイのコミュニティ」を接合させる福島の語りには、この祭りの背景にある、二丁目が変化するなかでコミュニティという言葉が取り込まれてきたという状況が反映されている。

3　二丁目とゲイ・コミュニティ

●コミュニティ論

ここで、定義することなく使用してきたコミュニティという語についていったん整理しておきたい。

コミュニティあるいは、その一つの日本語訳である共同体という語の定義や解釈をめぐっては、村落（village）や近隣（neighborhood）といった小さな地域社会やバンドのような血縁関係をその形態としてみなし［石川 1994 : 202］、比較的安定した語として用いてきた人類学よりも、都市社会にみられるさまざまな人的集合やネットワークにもその語を適用してきた社会学において、より活発に議論されてきた。その定義については、アソシエーションを対概念としながらコミュニティを最初に社会類型の概念として用いたといわれる、マッキーヴァー（R. M. MacIver）の定義「特定の関心を分有するのではなく、共同生活の基本的諸条件を分有して共同生活をしているばあい、その集団をわれわれはコミュニティと呼ぶ」や、マードック（G. P. Murdock）の共住と対面関係を強調した定義が頻繁に引用されるものの、最終的には、その語がいかに多義的に用いられているかということが、ヒラリー（G. A. Hillery）の研究をもとに語られることが多い。ヒラリーは、九四通りの「コミュニティ」という語の規定を分析した結果、「地域性」（area）と「共同性」や「相互作用」（common ties and social interaction）だけが最低限の共通項だったという結論を出している［綾部 1987 : 137］。

日本で都市コミュニティの研究に取り組んできた奥田道大は、「地域性のあるなし（+、−）」「普遍性のあるなし（+、−）」の二つの座標軸を用いてコミュニティモデルを示し、地域性（+）普遍性（+）の第一象限にコミュニティを、地域性（+）普遍性（−）の第四象限に「地域共同体」を位置づけている。ここでいう普遍性という言葉には、開放性の意味あいが込められており、地域性に根拠をおきながらも選択的に新入・再編可能なものとして存在しているものがコミュニティとして定義づけられている。一方、地域共同体は、やはり地域性にもとづきながらも「外部には閉鎖的、ときに排他的に映る」ものとして性格づけられている[12]［奥田 1993：13-16］。

このように、長らくコミュニティという語は、地域性や共住が重要な要因とされてきた。しかし、近年、社会学におけるコミュニティ論におけるコミュニティは、それらの条件からも離脱しつつある。ウェルマン（B. Wellman）は、「個人の持つ親密な絆は、『地域』という閉域の中にのみ存在しているわけではない。もはや、コミュニティは、空間的な領域を超えており、個人が取り結んでいるパーソナル・ネットワークとしてのみようやく抽出することができる」と論じ［町村・西澤 2000：192］、ウェッバー（M.M. Webber）は、吉見俊哉の整理によれば、場所のコミュニティ（Place Community）と関心のコミュニティ（Interest Community）を区別し、「都市のコミュニティにとって重要なのは、空間的な近接（propinquity）ではなく、社会的な接近可能性（accessibility）であり、一定の空間的な領域の中に共棲していることの重要性は、現代においてはしだいに低下しつつある」としている［吉見 1993：145］。また、吉見自身、電話による非場所的なコミュニティのことを「サイコロジカル・ネイバーフッド」と呼ぶアロンソン（S.H. Aronson）の問題意識をひき継ぎつつ、若者の電話によるコミュニケーションとそれによる親密圏の形成を実証的に示し、「回線のなかのコミュニティ」として論じている［吉見 1993：131-151］。

これらの新しいコミュニティ像は、共同性の感得や親密圏の形成にその名で呼ばれるべき条件を見出しているといえるだろう。しかし、コミュニティの定義をそのように行為者の主観のみに帰する転換をおこなってしまうと、もはやコミュニティという語は社会科学的分析の分析概念としてはその役割を果たさないように思われる。しかし、また、コミュニティという語が一般化し再帰的に用いられている現代社会を研究対象とするさいには、血縁地縁にその根拠を求めるような古典的な定義に回帰させることも難しい。もはや、そのような社会で、学問が、とくにフィールドワークをおこなう人類学のような学問がコミュニティという語をめぐって為すべきことは、その語がどのような文脈、場面で用いられているのか、あるいは何を背景としてその語が用いられているのか、用いられるようになったのか、そしてその語の使用が何をもたらしているかを分析することではないだろうか。

それは、近代世界において「文化」という語を用いて「われわれ」について語ることが普遍的になっているという状況のなかで、文化を研究対象とすることの意味をつぎのように定義する関本照夫の姿勢と一致する。

文化の概念と言説を近代の普遍的な制度として研究の対象にするというのは、あらゆるタイプの共同体が、それぞれにこの概念と言説を生産し消費している状況を記録し、その作られ方、維持され方、使われ方を、社会的歴史的文脈で検討することである。［関本 1994 : 19］

この「文化」と同じようにコミュニティという語をとらえるということは、すなわちコミュニティという語を、実際の表記はさておき位置づけとして、括弧に入れて使用していくということである。しかし、それは、けっして「コミュニティとは何か」を問うことを完全に放棄することではない。コ

▼12……その他、地域性（二）普遍性（＋）の第二象限には「個我」モデル、地域性（二）普遍性（一）には、「伝統的アノミー」モデルが置かれている。

ミュニティという語が使用される背景と、そこへ至る歴史的変化を探ることは、コミュニティ意識が生起する様子を描くことになり、人びとがコミュニティとして語るものの何がその関係性を生み出し、規定しているのかを明らかにするだろう。

よって、先にあげた、二丁目やそこにあるゲイバーをコミュニティと呼ぶ語りについて、彼らの語るコミュニティという用語が「正しく」使われているかどうか、あるいは、どのコミュニティ定義に合致するかしないかという検討は、ここではおこなわない。

長らくゲイやレズビアンは、「趣味嗜好の世界」に生きる人間として見られ、仲間とのあいだに性的な関係しか築いていない存在と位置づけられていたために、いかにコミュニティ概念に合致する関係性を築いているかを強調する研究が、一九七〇年代の米国において発表されている［Levine 1998（1979）, Murray 1998（1979）, 1992, Krieger 1998（1983）］。それは、おそらく研究者にとどまらず、そのときのゲイやレズビアンの世界においてコミュニティという語りを要請する仕組み、あるいはコミュニティ意識が深まり広がる背景が社会にあったということだ。よって、そのような仕組みや背景を把握していくことが、ゲイやレズビアンのおかれている状況、おかれてきた歴史を照らし出すことになる。

ここまで見てきた、レインボー祭りを「長年の夢」として語り、二丁目を「故郷」と呼ぶゲイの姿には、間違いなくコミュニティという語で「われわれ」を表現するコミュニティ意識が現れている。

●コミュニティをめぐる語り

私は、やはり二丁目をとりあげセクシュアリティについて論じた修士論文において、ゲイ・コミュニティという語がゲイのあいだで使われはじめていることを指摘し、『『ゲイ・コミュニティ』概念の取り込み』と呼んだ［砂川 1999a：47］。そこでわかりやすい例としてとりあげたのは、一九九七年八月号の『薔薇族』というゲイ雑誌に掲載された「全国ゲイコミュニティ紹介！」と副題のつけられた特集記事である。そして、私は、その語の広がりについてつぎのように説明した。

近年、新宿二丁目がゲイ・コミュニティかどうかということに対する言及が見られ始め、また、「コミュニティ開発」を行おうとする人の中に二丁目に積極的にその語を使用しようとする動きが始まっている。まだ、コミュニティという語は、二丁目のゲイバーを訪れる者の間には定着しているとは言えないが、二丁目のコミュニティ性について議論され、あるいは二丁目にその語を適用しようという動きの始まりは、既にその概念の取り込みが始まっている徴として見ていいだろう。［砂川 1999a：48］

このような記述をおこなってから、レインボー祭りが開催され定着するまでのあいだに、コミュニティという語はさらに広がっている。当時そのなかで指摘した「その語を使用しようとする動き」というのは、コミュニティ形成に意義を見出す傾向のあるゲイ・アクティビズムやエイズ・アクティビズムなどになんらかのかたちで参加している者たちや、それらに直接的に影響を受けている人たちをおもに意識しての表現であった。しかしその後、そうではない人たちの口からも、二丁目について語るなかでコミュニティという語が聞かれるようになっている。

先にあげた、「長年の夢」という言葉が聞かれた二〇〇〇年のレインボー祭り開催について話し合う会合のなかで、四店舗のゲイメンズバーを経営し、自らもそのなかの一店舗のマスターとして店に立つ水上丸男は、祭りで飲食物を販売する売店（ブース）のグループ分けについての提案として、つぎのように語った。「各店舗のコミュニティを強調したほうがいい」。

また、ゲイメンズバー「シュート」のマスター須田正人は、2丁目振興会の二〇〇二年の新年会において、若い子があまりゲイバーには来ないという傾向について話が及んだときに、つぎのように語っている。「（最近の若い子は）クラブで会ってクラブで別れるんじゃない？　こういうコミュニティもあるんだってこと伝えなきゃ」。

前者の準備会のときには、のちに振興会の中心人物となる七人がおり、後者の新年会には、その後振興会の会員となった店舗の人も含め二〇人以上が集まっていたが、いずれの場でも、とくにコミュニティという言葉に疑問や違和感を示すような表情、発言は見られなかった。

また、あるバーでマスターに昔の二丁目について尋ねたところ、ゲイバーで一〇年間スタッフとして働き、その後独立してマスターとなり五年経っていた広崎康はつぎのように答えた。「昔はもっと単純だったと思う。楽しめればいいみたいな。それがコミュニティっぽくなっちゃって」。

さらに、やはり二丁目でゲイバーを経営している永山隆文は、二〇年来、自分が二丁目のゲイバーで頻繁に飲み、お金をつぎ込んできたことをつぎのように表現した。「二丁目で飲まなかったらお城が建っているわよ。毎日飲みに出てるし。でも、妻や子どもに費やすお金をコミュニティに使えばいいと思ってる。そうやってコミュニティにお金を還元しないから、ゲイ・コミュニティは薄っぺらく見られるのよ」。

永山のこのコミュニティ意識は、つぎの発言で語られている「社会性」とつながっているだろう。この発言は、自分のよく知るバーが振興会に入っていないことをめぐって、そのバーのマスターに対して言った言葉を本人が再現して語ったものである。「あんたは自分のところが儲かっていればいいの？　社会性はないの？」（と相手に言った）。

最初の水上や須田の発言は、ゲイバーそのものやそのネットワークをコミュニティという言葉で語り、つぎの広崎は否定的な評価を含ませながら、二丁目という街が「コミュニティっぽく」なっていると表現している。また、永山の発言は、さらに二丁目という街を明確にコミュニティとして位置づけ、それへの積極的な関与の必要性にまで言及している。

二丁目を「故郷」と呼んだ川口も、レインボー祭りと関連づけるなかで、コミュニティという言葉を使用している。ゲイ雑誌のアンケートの「パレードとレインボー祭りは、今後のゲイ・シーンにどのような影響を与えると思いますか？」という質問に対してつぎのように回答している。

> 今回のレインボー祭りを通して生まれたのは今まであまり無かった二丁目の連帯感だと考えます。（中略）そして毎年の開催によって二丁目ゲイコミュニティの活性化と、ゲイの人々にとってあたたかな街づくりへと発展できればと思います。［『バディ』2000年12月号：47］

それぞれの語るコミュニティという語の意味やそれに対する評価は、けっして同一ではないものの、その語を二丁目という街やゲイバーへ適用している典型的な例となっている。当然、そのようなコミュニティ意識が二丁目のゲイバー全体に広がっているというわけではない。しかし、社会に向けて平等性の実現をアピールするゲイ・アクティビズムなどに参加してきたわけでもないゲイバーの店主や経営者らのなかにそのように語る人が登場していることは、二丁目のゲイ・ネットワークに対しコミュニティ感とでもいうべき心性が根づき、広がりつつあることを表しているといえるだろう。

そして、コミュニティ感という心性は、たんに個々人の内面に保持されるものではなく、具体的な物理的・制度的変化として現れ、またそれにより強化される。ここではそれを、「時間の拡大」「空間の拡大」と「組織化」という視点からとらえていく。

●時間の拡大

二〇〇一年一〇月、新宿二丁目に「CoCoLo café」というカフェレストランがオープンした。通りに面した壁はガラス張りで、入り口付近の様子は外からもうかがうことができる。そのため、業種に起因する違いとはいえ、なかが見えないようにつくられるバーよりも明るく、開放的な印象を感じさせる。このカフェレストランが、二丁目の中心に位置する交差点近くにできたことで「二丁目の雰囲気が大きく変わった」と評する声を多く聞いた。

じつはこの店は、最初のレインボー祭りの実行委員長で新宿2丁目振興会の会長であった川口の会社によってつくられたものだ。すなわち、このカフェは、ゲイを社長とし、ゲイを主たるターゲットとした会社、いわば「ゲイ資本」によってつくられたカフェレストランである。そのため、同店のトイレに貼られているアルバイト募集の張り紙には「ゲイ・レズビアン歓迎」と書かれるなど、スタッフの採用にはゲイやレズビアンであることが歓迎され、また客としても、同性カップルがまわりの目を気にすることなく利用できる空間となっている。入り口そばの棚には、ゲイナイトなどの告知フライヤーや冊子が置かれており、ここでそのようなイベントの情報を得る人も多く、性的マイノリティ関連の大きなイベントをおこなう場合には、この棚に置いてもらうことが重要な告知活動となっている。

私自身も友人とこのカフェレストランで食事をすることが多々あったが、地方に住むあるゲイの知人は、ここで食事したあと、「一〇年前とはぜんぜん変わったなぁ。二丁目もここまで来たんだなぁ、としみじみとした」と語った。彼は、一九九〇年代初期に東京から故郷へ帰ったが、それまでの二丁目についてよく知っており、そのときの記憶と比較した言葉だ。

川口自身、昼間にゲイが訪れられるような場所が二丁目に増えることによる、地区の雰囲気やゲイに対するイメージの変化を明確に意識しており、英字新聞のインタビューに応じてつぎのように語っている。

> もし、ゲイ向けの、あるいはゲイによるさまざまなビジネス、たとえば、洋服屋、アートギャラリー、カフェレストランなどが、二丁目にもっとできたら、この地区の基盤はもっと強くなると思う。また、それによって、公（パブリック）に対してゲイが社会的存在として見えるようになるだろう。［The Japan Times 2002.1.29（引用者訳）］

また、川口の会社で働いていたある社員は、彼が亡くなってまもないころ、このカフェについて「混んでいるけど、儲けはぜんぜん出ていない。だけどアキさん（川口さん）もみんなが集まれる場所がほしいという気持ちがあってやったことだから。借金を払い終わってから儲けが出ればいいと言っていた」と語っていた。

欧米でゲイ・タウンと呼ばれる場所では、多くのカフェやレストラン、雑貨屋などがゲイなど性的マイノリティによって経営されている。あるいは、経営は性的マイノリティによるものでなくとも、少なくとも客として性的マイノリティを意識することが当然のこととなっており、日本のゲイのあいだでもそのようなあり方が「進んだ」ものとして語られることが多い。二丁目に一軒のカフェレストランがオープンしただけだが、「ぜんぜん変わった」という感慨に満ちた言葉につながるのは、欧米のように昼から使えるゲイ・タウンへと一歩近づいたというイメージがあるからだろう。ゲイバーにおける会話でも、二丁目に、昼からゲイがゲイとして使える店が増えてほしいという語りは頻繁に耳にしてきた。

ほかにも同様の動きがみられる。2丁目振興会が出しているフリーペーパー『2丁目瓦版』（vol.4）の二〇〇二年五月発行版では、「ひるにちょ　明るい時から楽しい二丁目」と題された特集が組まれ、早い時間から利用できる店舗が紹介されている。そこには、「二丁目では早い時間からオープンしている店が増えてきている」「あなたが知っている夜の街とはちょっと趣が異なる昼すぎの二丁目を訪ねてみよう」と呼びかけが掲載された。「CoCoLo café」はその「ひるにちょ」の代表的な存在といえるが、二〇〇二年にはほかにも、午後三時頃からカフェタイムとしてオープンする店が二軒、午後五時からオープンする店が二軒と、数は少ないが早い時間から開店するゲイバーも現れている。

もちろん商売として営まれている以上、それらは、自分たちにとって理想的な街をつくるための公共心にもとづいた行為ではない。いち早く午後三時からの営業を始めたゲイメンズバー店のマスターは、私の「早くから開けるのは大変じゃないですか？」という問いかけに、「どうせ準備で入らなくちゃいけないし」と返答した。その言葉の背景には、不況のなか、少しでも売り上げになるなら、ということが含意されている。

しかし、それは、そのような時間帯からゲイバーを利用したい、二丁目で過ごしたいと思うゲイがいるという前提で成り立つことだ。そのバーでは、平日でも、開店してまもない時間から利用客がおり、スタッフと話をしたり、友人と訪れておしゃべりを楽しんだり、一人で来店し雑誌や本などを読んだりしながら飲食する人の姿が見受けられた。

そして、コミュニティ意識との相互作用として拡大していくのは時間だけではない。

●新宿二丁目における顕在化

二丁目が、ゲイバーの集まっている他の街と大きく異なる点として、街なかにおけるゲイの顕在化がある。長いあいだそれを印象づけてきたのは、ゲイ向けの商品を販売しているゲイショップだった。ショップの入り口には、ゲイ雑誌やゲイ・ポルノビデオの宣伝写真が貼られ、ゲイの存在を顕在化させる結果となっている。なかでも、一九八五年に開店した、二丁目でもっとも古いゲイ向けショップ

「ルミエール」は、二丁目のメインストリートの仲通りに面し、目立つ存在であり、二丁目に来るゲイにとってランドマーク的に語られることも多い存在だ。このショップは、のちにゲイ雑誌『バディ』を出版した平井孝（実名）によって経営されているものであり、その雑誌とともに二丁目に大きな影響を与えてきた。資本関係ではライバルともいえるゲイ雑誌でも、つぎのように表現されている。

ここが日本のゲイショプの流れを変えたといっても過言ではない。その理由はその脳天気なまでの開放感とそして、朝七時までやっているという営業時間の長さだ。飲みに出ることができない人でもゲイショップになら入ることができる。（中略）また、ショップの周辺にたむろしてコミュニケーションをとるという、通称二チョコの発祥ともなった。

それまでのポルノショップというのは、地下に降りて行ったり、路地の奥に位置していたものが多かった。地上にあったとしても、中がまるで分からないように目隠しをしてあるという配慮がなされていた。（中略）決定的な違いは、それらのショップはノンケ資本であり、ゲイ向けの商品はノンケ用のポルノショップに間借りをしていた点にある。［GAKU「ゲイショップ」『G-men 1998.1』No.31：37］

一九九〇年代後半に入り、「ルミエール」周辺には、さらにゲイに関連した表現物が目立つようになっていく。その外側の壁に貼られるゲイ向けイベントやゲイ雑誌などを宣伝するポスターの量が増え、いっそう通行人の目を引くようになった。その壁面を写した写真は、新宿二丁目の案内記事を載せた一般誌『Hanako』(No.713)、『OZ magazine』(No.320)にも掲載されている。大阪から初めて二丁目に来たゲイの知人を二丁目に案内したさい、彼は、明らかにゲイ向けのものとわかる商品宣伝のポスターが道路から見える店先に貼られていることへの驚きをまっさきに語った。大阪では、ゲイバーが比較的集まっている地区にあるゲイ向けショップも、基本的に路上からはわからないようになっているからだ。おそらく、日本においては、ゲイバーが多く集まるどの都市のどの地区でも、これほどにゲイを意識させるものが目につく場所はない。そして、さらにその特徴は二〇〇〇年代に入り顕著になった。

二〇〇〇年代前半、二丁目では週末の夜になると、多くの人たちが道路にあふれたむろする姿が見られるようになった。とくに、人気のあるクラブイベントがある日は、クラブで踊る合間に路上に出て休んだり、友人たちと談笑する人がいっそう多くなり、一〇〇人近くの人が二丁目の中心に位置する交差点付近で、それぞれに楽しんでいる姿が見受けられた。夏になると、さらに多くの人たちが仲通りにあふれた。

このような変化は一九九〇年代の終わりごろから起こってきたものだ。私がフィールド調査と位置づけて二丁目を訪れはじめた一九九七年頃と比べても、明らかに街頭の光景は変化した。調査当初は、現在(二〇〇〇年代中頃)と比較すると、それほど多くの人が路上に出ているということはなかった。それ以前にも、二丁目の街角には若者たちが立ってはいたが、彼らの一部がときに金銭の授受をともなう性行為をおこなっており、ゲイのあいだにもセックスワークを否定的に見る人たちが多いことから、二丁目の街角にたたずむことは、バーの会話では揶揄されがちな行為であった。しかし、路上に姿を現しはじめた彼らが、ゲイというアイデンティティをもっていたかどうかはさておき、二丁目をゲイの街として意識づける役割を果たしてきたという面はあるだろう。その後目立つようになった、ゲイが路上でたむろする姿は、その延長線上にあるのだ。

そして現在では、一〇代〜三〇代くらいの年代の者にとって、二丁目の路上で友人と談笑しつつたむろすることは珍しいことではない。その様子を、一九七〇年代後半からの二丁目を知る五〇代のゲイ男性は、「最近は通りに人がいっぱい出ていて落ち着かない。昔は（ゲイバーの）なかだけゲイの世界という感じだったけど、いまは境目がなくなっている」と表現した。

そして、先の「時間の拡大」の象徴が「CoCoLo café」だとするならば、この「空間の拡大」とも呼べる変化の象徴となっているのが、交差点近くに一九九九年に開店した「advocates café」（実名）である。「advocates café」は、二丁目のメインストリートである仲通りに面したカウンターだけの小さい店舗だが、路上にイスやテーブルを出して営業しており、週末になると立ち飲みする客が車道にまであふれる。客はゲイにかぎっているわけではなく、性的マイノリティではない人も多く利用するバーだが、外国人の利用客が多いこともあり、「日本じゃないみたい」と表現する人も多い。この店を開店させたのは、一九八〇年代の後半に日本でいち早く「ゲイナイト」を手がけ成功させてきた人物である。週末ともなると、何十人もの客が路上でグラスを傾けている様子は、やはり二丁目の風景を大きく変えたといえるだろう。

また、毎週土曜日に二丁目の西側に位置する小さな公園、新宿公園で、二〇〇二年二月から一年ほどおこなわれていたゲイのアマチュアミュージシャン、がんすけ（実際の通称、二〇〇七年逝去）の路上ライブも、小規模なものながら、二丁目におけるゲイの顕在化を考えるうえで示唆的である。キーボードの弾き語りをおこなっていた彼が配布する歌詞集には、「二丁目で路上をやってるからには、もちろんゲイなのだけれども」と、自らがゲイであることを明らかにしたあいさつ文が掲載されていた。数人の聴衆が集まるにすぎないストリートライブだが、ときに他のアマチュアのゲイミュージシャンが参加し、定期的に足を運ぶ者もいた。

その公園は二丁目の端にあるため、ゲイバーなどに飲みに来る人にとっては「二丁目のはずれ」と意識されており、暗いイメージがつきまとっている。二五年間、ゲイメンズバー「パワフル」のマスターとして働いてきた比嘉友彦は「あの公園、なんとかならない？　何かやって明るい雰囲気にできないかしら？」と語った。そのようななか、がんすけの活動は、その公園のイメージをも変えようとするものであった。その後、彼は体調を崩したことから一年ほどで路上ライブを止めることになったが、二丁目の公共空間においてゲイであることを表明しながらパフォーマンスをするという行為は、二丁目そのものをゲイの空間として意識していることの反映と同時に、二丁目におけるゲイの空間の拡大と顕在化をもたらす営為であったといえるだろう。

それらの様子は、意識しない集まり、意識した試みという違いをもちつつも、同様に二丁目で個人の存在としてのゲイの顕在化をもたらしている。そして、それらと同じく、あるいは明示的という意味ではそれ以上に、二丁目という空間でゲイの顕在化をもたらしているのが、レインボーフラッグやゲイ商品などを宣伝するポスターの掲示だ。レインボーフラッグは世界的にもゲイやレズビアンなど性的マイノリティの象徴として用いられている旗だが、現在、クラブ「ＧＹＭ」（仮名）やゲインメンズバー「Frontier」の道路に面した入り口には幅一メートル以上の大きなレインボーフラッグがかけられており、また、いくつかのショップの看板にはレインボーのマークがつけられている。

さらに、二〇〇三年にオープンした中古ビデオショップの看板には「GAY VIDEO」という文字が大きく書き込まれているが、二丁目で表立ってGAYという文字が看板に登場したのは、おそらくこれが初めてのことである。こうして、ゲイが、自分たちの象徴となるレインボーフラッグを掲げるなどしてゲイの存在を明示することは、その空間に意味を書き込み、自分たちの空間へと変容させる行為、すなわち、空間を広げていく行為といえるだろう。では、なぜ、そのような行為が生じているのだろうか。

●引き裂かれた時間

キャロル・ワレンは、「空間と時間はコミュニティの具体的な境界である」と言い、「ゲイ・コミュニティは、スティグマと秘匿性により労働の時間に広がることが妨げられているため、余暇の時間に存在する」こと、異性愛者と異なり、ゲイにとってはゲイの時間とそれ以外の時間、つまり職場での時間や家族と過ごす時間、たんに街で歩き回るだけの時間は異なった意味をもち、時間が引き裂かれていることを指摘している［Warren 1998（初出1974）］。

この論文は、一九七四年に発表されているものだが、この指摘は、現在の日本に住む多くのゲイにも当てはまる。ゲイであることに対する肯定的な情報が増え、インターネットの発達により、そのような情報にアクセスしやすくなったことなどを背景に、ゲイにとって、自己肯定しやすい環境が整ってきている［砂川 2003b］。若ければ若いほど、親しい友人に自分がゲイであることを言うことが増えている。しかし、それでも、職場の関係で自分がゲイであることをカミングアウトする者はきわめて少ない。親やきょうだいなどの家族に対しても同様だ。そのような状況において二丁目は、まさにヴァレンが言うところの「余暇の時間に存在するゲイ・コミュニティ」であり、日常の生活と分断されるかたちで存在するゲイの時間が流れる街といえるだろう。とくにゲイバーに関しては、私自身、ＨＩＶに関する啓発のために訪れたさいに、何度も「お客さんは楽しみにきているから」という言葉を向けられたが、それが示すように、厳しい現実から遠のくためのものという意識が強い。

そしてさらに、二丁目は、多くのバーが集まっている地区であるため、「夜の街」と意味づけられることが多い。よって、一般雑誌などにおいても、二丁目がとりあげられる場合には「ナイトスポット」として紹介されることになる。[13]

実際には、昼間の二丁目を訪れると、たしかに夜に比べれば閑散としてはいるものの、米屋や果物屋、事務機器店、骨董品店、床屋、歯科、洋服の仕立て屋といった店舗が営業しており、マンション内の事務所で仕事をしている人びとの姿も見られる。信用組合や郵便局や通信制高校も存在している。序章で述べたように、けっして多い人数とはいえないまでも、そこに居住している住民は一〇〇〇人

▼13……たとえば、おもに女性を読者層とする『Hanako』の新宿特集では、「深夜カフェ、ゲイバー、ちょっと怪しい店。いつものコースに飽きたら、不夜城二丁目へ」と題され、「この街の日の出は夜八時」と書かれている［『Hanako』No.713（2002）：76］。また、『OZ magazine』の新宿特集では、「SHINJUKU NIGHT CRUISING」と題されたコーナーにおいて、「新宿の夜を象徴するゴールデン街、ホストクラブ、ゲイタウン、職安通り」という表現で二丁目が紹介されている［『OZ magazine』No.320（2003）：89、96-97］。

以上おり、確実に昼の生活も営まれている街である。よって、二丁目を「夜の街」として固定的にとらえるのは誤りだ。

とはいえ、二丁目が、「夜のほうが昼よりも賑やかになる場所」であることは確かであり、また、夜にバーなどに客として足を運ぶ者が「二丁目は夜の街」と語るときには、昼の二丁目の姿を知らないということだけではなく、おそらくその言葉には、自分たちが訪れるべき場所が昼間には存在しないということを意味している。このことと関連して、ゲイ雑誌に掲載された二丁目についてのエッセイにはつぎのように表現されている。

(昼間の仲通りは)ゲイである僕にとってはどこか他人行儀だ。

新宿二丁目がゲイにとって昼の顔を持てなかったのはこの街が住むには決して快適と言いがたい環境にあったせいかもしれない。そこに居を構え生活するゲイが少なければ昼間の顔を持つことは当然難しくなる。

一方で、それは世間に向けた昼の顔とゲイとしてのプライベートな夜の顔を使い分ける、あるいは使い分けざるを得なかった日本のゲイの状況を象徴しているようにも思える。［佐野隆「新宿二丁目」『G-men '97.8』No.17：53］

二丁目が「昼の顔を持てなかった」ということは、同じく二丁目を訪れる者であったとしても、二丁目をコミュニティという言葉を適用し語りはじめている人たちと、そうではない、二丁目にそのような感覚をもたない客とのあいだでは、おのずと異なった意味をもつことになる。後者の者にとっては、たんに余暇の時間の一部を過ごす場所という意味にすぎない。しかし、コミュニティという語で呼びはじめる者たちにとって、そこが「夜の街」であるということは、自らのコミュニティが夜だけの存在であるということを意味することになってしまう。また、そのような表現は、ゲイにとっては「時間が引き裂かれている」ことをより強く印象づけるものとなるだろう。そのため、これまでは、「夜だけの存在」としての二丁目は、ゲイ解放運動に参加してきたものたちからは「コミュニティとはいえない」として否定的に語られることが多かった。

ウァレンは、ゲイの時間と空間が余暇の時間や空間だけに存在していることを、インタビューやフィールドワークをもとに明らかにし、そのように時間が「引き裂かれている」ことは、自己が引き裂かれているようなものだと語る［Warren 1998（1974）］。

このような表現は、性的指向をもとにしたアイデンティティが、つねに確固たるものとして、まるで物理的存在のように内面にあり、それをもとにした生活が実現されるべきであるということを前提にしているように響きかかねない。そして、そのような前提に対しては、アイデンティティの流動性や多面性を重視するアイデンティティ論からは、仮構された本質的なアイデンティティであり、また性的指向を中心化、本質化したものとして批判されるだろう。また、ウァレンも述べているように、異性愛者のふりをすることをなんら気にかけない人たちがいることも確かである。さらに、そのようなゲイであることと異性愛者のふりをする使い分けを一つの「抵抗戦力」としてみる向きもある［村上 1998］。私自身もアイデンティティは流動的、多面的、多層的なものであり、ゲイと一口に言っても、ひじょうに多様であることを意識している。

しかし、日本ではゲイ・アクティビズムのなかでしか用いられていなかった「カミングアウト」という言葉が、自分はしないという発言も含め、広く用いられるようになっていることが示すように、現在、日本においても、多くのゲイが、ゲイであるということを重要なアイデンティティとしてより意識するようになったり、アイデンティティをそれこそ本質的なもののように感じたりするようになっている。基本的にカミングアウトとは、自分はそうであるという持続的なアイデンティティが保持されていることが前提にあり、しない／すべきではないという考えも、それを共有している。その一方で、社会では異性愛を前提とした制度が支配しており、その結果として、日常生活において、異性愛者が異性愛者であることを「隠す」ことがないこととの対比として、ウァレンが言うように「自己が引き裂かれている」と感じる者が増えても不思議ではない。その結果として、個々の人がどれほど意識しているかはさておき、その「引き裂かれ」を埋めるかのように、時間の拡大と空間の拡大が図られ、またそれと相互に作用するかたちでコミュニティ意識が浮上してくるのである。

また、時間の拡大と空間の拡大が交差するものとして、バーを機縁としつつ店外で活動をおこなっている「サークル活動」[14]もあげておきたい。バーのマスターやスタッフが中心となって、週末の昼などに集まり、テニスやバレーボール、バスケットボールといったスポーツやダンスの練習を定期的におこなっている店が存在する。必然的に、バーの常連客がそれらのサークルに参加したり、別の経由でそれに参加した者がバーの常連客になったりすることになる。[15]これらの活動は、二丁目でおこなわれているわけではない。しかし、だからこそ、バーでの関係がバー営業の時間を越えながら新しい関係性を築くさまは、やはり「時間の拡大」や「空間の拡大」であり、また、趣味の重なりもあいまって、さらにコミュニティ感が醸成される関係性となっている。

4 組織化としての新宿2丁目振興会

●振興会の活動

ここまで、コミュニティという言葉の使用や、時間や空間の拡大といった現象に注目し、二丁目の変化を描いたが、最後に重要な変化として、新宿2丁目振興会の発足という組織化をあげる必要があるだろう。

新宿2丁目振興会は、レインボー祭りの準備を進めるなかで誕生した。祭りの開催に向けて、新宿区商工課が提供している商店街活性のための助成金に申請するにあたり、商店会的な組織が必要となり、祭りの実行委員会をそのまま振興会という名目にしたのが始まりである。つまり、「振興会」という名称は、当初は紙の上だけの存在であった。そのため、二〇〇〇年のレインボー祭りの告知が掲載された最初の『瓦版』（後述）では、祭りの問い合わせ先は、振興会という名称ではなく「東京レ

▼14……実際には、それらが「サークル活動」と呼ばれることはないが、ここではわかりやすくそのように呼んでおく。バーでは、そのほかにボーリング大会や旅行、花見などがおこなわれるが、ここでは定期的におこなわれる活動を「サークル活動」と呼び、それらのイベントとは区別している。

▼15……ほかに、開店前のバーを利用して店内でキルトを縫っているグループもある。

インボー祭り実行委員会事務局」となっている。しかし、レインボー祭り終了後に、実行委員会のメンバーがおおむねそのまま理事となり、レインボー祭りに協力した店舗などが会員となる新宿2丁目振興会が正式に発足した。最初の総会は、レインボー祭りから約半年後の二〇〇一年三月に開催された。同総会開催時点での参加店は一〇四店であったが、その後、加入店舗数は増え、二〇〇三年八月には一四四店舗となっている。

振興会の会則には「本会は、新宿二丁目とその周辺地域の飲食店および物販店間の親交を深めつつ、同地域の活性化に寄与することを目的とする」とあり、会員資格として「本会の目的に賛同し入会した、新宿二丁目とその周辺地域の飲食店および物販店の所有者、経営者、スタッフとする」となっている。ここには、とくにゲイやレズビアンに関する記載はないが、実質はゲイやレズビアンが店主や経営者の店を中心に構成されている。

振興会では、具体的な活動として、レインボー祭りなどのイベントの企画運営をおこなうほか、振興会に加入している全店舗の紹介などが載っている『2丁目瓦版』というフリーペーパーを制作し、会員店で配布している。また、二〇〇二年から、客が会員店をまわってスタンプをもらうスタンプラリーがおこなわれている。もともといくつものバーをまわることによって、あるいは、店同士で客を紹介しあうことによって、店舗間に協力関係がつくられ、「系列」と呼ばれるネットワークが形成されていたが［砂川 1999a］、振興会の発足により、既存のネットワークを越えるかたちで数多くのゲイバーやレズビアンバーなどのつながりが再構成され、組織化されたともいえる。

また、二〇〇二年から振興会会長になった福島によると、新宿二丁目を管轄とする警察署が二丁目の状況を把握するために彼に声をかけ、二丁目とゲイバーについての説明を求められたことがあったという。ゲイをテーマにした映画の宣伝や二丁目をテーマとしたテレビ番組制作への協力を、2丁目振興会が打診されることもあるようだ。警察署との関係は、レインボー祭り開催にさいして所轄の警察署からの許可を得なければならないことをきっかけとしているが、振興会が広く社会的に認知される存在となることで、二丁目におけるゲイバーなど性的マイノリティと関係する商業体に関して、代表性を獲得しつつあるといえるだろう。

振興会は、商業を営む者の集まりであり、「同地域の活性化に寄与することを目的とする」という名目で集まっていることから、直接的ではないにしろ利益を生むための集団である。しかし、規約に記されている「親交を深めつつ」という目的も重要な要素となっている。

二〇〇二年から始まったスタンプラリーは、最初の年では、客が五軒の店のスタンプを押してもらい、その用紙がプレゼントの応募用紙になるというものだったが、「五軒の店」という条件をめぐって、新年会で議論が生じたことがある。それは、会員となっているレズビアンバーの数が少ないために、五軒という条件が、レズビアンにとっては参加の「敷居が高いのではないか」という疑問が会員から出されたことに端を発した。その議論のなかで、当時の会長の川口は、「でも女の子が入れるところ（ゲイバー）もあるし、相互に行き来してほしい」と発言した。また、彼は、パレードとレインボー祭りを振り返る座談会で、レインボー祭りについてつぎのように語っている。

あたしは新宿二丁目に来まして、かれこれ二四年ぐらいになります。みんなそれぞれは仲はいいんですけども、何かつながりが、コミュニケーションが全然ないというところが、ちょっとつまんないなと感じてましてレインボー祭りをやろうかと思いたったわけです。［砂川 2001：94］

実際に、レインボー祭りの最初の説明会への参加を呼びかけるチラシには、つぎのような言葉も記されている。

最近、お店の乱立により、二丁目のお店間の交流も薄れがちで、世界の二丁目が一丸（願）となって一つのことを行うと言うことが皆無となっております。［2000年5月配布］

「お店間の交流も薄れがち」という言葉は、実際に過去においては密だった店舗間の関係が薄れているというよりも、店舗数が増大した二丁目の全体像を個人が把握することが難しくなっているという背景と、より大きな範囲で交流ができることを望む彼の希望を反映したものであろう。このように、レインボー祭りや、その結果として生まれた振興会に対する彼の思いには、二丁目で二〇年以上商売をおこなってきた者として、二丁目にあるゲイやレズビアンのバーの親睦を図りたいという思いがあった。

しかし、彼にとって親睦を図るということと経済的な効果をねらうことは一体である。同じ座談会で、彼はつぎのようにも語っている。

二丁目のみなさんと仲良くするとかいうことも、もちろん大切だけど、やっぱりお店の人たちを引っ張り上げる、とっても大きいテーマの一つとしては、「みんな、暇でしょう。日曜日なんてガラガラじゃない。お金もうけしましょう」っていう方がわかりやすいから〔砂川 2001：125〕

その話の流れから、私が「やっぱり、経済効果が人を動かすときにいちばん大きかったりするわけですね？」と尋ねた言葉に、川口は「とてもわかりやすくて、みんなが笑顔になりやすいポイントだと思うわ」と答えた〔砂川 2001：125〕。

これらの発言は、レインボー祭りの開催や振興会の発足には、親密性の深化と拡大を図る側面と経済的な利益の向上という側面が分離されることなく織り込まれていることを示している。しかし、この両面の統合はかならずしも容易ではない。振興会が発足したころには、振興会へ加入することが、より利益を生む結果となることを強く主張する店主もいた。彼は、レインボー祭りによって生じた利潤も参加店に分配するべきであるという意見ももっていたため、何度か他の理事と意見がぶつかることがあった。のちに彼は振興会の運営の中心から遠のいている。振興会の理事ら中心的な位置にいる人たちには、利益団体としての性質が前面に出ることに対して抵抗感をもっている人が多く、そのため、商業性に重きをおく人からは、会の存在に疑問を呈する声もときに聞こえてくる。また、振興会は、二丁目における性的マイノリティ関連の商業体の組織化だが、すべてがそこに包括されたわけではない。

●一枚岩ではない二丁目

どのようなコミュニティや組織にも多様な人が内包されており、よってそれらは均質なものとして完全に統合されているわけではない。そこにはつねにせめぎあいや摩擦があり、ときに衝突がある。振興会に関して言うならば、先の商業性をめぐる議論もその一つだろう。ここでは、二丁目や振興会が、一枚岩のように存在しているわけではないことにふれておきたい。一般的にはどんな集団も「一丸となっている」ようなイメージがよいこととされるが、実際にはどの集団にも多様性があるのであり、その差異が見えることは重要だからだ。

まず、振興会に多くのゲイバーやレズビアンバーが参加しているとはいえ、それらは二丁目のゲイ、レズビアン関係のバー全体の半分以下である。よって、振興会が二丁目のすべてではないことを強調しておかねばならない。

ゲイメンズバー「パワフル」は振興会に加入していないが、その理由をマスターに聞いたところ、「A（ある老舗のゲイバー）と関係のあるところは入っていないでしょ、BとかCとか」と語った（私が訪問したことのない店はアルファベットで記している）。このように、影響力の強い老舗のゲイバーで参加していないところがあると、それらの店と客が重なったりすることによって強いネットワークが形成されている、「系列」と呼ばれる関係の深い店も加入しない傾向がみられる。

一方、振興会側も、加入店とそうではない店の差別化を図っている。振興会が正式に発足したころから、「振興会に入ることのメリット」を求める声がミーティングにおいても聞かれたが、最初の総会開催から一年ほど経った二〇〇二年一月に、振興会に加入している店舗とそうでない店舗が区別できるようにとステッカーが作成され、それぞれの店のドアに貼ることになった。また、先にあげたように、振興会の会長が警察署へ二丁目についての説明をおこなうということは、当然ながら、彼が把握できる振興会の加入店に関しては安心であり、それ以外については知らないと語ることになり、それは、結果として、振興会が対外関係のなかで店の質について語るある種の「権威」を獲得していくことを示している。

また、振興会内部にも当然、さまざまな差異があり、それにもとづく摩擦もある。振興会に入っている店でも、振興会にかかわることを「面倒」と否定的に評する人や、「自分たちは上の人の言うとおりに動くだけだから」と、振興会が理事からのトップダウン的な運営をおこなっていると感じ、そのことを批判的に語る人もいる。また、レズビアンバーが振興会に加入しつつも、振興会の集まりに顔を出さず、レインボー祭りのブース出店などに直接参加しないことは、もともとの二丁目の勢力図を反映したかたちとはいえ、振興会およびレインボー祭りが実質ゲイバーを中心に運営されていることを表しているといえるだろう（このレズビアンバーの参加の希薄さに関しては、二〇〇二年までの私のフィールドワークにもとづくものである。二〇〇六年には、レインボー祭りにおいて、レズビアンバーが中心となったブースが出店されている）。

さらに、新宿2丁目振興会には、ゲイメンズバーだけでなく、ショーパブも含め、観光バーも入会している。しかし、異性愛者を主たる客とする観光バーと、ゲイを中心とした同質性の高い客の集まるゲイメンズバーとのあいだには、客が重なることによって生じる店同士のネットワークが形成されづらく、また、異性愛者を相手に「ゲイらしさ」を強調しがちな前者と、「仲間」意識を重要な結節点としがちな後者とでは、バーのもつ雰囲気と志向性が大きく異なる傾向がある。そして、その違いが、振興会成立時に摩擦となって浮上することがあった。

振興会では、会の連絡網のため、また、祭り当日に出店するブースの運営のため、入会している店舗をグループ化している。その分け方は地区ごとであるため、観光バーもゲイメンズバーも関係なく同じグループに入ることになる。しかし、ゲイメンズバーのなかでもとくに男性的なイメージを強調する店を経営するマスターが、異性愛者を主たる客とし、ゲイ的な振る舞いやしゃべりを強調する観光バーと、祭りのときに同じブースになることに違和感を表明し、グループ分けにおいて所属店の入れ替えの希望を出したことがあった。これに対して、「そのようなわがままを聞きはじめたらきりがない」という批判も出されたものの、結局、男性的なイメージを打ち出す店が集まる「野郎ブース」と呼ばれる特別なグルーピングによるブース出店がなされることになった。

また、レインボー祭りにメディアのカメラ撮影を許可する、許可しないということに関しても意見が分かれ、ミーティングが紛糾したことがあったが、観光バー（とくにショーパブ系の店）が許可する方向で意見を出す傾向があったのに対して、ゲイメンズバーは許可すべきではないという意見が多く、両者の外部への公開性の違いが明らかになった。

これらの摩擦は、振興会の内部にも多様性があることを示しているが、それ以上に、二丁目全体には、ゲイバーだけをとってもさまざまな差異が存在していることをうかがわせるものとなっている。

●組織化の土台

最後に、振興会の位置づけと、それが誕生したことが表している二丁目の変化について、またコミュニティとの関係に関して、結社をめぐる議論にもとづき考察を加えておく。

綾部恒雄は、結社（association）を、「何らかの共通の目的・関心を充たすために、一定の約束の下に、基本的には平等な資格で、自発的に加入した成員によって運営される、生計を目的としない、パートタイムの私的な集団」と定義づけたうえで、血縁集団や地縁集団という呼称との対応を意識して、「約縁集団」と新たな語を付与している。この綾部の言う「約縁集団」は、「自発性」を前提としていることから、「ヴォランタリー・アソシエーション」と同義である［綾部 1988］。

社会学者の佐藤慶幸は、「ヴォランタリー・アソシエーション」の「今日まで多くの研究者によって広く受け入れられている定義」として、つぎのような一九三七年の「アーバニズム委員会」の報告書における定義を引用している。「私的なものであって公的ないし政府機関とは区別され、またその加入が個人の選択にもとづくものであって個人がそこに生まれざるをえない家族、教会そして国家といった非ヴォランタリーな形成体とは区別される。またそれは非営利的なものであって利潤追求企業や共同事業とは区別される」［佐藤 1994：32-33］。

佐藤は、社会運動を含めた、いわゆるボランティア団体を意識し、綾部はより広い範囲の集団を射程に入れているが、両者ともに他の集団との区分線として「自発（選択）」と「生計を目的としない（非営利的）」ということをあげている。そのような意味においても、振興会は、「約縁集団」であり、「ヴォランタリー・アソシエーション」である。

しかしたしかに、自発／強制と、非営利／営利は、団体の性質を確認するうえで欠かせない軸ではあるが、容易に想像できるように、それらは単純に二項対立的なものとして位置づけることはできない。むろん、自発性や営利性を厳格に定義づければそのあいだに線引きをおこなうことは可能であり、それは数ある団体を整理するさいには有効な方法である。しかし、ある団体の性質を把握しようとするならば、どのような自発性／非自発性や非営利性／営利性があり、それがどう変動し、どのようにメンバーによってそれが共有され、ときに交渉されているのかに注視する必要があるだろう。また、自発性が生じる背景も見逃せない。

振興会は、もともと営利を目的としている商業体が集まって形成された非営利組織であるがゆえに、先に描写した様子からもうかがえるように、営利／非営利のあいだで揺れ動きやすい性質をもっている。組織自体として収益を上げることを目的としていないという点では非営利であることは間違いないが、そこに参加することによって「メリット」が生じることを求める声は、なんらかのかたちで利益が生じることを重視するメンバーの存在を示しており、振興会のステッカーによる非加入店との差別化は、その一つの結果であった。また、初代会長は、営利性によって人が動くことを意識し、そのなかに「みんなが笑顔に」なるという幸福感実現の土台を見出している。これは、商業を営んできた者としての、そしてそのような者たちの集合体をまとめるために必要な、価値観の反映といえるだろう。

おそらく、社会運動としてのボランティア活動ならば、自己実現感、あるいは社会改革へ向けて参与しているという充足感が、そのような組織に参加するさいのメリットとなるがゆえに、金銭的な営利性が前景化することはない。しかし、商業者としての価値観では、営利性と自己実現感や充足感を分離することは難しい。だがその一方で、より直接的な営利性を求めるメンバーの要求は退けられることになった。これらのことは、営利と非営利の線引きを明確にすることができないこと、そのため、そのなかで合意点を探りつつ交渉がおこなわれていることを示唆している。

また自発性も、さまざまな関係性のなかで形成されていることに留意が必要である。前項でふれたように、振興会に入らないことを選択している店のなかには、「系列」の先輩格の店が入っていないことに対する配慮がある場合がある。逆に、加入している店のなかには、懇意にしている店のマスターから誘われたから「しかたなく」と表現する店主がおり、あるいは、このような組織に属することを「面倒」と言いながら、「付き合い」としてメンバーとなっている場合もある。これは、すでに関係性が一定の広がりと強度をもって存在していたからこそ、振興会という組織を成立させることが可能であったことを示唆している。しかし、その関係性の結節点の中心はいくつか存在していたため、そのなかのある中心が主導することによって、別の中心は組織化に加わることがなかった。このような、振興会が成立する過程とそのことによってもたらされる構図は、R・T・アンダーソン＆G・アンダーソンの「重複的社会構造」の説明と合致する。

綾部の整理によると、アンダーソンは、「変化のプロセスで、伝統社会にクラブ集団が登場した場合の社会構造を、全体として『重複的社会構造』と呼んで」おり、つぎのように分析している。

クラブ集団はまずコミュニティに既存の機関を強化し、補佐するものとして現われる。この結果、伝統的社会構造の連続性は維持されるのであるが、同時にコミュニティには二重の重複した性格を持つ構造が生じる。これがアンダーソンの言う「重複的社会構造」である。（中略）この構造には、次のような二つの便宜があった。①小集団の連合が小集団のアクションの効果を増大させることによる増幅的効果、②土着の、コミュニティ全体に広がっているような諸集団から成員を得ることによって、特定の目的に対して強い志向性を持つ人々を、それに関心のない人々から分離する適合の効果、の二つである。［綾部 1988：28-29］

アンダーソンのいうクラブ集団とは、綾部のいう約縁集団と同義であるが、それが現れることによって生じる「重複的社会構造」も「二つの便宜」も、もともとあった二丁目のバーのネットワークと振興会との関係と合致する。しかしここでは、通常は看過されるそのような約縁集団を生じさせる土台に、コミュニティと意識されるようなネットワークがあることを強調しておきたい。それは、振興会が成立する時点ではすでに、なんらかのコミュニティ的なつながりが形成されていたことを示唆するからだ。佐藤も、「アソシエーションは、コミュニティを下部構造として、そのうえに人びとの選択的意思によって目的意識をもって形成された人的結合体である」［佐藤 1994：33］と述べている。

すなわち約縁集団はコミュニティから析出されるものである。そのように考えるならば、既存の「新宿二丁目町会」「新宿二丁目商店会」とまったくといっていいほどメンバーが重ならないかたちで「新宿2丁目振興会」が誕生したことは、同じ街に異なるコミュニティが存在してきたことを示している。そして約縁集団は、その土台となるコミュニティの変化の影響を受ける一方、また逆に影響を与える存在である。よって、振興会が今後どのように変化するかは、二丁目を考察するうえでも、約縁集団の研究としても注目に値する。現在は、親睦と経済的利益の向上を目的としているが、さらに他の役割が加わることもあることも予想される。

綾部は、「クラブ集団」が「時間の経過の中でその性格を転化させている」例として、西アフリカのフリータウンにおけるテムネ族の「青年会」が、相互扶助的共済団体であるとともに娯楽団体であり、のちに政治圧力団体ともなっている、というM・バントンの報告などをあげている［綾部 1988：34］。

振興会は、祭りの開催のための条件に関して所轄の警察署と毎年交渉を重ねているが、振興会が仲通りの全面利用を請願しているにもかかわらず、警察側は交通の問題を理由に却下しつづけている。そのため、仲通り全面利用は振興会にとっての「悲願」として語られるようになってきており、その実現のために政治的な力を求めるようになる可能性もあるだろう。

小結　象徴化されつづける二丁目

二〇〇二年六月、最初のレインボー祭りの実行委員長であり振興会の会長であった川口が、五〇歳で急逝した。朝日新聞東京版が「新宿二丁目の『母』逝く」と題した記事で彼の死を大きく扱い、インターネット上でゲイ向けにニュースを配信している「Japan Gay News」は、それまで配信したことのない訃報を流した。また、長いあいだ付き合いのあった永山が葬儀の参列者を見て、「二丁目で売り専を経営している人から、高校生やアクティビストまで参加する葬儀なんて、昭美しかないよね」

と語るほど、二丁目に関係する多くの人に波紋をもたらした逝去であった。

葬儀は、川口の会社がとりしきり喪主を姉が務めるなど、通常の葬儀形式であったが、その後、振興会の主催する追悼会が、同社の経営するクラブでおこなわれた。DJブースの前の献花スペースに彼の写真が飾られ、多くの参加者がDJの演奏にあわせて踊り、彼と縁のあるドラァグ・クィーンなどのパフォーマーがショーをおこなうという、完全にクラブスタイルの追悼会であった。二丁目でゲイやレズビアンが集い、公に追悼会をおこなったのは、おそらくこれが初めてのことである。

川口と長年ひじょうに親しい友人関係にあった、振興会の中心人物の一人であった隼人（実際の通称、二〇〇五年逝去）は、その追悼会のあと、私につぎのような内容を語った。以前、やはり二丁目で長いあいだ店を開き、多くの人から親しまれていたあるバーの経営者が亡くなったときには、二丁目から送ることができなくて悔しい思いをしたけど、今回は出せてよかった、と。

川口の葬儀のさい、彼が亡くなる直前まで付き合っていたパートナーや長年付き合いのあったゲイの友人よりも親族を中心にしておこなわれるあり方に対して、「違和感がある」という声もあったが、逆に「しょうがないよ、葬儀は親族のもんだから」という声もあった。「二丁目から送る」という行為は、「オープンリー・ゲイ」としてゲイ関係の絆に重きをおく生活を送っていても、葬儀という社会的に正式な儀式においては、ゲイの関係が背景に退いてしまうという社会的状況のなかから生まれたものともいえるだろう。

そしてそれは、「自分たちの祭り」を二丁目で開催することとも通底している行為である。これらは、支配的な価値観が再生産されやすい儀礼や儀式を、自分たちのものにつくりなおす抵抗的実践の一つとなっている。そのさいに、二丁目がその実践をおこなう場所として意識されていることは、二丁目がゲイにとって象徴性をもっていることを示している。

その翌年の二〇〇三年九月、厚生労働省の研究費や財団法人エイズ予防財団からの助成金を受けて、二丁目にHIVの啓発予防拠点である「コミュニティセンターakta」が開設された。これは、男性同性間でのHIV感染の拡大が深刻化している現状に対応するために生まれたものだ。男性同性間でのHIV感染の予防のために二丁目に施設を開設するということは、二丁目がゲイにとって重要な街であるということが認知されていることの証である。

さらに、二〇〇三年四月の統一地方選挙において、世田谷区議会議員に立候補し当選した上川あやは、立候補区の世田谷区だけでなく、自らの選挙区ではない二丁目においても三度の演説をおこなうという異例の選挙活動をおこなった。彼女は、性同一性障害であることをオープンにして立候補した人物であるが、その演説が、二丁目がゲイなどの性的マイノリティが集う場所であることを意識しておこなわれたものであることは言うまでもない。

このように、二丁目は、ますますその意味を深めている。今後さらに、コミュニティという言葉をもって語られ、ゲイの時間と空間の拡大も進んでいく可能性は高い。しかし、二丁目を舞台としたコミュニティ意識は、さまざまな要因を土台として生じているものであり、それらの要因が変化すれば、消失することも含め変化していく可能性も十分にある。次章以降、二丁目がコミュニティとして語られるに至る要因を遠景から検討していくが、序章においても述べたように、それは、二丁目についてのみ語ることを目的とはしていない。第2章においては、盛り場の社会的結合のあり方を抽出する。

第3章では、新宿の変遷を追い、その物理的な様相がもたらす空間編成について分析していく。これらは、新宿全体あるいは新宿二丁目を例として、盛り場がいかに表象や物理的要因、法律などの交錯により編成され、そのなかで人と人がどのように結びついていくかを考えるものである。

第2章

盛り場における社会的結合

「盛り場」の定義には幅があるものの、新宿や新宿二丁目を「盛り場」として位置づけることに異議をとなえる人はいないだろう。まさに新宿は日本を代表する盛り場の一つであり、新宿二丁目はその新宿を構成し、そのなかにおいても特色のある盛り場として表象されている場所の一つである。よって、新宿二丁目という場所を拠点に「ゲイ・コミュニティ」意識が形成されていく背景を考察するうえで、新宿二丁目ももっている盛り場としての性質や構造を把握することは避けては通れない。

また、盛り場はまさに都市の象徴であり、都市であることを体感させる空間となっており、ゆえに都市そのものについて考えるためにも重要な存在である。そして、盛り場における社会的結合を分析することは、人と人とが結びつくあり方について一つの示唆を与えるものとなるはずだ。

1 盛り場と都市

●盛り場とは

「盛り場」という言葉は日常的に使用される語であるため、個々人が慣れ親しんだ盛り場の様相を反映し、さまざまなイメージがもたれている。しかし、「盛り場とは、昼夜の関係なく人や車、財貨や情報が集中し、活気にあふれている都市の中心的な空間」［服部 1982：91］という定義にみられるように、学問的には、人やモノの集中を第一の前提条件としてみなすのが通例だ。

そのうえで、盛り場の重要な性質として、「匿名性」や「紐帯からの解放」、その結果もたらされる

「自由さ」があげられることが多い。古い日本の都市社会学の研究においても、「市民は自由なる状態で交歓する事の出来る場所」〔石川 1944：310〕と表現されており、それ以降も、「盛り場とは社会における職責・地位・階級・同族意識・血族関係など紐帯を全然意識しない言葉である」〔服部・清水 1970：136〕、「そこ（盛り場）では人びとは地位や役割を明瞭に定められた家庭や職場と違って匿名的な群集になる」〔高田 1988：156〕と語られてきた。

このように盛り場は、役割や紐帯からの解放や「自由」と結びつけられる傾向にあるが、それは、都市そのものの性質について語られるときも同様である。中村孚美は、都市人類学が興隆する一つのきっかけとなったアフリカの都市への労働移動の研究を振り返るなかで、「都市が部族社会の人びとを引きつけるのは、基本的には現金を手にいれられるという経済的要因であるかも知れないが、これと勝るとも劣らないのは、都市が人びとに与える自由あるいは解放感という社会政治的な、あるいは心理的な要因であるように思われる」と述べている〔中村 1984：20〕。

しかし、このような解放や自由といった都市イメージには一定の留保が必要だ。松田素二は、世界システムの中心部に位置する「世界都市」と、「アジア、アフリカ、ラテンアメリカなど世界システムの周縁部に出現した巨大な都市群」の違いを強調し、後者を「周縁都市」と呼んでいる。そして、世界システムの中心部に位置する都市の可能性を讃える人びとが描く「世界都市」像が、「豊かで自由な空間」であり「既成のシステムや支配に対する異議申し立てや変革の可能性までも、つきることなく生産しつづける創造空間であった」のに対して、周縁都市では、「生活を営むということ自体が、多くの出稼ぎ民にとっては一種の『闘い』であった」と語る〔松田 1999：48-51〕。このように「都市」とひとくくりに呼ばれるものがけっして一様ではないことの指摘は重要であり、世界システムの構造のなかで、「周縁都市」が「世界都市」に比べるとその「影」的な存在となっていることも確かだろう。

だが松田自身が述べているように、「世界都市」においても「大量のドロップアウト組」がつくりだされており、一方の「周縁都市」においても、「中心部には高層ビルが林立する瀟洒なビジネスセンターがあり、最新のコンピューターショップからパリ直輸入のファッションを提供するブティックまで、モダンで小奇麗な舞台が用意されている」［松田 1999：48］といった光景が見られる。つまり、占める割合に大きな違いがあるとしても、「世界都市」「周縁都市」いずれにも「光と影」は存在しているのである。

また、自由という言葉をいかに定義するかによって大きく解釈は異なるであろうが、自由は放逐と一枚のコインの表裏の関係にあると考えることもできる。[16] 都市で自由になるか、都市に放逐されるか（あるいは、都市で放逐されるか）は、表裏一体であり、自由と放逐がせめぎあっている空間が都市なのである。そう考えるならば、先にあげた、盛り場や都市を自由と結びつける見方と、松田の指摘する「周縁都市」における「影」の部分は矛盾しない。よって、ここでいう都市における自由とは放逐と背中合わせになっているものとして考えておきたい。

そして盛り場は、そのような意味での自由な都市のなかにおいてさらに自由になる、都市のなかのさらなる都市である。このように、盛り場や、盛り場が体現する都市性にとって、匿名性や自由が重要な要件であるとするならば、その空間を考察するためには、紐帯の「希薄さ」も含め、どのような関係性がそこに存在するのかを探ることが重要であろう。また、自由といいつつも、そこはけっして無秩序ではないのであって、なんらかの関係性が成立し人びとがその構造のなかに組み込まれている以上、その構造を分析する必要がある。

東京の盛り場を分析した吉見俊哉は、人びとの活動へ重きをおく視点である「上演論的パースペクティブ」で盛り場をとらえつぎのように述べる。「『盛り場』とは、もともとは流動的で一時的な『盛(サカリ)』を、他の場所よりも濃密に抱えた空間であり、したがってこの言葉の重心は、『容器』である商業施設や娯楽施設よりもまず、『中身』である『盛』そのものにあるのである。換言するなら、『盛り場』は、施設の集合や特定の機能をもった地域としてある以前にまず〈出来事〉としてあるのだ」[吉見 1987：24]。

しかし、吉見自身が、「〈容器〉の側面、すなわち出来事を包囲し、位置づけている諸装置の側面にもっと注目していく必要がある」[吉見 1987：28] とも述べているように、その〈出来事〉を可能にしている装置、あるいは構造があることは見逃せない。吉見は博覧会や勧工場（かんこうば……さまざまな商品を陳列販売する商店がいくつも入った建物）といった演出や、歴史的な場所性をその〈容器〉とみなして、東京の代表的な盛り場を意味論的に徹底的に読み解くが、おそらく盛り場の社会的結合とそれをもたらす背景は、〈出来事〉であると同時に〈容器〉でもあるものだ。なぜならば、社会的結合は物理性や歴史的背景のなかで生起するものであるという意味では〈出来事〉だが、人びとは、社会的結合のなかで盛り場を経験するという意味では〈容器〉でもあるからだ。

▼16……このような、放逐される空間としての都市という考え方は、指導教官である船曳建夫の示唆によるところが大きい。

本書では、物理性を含めた〈容器〉や、そのなかで起こる〈出来事〉、その両方をつなぐ社会的結合を包括する視点で盛り場を考察している。新宿二丁目がゲイ・コミュニティとして意識されることの背景とそのすべてが連関していると考えられるからである。しかし都市研究のなかでも盛り場における社会的結合関係は十分に検討されてこなかった。都市の関係性を考察するさいに注視されてきたものは、やはり、「地縁・血縁」やその延長線上に位置する関係や、メンバーシップが比較的明確な「集団」であった。（詳しくは巻末の文献レビューIIを参照）

しかし盛り場では、冒頭においてとりあげた定義において属性からの解放が指摘されていることからもわかるように、そのような関係性とは異なったつながりも築かれている。

●盛り場のアクターの多様性

ここでは、「血縁・地縁」とは異なった視点から盛り場について考察するために、まず、その空間におけるアクター（行為者）の多様性や多層性について整理することから始めたい。

盛り場には、さまざまな立場でかかわる人びとが存在している。戦後まもないころから都市社会学者として活躍した磯村英一が、「家庭、職場以外の領域」、とくに「時間的にいえばレジャーであり、機能的にはレクリエーションであり、空間的には、いわば〝盛り場的空間〟」を「第三の空間」と名づけたことは［磯村 1989（1966）: 712-713］、広く知られているが、民俗学者の松崎憲三は、その磯村の「第三空間」論をふまえて、銀座を例にあげながら盛り場をつぎのように説明している。

銀座に群がる人種としてまずあげられるのは、銀座を棲み家（第一空間）とする四千五百人余の夜間人口である。彼らは職住未分化の銀座住人として、銀座にささやかなコミュニティを維持している人びとである。第二番目は銀座における地縁的な昼間人口である。これらの人びとは他地域に住みつつも、商店経営者という地縁性の中で生活していることから地域的連帯感を強く持っている。これらの人びとは銀座を居住地（第一空間）と職場（第二空間）との両面でとらえている人びとである。第三番目は銀座を職場とする昼間人口、そして第四番目は銀座を盛り場（第三空間）として利用する人びとである。／このうち第三、四類型の人びとの間には銀座への思い入れは少なく、組織集団らしきものは成立しにくい。それに対して、第一、二類型の人びとの間には近隣集団的な組織や任意集団の成立が見られる。［松崎 1989：267-268］

つまり松崎は、銀座を例にとり、盛り場をどのように意識するかによって、居住地／居住地＋職場／職場／盛り場、の四つに分け、さらに、前者の二つと後者の二つに分けている。この区分では人びとのあいだの関係性は見えてこないものの、盛り場にかかわる人たちが多層的であることが示されている。

また、ちょうど高度経済成長期に多くの人たちが都市に流入し、人口が大幅に増加していたことを背景とした記述ではあるが、盛り場における関係性を、「砂のようなさらさらした群集的な結び付き／粘土のようにねばねばした組織集団的な結合関係」という表現で分類し、そこに集う人びとの関係をつぎのように説明したものもある。

地元住民が近隣の盛り場へ出掛け、買物・娯楽・散歩などの接触行為で盛り場を利用するとしたら、それは群集的な結び付きといえる。個人と盛り場との関係が商店との信用取引、銀行との預貯金契約、タイピスト学校への在籍、商業組合の相談役就任などの契約的接触行為で結び付くとしたなら、これは組織集団的結合といえよう。［清水・服部 1970：135］

ここでは、盛り場で形成されている関係性も一様ではないことが指摘されており、盛り場にも社会的結合が存在していることを明確に意識しているが、群集と集団的結合の区分が単純化されすぎている感はぬぐえない。実際の盛り場における関係性は、より複雑に形成されている。

こうして、これまでも盛り場の特徴の一つとしてアクターの多層性と関係性の多様性があることは指摘されてきたが、近年になり、それらのアクターのなかで、街を訪問する人の存在を強調する視点が登場している。都市や盛り場の主体像の変換を強調する橋爪紳也は、都市を構成する人びとについてつぎのように述べる。

「わが街」を前提とする都市生活を否定するわけではないが、その時に抜け落ちている概念があることにも配慮があってよいのではないか。何よりそれは、都市は「皆のものである」という認知である。住民だけではなく、働きに来ている人、さらには観光客や短期滞在者の視点を軽視することなく、むしろ従来以上に重くみて、都市を再編成することが考えられてよいので

はないか。（中略）大都市は「ユーザー」のために開かれているのだ。［橋爪 2002：18］

ここで、彼は都市という言葉で語っているものの、別のところで、「盛り場は『都市のなかの都市』であると思う。（中略）大勢の人が住んでいる場所が必ずしも『都市』であるとは限らない。むしろ人口の多少に関係なく、人のアクティビティが高い場所こそ『都市的』ではないのか」［橋爪 2003：190-191］と語っていることからもわかるように、彼の言う「都市」とは、盛り場とほとんど同義である。彼はこの言葉に続けて、盛り場と「都市的」なものの関係についてつぎのように指摘する。

都市の主役は住民だけではない。そこで店を構え、商いをなしている人たち。そして何よりも、「界隈を使いこなしている人たち」もまた都市の担い手である。［橋爪 2003：191］

つまり、彼は、都市（≒盛り場）にかかわる人びとを、「住民／商いをなしている人／ユーザー」と区分し、都市の担い手として、「ユーザー」に重きをおく必要性を説いている。たしかに、これまで都市のアクターとしては看過されてきた「ユーザー」に注目することは、都市の（盛り場の）関係性を「都市的に」把握することにつながる視点である。以下、橋爪の言う「ユーザー」という言葉を、「利用者」という言葉に置き換え、利用者と盛り場との関係も重要な要素として意識しつつ、多様な盛り場のアクターがどのようにかかわっているか、二丁目とレインボー祭りを例としながら考えていきたい。

2 多層構造と「コモン」

●二丁目における関係性

第1章において、二丁目でゲイバーが中心となった祭り、「東京レインボー祭り」が二〇〇〇年に初めて開催された経緯について述べた。もともと地元には、長らく続いていると思われる氏神の祭りがある。その祭りでは、御輿が街を練り歩くが、多くて一〇〇人ほどが集まる小規模なものである。一方、レインボー祭りは、おそらく五〇〇〇人以上が集まり、小さな街が人でひしめきあうほどの盛況ぶりである。このレインボー祭りの開催が可能になった背景として、地元との関係についてもふれておく必要があるだろう。

第1章で述べたとおり、この祭りの主催団体は、それまであった町会や商店会とは別に成立した新宿2丁目振興会である。そして、祭りの運営には町会や商店会は直接的には関与しておらず、この祭りが、ゲイやレズビアンであることを共通項として集まる人たちによっておこなわれていることに特徴があることも説明した。しかし、この祭りの開催は、まったく既存の組織やそこに住む住民の存在を意識することなしにおこなわれたわけではない。

当時の実行委員長の川口昭美は、仲通り商店会に話を通すために、商店会の会長と会い、この祭りの開催への理解を求めた。当時川口は、商店会長と面識らしい面識はなく、自分が店舗を借りているビルのオーナーに仲立ちしてもらうかたちで顔を合わせることとなった。その顔合わせの場面に私も立ち会ったが、町会長は仲立ちをしたオーナーからあらかじめ祭りの話は聞いていたらしく、川口に「ああ、なんだ、あんたか、知ってるよ、昔からここで商売やってるじゃないか」と言った。そして、川口から祭りの企画書と菓子折りを受けとったが、とくに企画書に目を通すことなく、さほど詳しい説明も受けずに、「わかりました、がんばって」という言葉で了解した態度を示し、数分の立ち話で顔合わせは終了した。

また、二〇〇〇年の東京レズビアン&ゲイパレードと東京レインボー祭りを振り返る座談会で、川口はつぎのように語っている。

ビルの大家さんにちゃんとごあいさつに行って、お願いして。ビルの屋上って、大体みんなビルの大家さんが住んでるんですよ。下はバーだけども、上では地主さんとか大家さんが住んでらっしゃるから、大家さんにあいさつに回って「花火やりますんで驚かないでください」と。

〔砂川 2001：123〕

このような「根まわし」が必要とされることは、逆に、この街にさまざまなアクターが存在していることをも示す結果となっている。そして、その「根まわし」のさいに重要な役割を果たしたのは、二丁目で仕事をしていることによって形成されていたつながりであった。そのつながりは、大家と店子としての契約関係でもあり、同じ街で仕事を続けてきたという感覚でもあった。また川口は祭り終了後に、「二丁目に住んでいる人たちから『楽しかった』と言われてうれしかった。また酒屋も儲かったことで喜んでくれた」と語っており、住民とのあいだにすでに一定の関係性が形成されていたことや、それが祭りで深まったことがうかがえる。

ほかにも、二丁目に何代にもわたり居住しながら商売を営んでいる飲食店店主が、ゲイではないものの、二丁目のゲイメンズバーに頻繁に飲みに出て常連客となっていたり、ゲイビジネスを二丁目で経営している人が、地元に代々住んでいる住民と一緒に旅行に行くほど親交があったり、というケースも耳にした。とはいえ、たいていのゲイメンズバーのマスターは、そういう話を聞くと「信じられない」と口にする。それほど、地元住民とのコミュニケーションは少ない。そのように地元住民と深いコミュニケーションをとることがないまま、その地で商売を継続することになるのは、ゲイメンズバーの顧客が基本的に地元の住民ではないこと、物件を借りるさいに地元住民と直接に賃貸契約を結ぶことが少ないことがあげられる。

前者の理由については詳細な説明は不要だろう。二丁目のゲイメンズバーの客のほとんどが二丁目に住んでいないゲイであり、先にあげたような地元の飲食店店主がゲイメンズバーの客となっていることは珍しい。後者の理由については、二丁目ではまず物件の所有者が地元に住んでいないことも多く、住んでいたとしても、物件を借りてバーを営む人とその所有者とのあいだに別の人が契約者として入っており、いわゆる「また貸し」になっている場合が多いことに由来する。店によっては、所有者と営業権をもつマスターとのあいだに何人もの人が入っていることがあり、複雑な契約関係と人間関係が交錯している。

あるバーのマスターは、自分が借りている物件の所有者は東京に住んでいないため、最近の家賃の相場をよく知らずに高めに設定しているうえに、さらにあいだに人が入っているためにいっそう家賃が高く、別のところに移ろうかと思っているとこぼしていた。また、別のマスターは、あいだに入っている人と揉めたために出て行かなくてはいけなくなったが、直接所有者と話をしたら自分の味方になってくれて、直接契約を結べることになったと語った。さらに複数のマスターから「所有者とのあいだに何人ひとが入ってるかわからない」という言葉も聞いた。

そして、このような店では、営業権だけではなく店の造作を変更できる権利である造作権が設定されていることがあり、それぞれを異なる人が所有していることもあるという。このような権利の複雑さは、バブルのころに地上げされなかった理由として、頻繁にバーのマスターや常連客から語られる。権利が分散し、さまざまなかたちで二丁目にかかわるアクターが存在するということが、摩擦となって現れることもある。レインボー祭りは、当初計画の段階では「新宿二丁目祭り」という名称で進められていた。しかし、私も同席した所轄警察との道路使用許可交渉では、警察署の担当者から「地元住民から新宿二丁目の名前を使用してほしくないという要望が出ている」と言われ、変更を余儀なくされた（ちなみに、「新宿二丁目祭り」という名称にクレームがついたあと、いったん「東京ゲイ&レズビアン祭り」という名前がつけられたが、これも警察担当者から「そんなのイヤだよ。そんな一部の人の祭りのために道路使用許可は出せない」と言われ、最終的に「東京レインボー祭り」という名前になった）。

また、翌年のレインボー祭り開催のための申請のさいにも、私は振興会会長に同行したが、「『どうして道路使用許可を出すんだ』という抗議の電話がじゃんじゃんかかってくる。町会に許可をもらったといっても、みんながみんな賛成しているわけではない」と、強い口調でなじるように言われた。

権利の後継に関しても摩擦が生じることがある。ノンケ客も多く来るゲイバー「バッカス」のマスターが新しい物件の営業権と造作権を購入し、その新物件を借り、「バッカス」で長年働いていた広崎康がゲイメンズバー「Blue Moon」を自ら経営することになった。これは、マスターが従業員の独立を手伝うときに、ときおりみられるかたちである。彼は月々の家賃を「バッカス」のマスターに支払い、一定の額を納めた段階で営業権や造作権の名義を自分に変えてもらう約束となっていたという。しかし、そろそろ権利を譲られてもいいころになって、「バッカス」のマスターが亡くなってしまった。そのため、権利はマスターの親族に相続され、広崎は、営業権と造作権をそれぞれ数百万で買いとることを求められた。そのことをきっかけにして、広崎は「Blue Moon」を閉めることを決意した。店にはなじみの顧客も大勢おり、「バッカス」のマスターとも広崎とも懇意にしていた人物が、「名義換えする予定になっていたことを伝え、かわりに交渉する」と申し出ることもあったが、「もめごとにはしたくない」という本人の希望で閉店となった。

ゲイの築く関係性においては、パートナー関係も含めひじょうに親密な関係が存在していたとしても、積極的に法的手続きを踏んでおかないかぎり、亡くなったさいには親族の権利が優先され、ときにパートナー関係ですら何も保証されないということが当然のようにある。故人と親族との関係が疎遠であったとしてもだ。二丁目においても、そのような状況は変わらない。先の例では、独立したマスターと亡くなったマスターがパートナー関係にあったわけではないが、法的な関係性の外にいることの多いゲイであるゆえに生じやすい問題の象徴のようでもある。

むろん、このような不動産の相続や賃貸をめぐる摩擦は、二丁目でなくとも盛り場にはつきものであり、盛り場ではない空間においても生じることは珍しくない。おそらく、このように土地や家屋／店舗に関して権利が細分化され、それが複雑に交錯し、それぞれの権利にもとづいたアクターが多数存在することが都市性の一つであり、盛り場は、それがよりさらに入り組んだかたちで存在しわかりやすく現れている空間である。そのなかでこのように、土地や家屋／店舗にかかわる権利が分散することによって都市空間は多層化されている。そして、多層化されているがゆえに、直接的あるいは対面的な関係がない多くのアクターが、同じ土地・空間に存在することになる。しかし、それぞれの層がある部分で重なりあうことによって、そこにつながりが形成されている。そして、そのつながりにおいて、バーなどなじみの客を相手とする商売は、構造上、ネットワークの重要な位置を占めることになる。レインボー祭りの中心となったのはゲイバーを経営する人たちであったが、この祭りが大きな成功を収め継続しているのは、この祭りを担ったのが彼らであったということと無縁ではない。

●多層構造の社会的結合

ここで、盛り場において多層的なかたちで存在するアクターが、どのように社会的結合を形成し、そのなかでバーなどのなじみの客を相手とする商売が、どのような位置を占めるかを構造的に分析したい。

まず、盛り場のアクターを、居住のある・なし、土地や家屋あるいはビルの所有権のある・なしによって単純化し交差させると、図3のようになる。この図では、通勤を居住に近い「半居住」と位置づけ、また、土地や建物全体の所有でなくとも、マンションなどの分譲所有や店舗の営業権などの所有を「半所有」としている。

まず「居住あり・所有あり」に位置するのは、「地主住民」とでも呼べる存在である。その地域に長らく住んでいる住民であることが多く、その地域においてもっとも力のあるアクターであり、そのため、都市整備や開発などがおこなわれる場合には、この人たちの意志がもっとも重要視されることになる。一方、「居住あり・半所有」は分譲マンションなどを購入した「分譲住宅住民」、「居住あり・所有なし」は賃貸アパート／マンションなどに住んでいる「賃貸住宅住民」になるが、新宿二丁目のように飲食店がひしめく地域ではこれらの住民は少ない。

そして、ここで半居住と位置づけた通勤と所有権の有無が交錯する項には、「通勤地主」「店主」「勤務者」が当てはまる。「通勤地主」という呼称は、土地を所有しながらそこに住んでおらず、しかしそこで働いているという人を指す言葉として便宜的につけたものだが、実際にはそのような形態はきわめて稀であり、仮にそのよう

図3●アクターの分類

	居住	半居住（通勤）	非居住
所有（所有あり）	地主住民	（通勤地主）	留守地主
半所有	マンションなどの住民	店主	介在者
非所有（所有なし）	賃貸住民	勤務者	利用者

な人物がいても地主としての意味づけが大きく、地主住民に近い役割をもつものと考えられる。また、ここでいう「店主」とは、営業権や造作権などを保持しつつ自ら店に立つ存在を指しており、自分で店舗に関する権利をもっているマスターやママもここに含まれる。なかには、地主住民でありながら、「店主」として店を構えている人もおり、そのような人たちはアクターとして二つの面をもっているといえるだろう。もともと地主住民は地域に大きな影響を与える存在であるが、店主としての面もあわせもつ人たちは、さらに強い力をもつことになる。そのため、一般的には、盛り場でなんらかのイベントがおこなわれるときには、この層の人たちが中心になることが多い。そして、「勤務者」とは、文字どおり、働くためにその場所へ通勤している人たちのことであるが、雇われるかたちで仕事をしているゲイバーのマスターや、ゲイバーで雇われているスタッフ、いわゆる「店子《ミセコ》」もここに位置する。

また、その地に居住も勤務もしていない人たちも、所有の有無で分類することができる。そのなかで土地や建物を所有している人を、ここでは「留守地主」と仮に名づけているが、盛り場では大企業が土地を買い上げることによって、そのようなアクターとなり、街の開発の方向性を決定づける役割を果たすこともある。一方、半所有と位置づけられるのは、店舗の営業権を所持していたり、分譲マンションなどを購入したりしながらも、他の人物に貸している人たちで、「介在者」と呼ぶことができるだろう。そのような「介在者」は借主からすると大家だが、場合によって、その大家から店舗を借りたうえで他にまた貸ししている人もおり、その人たちも「介在者」に含めることができる。そして、居住もなく所有もないのが、客などの利用者である。

そして、これらのアクターは、いくつかのかたちで互いにつながりを形成している。そのもっともわかりやすいものの一つとして、契約的関係があげられる。契約関係が生じうるかたちは、どのアクターを中心にするかによって異なるが、店主の立場から見ると、所有権がある人たちとそのあいだに立つ可能性のある介在者がそのような存在となる(図4)。また、勤務者が雇用されることによって、店主と契約関係になることもある。

つぎに、図5で示したのは、居住や通勤というかたちでその空間を共有することでつながりうる人たちである。

図4と図5を重ねあわせると、店主は契約関係や空間共有により、利用者以外のすべてと結合する可能性が存在している。この二つの項目に関して言うならば、どのアクターとも結合しない利用者をのぞくと、すべてのアクターと同様に結びつくのは、地主住民と、事実上ほとんど存在しない「通勤地主」だけである。つまり店主には、盛り場においてもっとも強い力をもつ地主住民と同じように、盛り場でつなぎ目としての役割を果たす可能

図4●契約関係

	居住	半居住(通勤)	非居住
所有(所有あり)	地主住民	(通勤地主)	留守地主
半所有	マンションなどの住民	店主	介在者
非所有(所有なし)	賃貸住民	勤務者	利用者

性があるということだ。ここに、ゲイバーの店主を中心に開催されたレインボー祭りが成功をおさめた一つの理由があると考えて間違いないだろう。

　レインボー祭りを成功させた初代実行委員長である川口は、地元で長年ゲイバーを経営していた仲間に声をかける一方で、自分が営業権をもつ店舗が入っているビルのオーナーに仲立ちしてもらい、商店会会長に承諾を得た。商店会とまったく異なる組織が実行するかたちであったにもかかわらず、商店会会長が祭りの開催を問題視することがなかったのは、川口が二丁目で長らく商売を続けていたことが大きかった。これがもし、当初の予定どおりパレードの実行委員会が主催しておこなうかたちであったなら、このように円滑には進まなかったにちがいない。普段はコミュニケーションが密にとられているわけではなくとも、アクターの多層性は重なりあうことでつながりができている。

　それはときに、互いに対する印象や感情の好悪と関係なくつながりを生むことにもなる。二丁目には、その街

図5●空間共有

	居住	半居住（通勤）	非居住
所有（所有あり）	地主住民	（通勤地主）	留守地主
半所有	マンションなどの住民	店主	介在者
非所有（所有なし）	賃貸住民	勤務者	利用者

を訪れるゲイに対して否定的な印象をもつ地主住民も存在する。ゲイバー「こはるびより」のマスターが言うには、彼が借りている店舗が入っているビルのオーナーは「ゲイ嫌い」で、「ビルの壁をゲイが触っただけで拭くくらい」だという。しかし彼は、その店舗の立地条件に惹かれ、三か月間毎日通って頼むことにより、ようやく店を開くことができたと語った。その話が出たのは振興会の新年会の場であったが、他のマスターたちがその話を聞いて驚きをみせていたことを考えると、そのようなケースは稀ではあるだろう。しかしこれは、ゲイに対してさまざまな態度をもつ地元住民やビル・土地の所有者がいることを示す一例であると同時に、当初の感情や態度を超えて、店舗を開くさいにやりとりがおこなわれることで関係性ができることの例でもある。

しかし、これら多層的なアクターがつながりを形成するのは、たんに権利や契約関係が重なるだけだからではない。そこには街の共有意識がある。

ビルのオーナーがゲイ嫌いであると話したマスターは、そのようなオーナーの態度に対して、「わからなくもないけどね、毎朝ビルのまえ掃除してるのを見てるし。ゲロやゴミが散らかっているのを掃除してるんだから」とも語った。街の掃除に関して、似たような発言を川口も別の機会に口にしている。「日曜とか地元の人たちが掃除しているのよ。子どもとかが、ゲイが捨てたゴミを拾っているのを見ると、これでいいのかなぁ、と思う」。そのような問題意識は他の振興会の理事たちも共有しており、祭りの開催が正式に決定するまえの最初のミーティングの段階で、「終わったあとは掃除をかならずしなくちゃ」という話が出ている。実際に、掃除ボランティアを募集し、祭り直後に清掃が実施されたほか、祭りの翌日にも、振興会の中心メンバーが集まって再度清掃がおこなわれた。このあと、「いつもよりもきれいになったと地元の人から喜ばれた」と川口は語った。

このように街の清掃や美観のための活動を住民がおこなうことは珍しくない。住宅地では、持ちまわりで掃除がおこなわれたり、掃除日に各世帯から人員を出すシステムをもつところも多いだろう。これは、道路などプライベートではないエリアが共有されており、それの維持をとおしてその街にかかわる人たちがつながる様子を示している。この共同エリアを共有することによる結びつきは、「コモンズ」「コモン」と呼ばれる共有資源とそれを利用する人びとのつながりと同型といえるのではないだろうか。次節では、この「コモン」という概念を用いながら、都市や盛り場の人びとの社会的結合について論じたい。

●盛り場における「コモンズ」

近年、「コモンズ」や「コモン」といった概念がさまざまな学問分野で注目されている。秋道智彌は生態人類学の視点から、コモンズを「多様な意義付けをされた概念であり、確たる定義や適用の範囲が決まっていない」が、「共有とされる自然物や地理的空間、事象、道具だけでなく、共有資源（物）の所有と利用の権利や規則、状態をも含んだ包括的な概念と位置づけ」ることで定義を図る［秋道 2004：12］。そして、自然物の共有に注目しつつ、パプアニューギニアやアンダマン、中国雲南省などの共有制度や共有の慣行の変化や転換を分析している［秋道 2004］。

また地域開発などを専門とする社会学者、恩田守雄は、「日本の伝統的な相互行為から現代のボランティア社会を捉え直し、その継承という点から望ましい互助社会を提言」するという視点から、日本各地に古くから存在するユイやモヤイなどの互助システムを詳細に記述しているが、その互助社会に重要な存在として、「共有地（コモンズ）」をとりあげている。恩田は、その共有地（コモンズ）の機能として、生産手段、生活保護の物質的基盤、互助意識のシンボルの三つをあげており、「施設管理を通して地域住民の連帯意識が醸成されてきた点は重要」「それは地域意識のシンボルとしても読み取れよう」と、共同体意識に及ぼす共有地（コモンズ）の重要性に着目し、ヨーロッパでも同様な共有地システムがあったことを指摘している［恩田 2006：140-150］。

これら人類学などの分野でとりあげられるコモンズは、共同体が共有する山林や海域あるいは家畜といった自然物であるが、秋道によると、こうしたコモンズ論はここ三〇年ほど開発人類学や資源管理研究のなかで広く検討されてきたという。しかし近年は、都市計画や建築の分野で異なった視点から、収穫を得るような資源とは異なる意味のコモンズが注目され、コモンと呼ばれている。たとえば、近年の住宅地開発の動向に関して、都市工学の視点からつぎのような説明がなされている。

一般的な計画的戸建て住宅地は、道路という公共空間から直接、私有空間である各住宅の敷地へとアクセスする。道路に沿って各住宅が単調に並び、居住者同士が共同で利用する空間がほとんど存在しない。そのため、美しいまちなみがつくられにくい、私空間相互の利害関係が調整しにくい、近隣コミュニティが育まれにくいという結果になりやすい。

こうした状況をなくすために、戸建て住宅地ではコモンが積極的にとり入れられているのである。［齊藤・中城 2004：51-52］

そして、さらに「コモンは美しいまちなみ・景観形成、安全性、防犯性、利便性を高め、コミュニティの育成、さらには土地の効率的な利用を実現する」［齊藤・中城 2004：53］と、コモンがコミュニティの形成に重要であることが強調されている。

また米国では、日本よりも早く、そのようなコモンの働きを意識しつつ住宅開発がおこなわれてきた。集合住宅のガバナンスの研究をおこなっている政治学者、竹井隆人によると、米国においては、『コモン』といわれる広場、公園、街路はもちろんのこと、ときには遊歩道、湖沼、丘陵、テニスコート、プール、ゴルフコース等にまで及ぶ、広大な共用領域」をもつ、ＣＩＤ（Common Interest Development）と呼ばれる集合住宅が、「皆が生活したいと願望するユートピアとしての側面」をもつようになっているという［竹井 2005：13-15］。竹井は、このＣＩＤを維持するための「住民による共同統治システム」である「ＣＩＤ体制（CID regime）」を「個人主義的共同体主義」の具体像として称揚している［竹井 2005：183］。

秋道や恩田の言うコモンズは基本的には、なんらかの収穫が得られるような自然資源を指しており、一方、建築や都市工学などにおけるコモンは、住民が共同で使用できる施設や空間を意味している。前者においては経済的な基盤ともなるため、後者とは生活に関しての重要さや影響の及ぶ範囲が大きく異なり、単純に同一視することはできない。また、意識的にコミュニティを構築しようとする後者の動きのなかでは、コモンの形成は意図的であり、人類学などで、共同体の存在を先行するものととらえたうえで、コモンズの制度化や動態、機能を分析する視点とは、因果が逆になっている。しかし、コモン（ズ）が「連帯意識」や「コミュニティ意識」など、共同性への意識を育むうえで重要な役割を果たしているとみなす視点は、両方に共通している。

ここで再度、二丁目などの盛り場にコモンズの視点を導入して考えるならば、コモンズをめぐる議論に通じる二つのかたちの共有を指摘できるだろう。まず第一に、一つの土地やその上に建てられたビル、そのなかの部屋や店舗の権利が細かく分割されることにより、先に示した図のように重なりあうことで生じる共有であり、第二に、通りなどの公的スペースが共有エリアとして意識されることによって、コモンズとなることである。そしておそらく、公的スペースがいかにコモンズとして意識されるかが、その地域での社会的結合の濃淡を決めている。しかし一般的に言って、土地や家屋および店舗に関する権利をもつ人たちや、あるいは実際にそこに居住する人びとは、もともとその街に組み込まれていることから、比較的その公的スペースに対して共有感覚を抱きやすいが、盛り場にとって重要なアクターでありながら、なんら権利をもたず一時的に過ごす場所としてしか利用しない利用者にはそのような感覚が生じることは難しいはずである。また、先の多層構造が入り組むかたちで社会的結合を成立させていることを図示したなかでも、利用者だけは、重ならない存在であることを指摘した。だが、それにもかかわらず、新宿二丁目に愛着をもち、そこを自らにとって重要な場所と意識するゲイなどの性的マイノリティは少なくない。それが二丁目にゲイ・コミュニティという言葉を重ねあわせる心性を誕生させている。では、そのあいだを埋めているものは何であろうか。

その問いへの回答として、三つのことをあげたい。一つは、新宿二丁目という街そのものが、具体的な物理性（マテリアリティ）としてというよりも、むしろイメージとしてコモンズのような役割を果たしているということ、もう一つは、パートナーシップや友人関係も含め、新しい人間関係を形成できる空間として、すなわち「人的資源」が潜在的に存在する空間として経験されていること、そして最後に、「なじみ」という感覚で利用者がその空間に接合されているということである。

人類学や民俗学が扱ってきたコモンズは、具体的な物理性をもつものであり、それに付与される意味やイメージもそれと不即不離のものとしてあり、それを総合してコモンズと呼んできた。そのさいのコモンズという言葉には、それを所有する人たちのあいだに共通して了解された一枚岩に近い響きがある。しかし現代都市においては、それぞれの街や盛り場がさかんに表象され、メディアを通じて流通するなかで、実際にそこに居住している人や権利を保持する人たちとは異なるレベルでイメージが形成される。そして、その街のイメージは、居住者や権利者の範囲を超えて共有されることになる。とくに、そこを頻繁に訪れる利用者にとっては、そのイメージは重要なものであり、そのイメージを共有し享受しながら盛り場を経験している。しかし実際には、街の大部分を占める土地や建物はだれかの私有物である以上、物理的・権利的な見地から言えば、それはあくまでイメージでしかない。

二丁目はゲイ・タウンとして表象され、多くのゲイもそのように意識する街だが、実際に土地を所有している者の大部分はゲイではなく、住んでいる者の大部分もゲイではない。また、もともと二丁目は異性愛者向けに性的なサービスが提供される街であった。しかし、二丁目をよく訪れるゲイが、「最近、二丁目にもノンケがよく来るようになっちゃって」と語ることからわかるように、現在、二丁目を「自分たちゲイの街」と意識する人は多い。そのような者たちにとっては、二丁目はイメージ上、自分たちによって共有されている空間である。

そして、そのゲイ・タウンとしてのイメージを強化しているものとして、そこにあるバーを訪れることで友人や恋人ができるという経験や、その可能性があるという意識があるだろう。そのような親密な関係を築きうる人びとがおり、その人たちが街のあちこちに存在しているということは、自分も仲間も結合しうる人的資源が空間を充たしているということになる。それはある種の共有である。このことは、セクシュアリティに関する議論につながる問題であり、再度、第6章で検討したい。

二丁目をコミュニティとして語るゲイは、そのようなイメージや経験をとおして、二丁目を共有し、その場所をある種のコモンズとしている。しかし当然ながら、ビルの前を毎朝掃除する「ゲイ嫌い」のビルの所有者にとっては、あるいは他の性的マイノリティにとっても、二丁目は異なる姿をもっており、それぞれに同じ立場の人びとと別の二丁目を共有していることだろう。つまり一つの街が、別の層によりまったく異なるかたちで共有されていることになる。そういう意味では、それら異なる層でおこなわれる共有は交わらないはずであるが、先に示したように、実際には権利や居住などによって重なり、社会的結合ができているのである。

その権利や居住によって重ならない利用者が接合されるものとして、イメージをめぐるもののほかにもう一つ、「なじみ」という言葉で表される空間への接合について論じたい。

3 利用者が接合される「なじみ」

●盛り場における親密性

盛り場への利用者と、住民や店主などの商業者との関係は、当然ながら一様ではない。盛り場において、利用者が訪れる場所は、デパートや映画館といった大規模な集客施設から、大小の商店、飲食店、飲み屋、性風俗店など、じつにさまざまな商業体である。そして、それぞれの商業体の性質により、利用者にとってその商業体の意味は大きく異なる。都市社会学者の倉沢進は、盛り場（都心）の人間関係について磯村が書き記したつぎの表現に注目している。

「買い物、娯楽、飲食の場としての都心は、構造的にも、機能的にも、インパーソナルな社会関係から成立するが、部分的にはこれらの行為はやはり人間対人間のパーソナルな関係においてなされる。そこには〈なわばり〉が生じ、〈なじみ〉ができる。銀座、浅草などに、地域特色的な雰囲気が醸成され、これが一つの魅力となって、一種のハイマート的感情を抱かせるのは、こうした関係に基づいている」［倉沢 1998：146］

そして、この言葉への解説として、「磯村の想定するのは、具体的には銀座のバー、浅草の酒場でのなじみの客の世界、そしてそれらを包摂する盛り場、銀座、浅草である。そこでの親密な人間関係、ある種の一体感が、擬似地域社会的な関係として認識されている」と説明している［倉沢 1998：146］。たしかに、同じ商業体であっても、デパートや大型の飲食店やショップの店員と客の関係はひじょうに形式的であることが多く、また、客同士でコミュニケーションが生じることは基本的にはない。一方、長くその場に留まることが前提となっており、かつ店の者とのやりとりも多くなる傾向にあるバーでは、他の客との会話もおこなわれることは珍しくなく、常連客同士が友人になることもあるだろう。日本の都市を研究したフランスの人類学者フィリップ・ポンスは、日本のバーに注目し、つぎのように描写している。

日中会えなくても夜そこへ行けば必ず会えるというような人の巣だったり、週に二、三回は定期的にそこへ現われる人の目印や寄港地だったり、バーは、都市空間における近隣関係をもたない集団ネットワークの居所となっている。［ポンス 1992（1988）：238］

バーのなかで形成される親密さは、店の規模が小さいほどその傾向が増す。日本のバーは欧米のバーと異なり、小さなスペースで営業されていることが多い。とくに、二丁目やゴールデン街のような赤線・青線時代から続いているバー街、また戦後に闇市だったエリアにできた飲食店街などには、カウンターだけ、あるいはカウンターの後ろに数席分のベンチがあるだけのような小規模なバーが集中している。ゲイバーは、日本のどの地域でも、そのようなきわめて小規模なつくりであることがほとんどである。

ゲイバーに関して言うならば、他国のバーを訪れたことのある人たちの体験を聞くと、日本のように小規模で、カウンターに座って飲むことが基本スタイルとなっているゲイバーがあるのは、日本からの客を意識している台湾と韓国だけのようである。私自身が訪れたことのある、バンクーバー、クアラルンプール、マニラ、チェンマイでも、日本のようなスタイルのゲイバーは見られなかった（マレーシアはイスラム教の影響から同性愛に対して厳しい地域であり、そのためクアラルンプールでは、明確にゲイバーであると位置づけられているバーは存在していないようであった。しかし、ゲイが多く集まるバーや、おもにゲイを対象としたイベントが開かれる巨大なクラブは存在していた）。それらの店の形式は、広い店内にいくつも設置されたテーブルと椅子に座って飲むか、広いスペースで立って飲むか、その混合かのいずれかであった。

米国でいち早く自国内のゲイ・コミュニティの調査をおこなった文化人類学者ケニス・リードは、米国のゲイバーの民族誌《エスノグラフィー》を書いているが、そこで対象となっているバーは、カウンターのほかにテーブルエリア、ベンチ、ビリアード台のある、日本のバーと比較するとかなり大きなバーとなっている。リードは、そのようなバーも「ホームテリトリー」として意識され「自分のバー」と表現されることを指摘しているが、カウンターに座り、店内に背を向けるかたちでバーテンダーと向かいあっていることによって、バーテンダーと密なコミュニケーションが生じる様子を描いている［Read 1980］。

二丁目のゲイバーにおいても、客とマスターやスタッフのあいだで、親密な関係性においてしかなされないような会話や相談がなされることが珍しくないことを、私もこれまで指摘してきた［砂川 2003a］。日本の小規模なバーではカウンターに座ることが基本のため、内容がプライベートなことに及ぶかどうかは店によって異なるとはいえ、親しいやりとりが起こりやすいことは確かだろう。
もちろん、そのような関係が生じるのはバーだけではない。小さな飲食店でも、バーのような親密な関係が形成されることがある。新宿西口の「思い出横丁」は、もともと闇市から始まった小さな飲食店がひしめくエリアだが、そこに戦後からずっと店を構える飲食店の二代目店主がつぎのように語っている。

とにかく「思い出横丁」のお客さんと店とのつながりは親戚以上じゃないでしょうか。店に若手社員の頃からズーッと通っていた銀行マンの人がいました。その人が九州の支店の支店長さんになったからといって、親父とお袋に是非遊びに来るようにと、呼んで下さって、御馳走やら案内やら大変お世話になったそうです。その銀行の方のお世話で日本の本州、北海道、ほとんど旅行出来たそうです。（中略）店とお客さん、お客さんとお客さん、店の者と店の者、皆何か引き合うものが流れているのでしょう。（中略）結局お客さん達は知った顔に会って、気兼ねなく飲んで話合いたいのでしょう。［新宿ウォッチングレポート編集員会 1988：59-60］

この「親戚以上」という表現や、磯村の言う「ハイマート（故郷）的感情」、倉沢の「擬似地域社会的な関係」という言葉、ポンスの「寄港地」という比喩は、親密な関係性が築かれる様子をそれぞれに示したものだが、それらは、二丁目を「レズビアン＆ゲイの故郷」と呼んだ川口の言葉を思い出させる。次章で詳述するように、ゲイメンズバーには、異性愛者が集うバーとはまた異なった役割があり、またそこで築かれる親密な関係性にも違う構造があるが、もとより、バーのような小さな空間に客が留まるあり方は、客と店の人とのあいだに親密な関係性を築く傾向があり、それが二丁目を「レズビアン&ゲイの故郷」と呼ぶ土台を形成したといえるだろう。

●「なじみ」と「出会い」

これらの小さなバーなどにおける親密な関係は、おもに「常連客」によって形成されている。この常連客と店との関係性は、磯村が表現しているように、「なじみ」という言葉で語られるのが一般的であろう。「なじみ」は、客側からすれば店を「なじみの店」と呼ぶことができ、逆に、店側からすれば「なじみの客」と表現できることから、双方の関係性を、人同士の関係だけでなく、人とモノ、人と空間との関係についても表すことができる言葉である。この言葉は、あまりにも日常的な用語であるため、学問のなかで注目されることはまずない。しかしここでは、この「なじみ」を都市における社会的結合の分析に必要不可欠な視点ととらえると同時に、人と人の結びつきを考えるうえで重要な様態として位置づける。

人と人との結びつきで言うならば、「なじみ」とは、血縁・地縁という言葉で表現されるような強固な結びつきを意味せず、適用される範囲もそれらの言葉のように限定されない。また、血縁関係として認識される範囲と付与される意味は、法的なものであると同時に、ある種想像的なものであるが、「なじみ」はより身体的な感覚を示す。かつ、まったくの他者ではないのと同時に契約的関係でもない関係性である。さらに、所属意識やアイデンティティのように差異化の結果として生じるものではない。

当然、地縁・血縁関係のなかにも「なじみ」は含まれる。「幼なじみ」と呼ばれる関係は、往々にして地縁・血縁関係のなかで生じる関係性であろうし、おそらく、「なじんでいる」という感覚は、家族を含め、生活をともにする者同士をつなぐうえで重要な役割を果たしてもいる。よって、地縁・血縁関係が生活を包括するような社会においては、「なじみ」という感覚はそれらの関係性のなかに埋め込まれ、一体化している。しかし、地縁・血縁の関係性が希薄な都市的生活のなかでは、「なじみ」もその領域を超えさまざまな人びとや空間とのあいだに生じることになる。そして、常連客として通う小さなバーもそのような空間の一つである。ここでいう「なじみ」とは、その場の人びとの言動や雰囲気に慣れ、それが身体化されるような感覚になっていくということだ。

たとえば、ゲイメンズバーを例にとると、つぎのような流れや会話がある。店に入ると、いくつかの空席がある場合、どこに席を確保すべきかを自ら判断する。先客がいなければ、カウンター内のマスターやスタッフとのやりとりがしやすい中央付近に席をとるであろうし、先客が何人かいる場合には、バランスをとって席を決めるかもしれない。あるいは、顔見知りがいれば、その人の側に座るだろう。ときに、マスターが「こちらへどうぞ」と、着席する場所をさりげなく薦めることもある。いずれにせよ、カウンター中心のつくりでそこに空席がある場合には、それ以外にボックス席があっても、そこに座ることは避けたほうがよいなど暗黙のルールがある。そして、着席をして注文をする。メニューは置かれてないことが多い。またほとんどのゲイメンズバーでは凝ったカクテルはつくらないため、あまり名の知られていないような、あるいは凝ったカクテルを注文すると場違いな印象を与えるにちがいない。ゲイメンズバーでは、スタッフがカクテルの種類をほとんど知らないことも珍しくないのだ。ボトルキープをしている常連客で、いつもそのボトルから飲む場合には、注文を受けなくてもスタッフはボトルを探し、準備をするだろう。通常、カウンター中心のバーは後払いだが、大きなバーでは「キャッシュ・オン・デリバリー」（飲み物が来たときに支払う）のシステムの店もある。前者のタイプの店では、注文すると「お通し」と呼ばれるつまみがでることが多いが、それには三〇〇円から四〇〇円程度の料金が設定されている。

初めて来た客なら、かならずと言っていいほど、店の人から「どこかからの紹介ですか？」と聞かれ、その後、「どういう人がタイプ？」といった会話などが続く。タイプを聞くというのは、自分の店にその客が合っているかどうか、あるいは他の店を紹介するならどこがいいかといった判断材料のためであったり、会話のとっかかりであったりする。スタッフに「自分の店に合っていない」と判断された場合や、常連が多く集まっている状況だと、あまり接客をしてもらえずに疎外感を感じてしまうこともあるかもしれない。常連なら「何軒目？」と聞かれ、マスターやスタッフとの関係性によって、軽妙なトークを楽しんだり、日ごろの愚痴をこぼしたり、あるいはテレビを観ながら雑談したり、場合によっては、たいして会話もなく静かに飲んだりするだろう。

これらは、ゲイメンズバーにかぎらず、バーに行き慣れている人にとっては他愛もないやりとりだが、初めてこのような店を訪れる場合には、基本的な流れもわからず、戸惑うこともあるにちがいない。また店によって、おもしろおかしい会話術で盛り上げる「ノリ」もあれば、洗練された静かな雰囲気もあり、そこでどのように振る舞うことが期待され、あるいは許されることなのかは、その店に慣れなければわからない。さらに話が進めば、ゲイメンズバーでよく使われるような独特な用語や言いまわしも出てくることだろう。ある店になじむためには、この基本的な振る舞いの方法に慣れることは最低限必要なこととなる。

またゲイバーでは、オネェ言葉を交えたりしながら店の者と客とのあいだで丁々発止のやりとりがみられることがあるが、初めて来たときにはそのやりとりにどぎまぎしていた客も、通ううちに少しずつそのような会話で使用される表現や語彙に慣れ、ときどき会話に加わるようになりながら会話のテンポや間を身につけ、しだいにそのような会話を自ら積極的におこなえるようになっていくことが少なくない。また、バーでアルバイトを始めたばかりのスタッフが、最初はほとんど会話らしい会話もできなかった状態から、そこで客との会話の方法や振る舞い方などを身につけ、独立して自らマスターとなることもある。これらは、典型的な「なじみ」のプロセスといえるだろう。

しかし、バーに慣れて「なじみ」になるということは、かならずしも、熟練した話術を身につけるということを意味しない。たしかに先に記述したようなバーの基本的なシステムや流れなどを知ることが前提とはなるが、そこに身をおく人のありようは多様である。賑やかにやりとりしている客たちのなかで、ひとり静かに飲んでいても、「そういう人なのだ」ということが店の人や他の客からすでに了解され、本人もそのような状況に慣れ、かつ受け入れられていると感じるならば、それはなじんでいるといえるだろう。逆に、静かな店で騒ぐ客も、迷惑そうな顔をされたりしながらも、ある範囲に収まっている場合には許容される。そのように考えるならば、この場合の「なじみ」とは、相互の言動や場の展開に対する高い予期性を共有しながら、親密さを感じている様態を指す表現であると同時に、その様態をもつ人をも意味する言葉といえるだろう。そして、その感覚は言語化や再帰的な意識を超えた存在という意味で身体化されたものであり、それゆえに、なじみのバーが閉店したときなどには、喪失感を感じるのである。

先の盛り場の多層構造のなかで、盛り場で重要な存在である利用者はそれらの関係のなかでは接合されなかったが、「なじみ」の店をもち、店の者と「なじみ」の関係になるものは、強い親密性と身体化をもってその空間に結びつけられている。それにより、そのような客をもつ店が、すべてのアクターとなんらかのかたちで結びつきを形成することになる。レインボー祭りの成功には、バーの人たちが多層的なつながりを形成すると同時に、利用者とも結びついていることが大きな影響を及ぼしたといえるだろう。

しかしここで、「なじみ」と関連して、一つつけ足しておかなければならない。それは、このようなバーに人びとが通う理由として「なじみ」は重要であるが、おそらくそれだけではバーに人が集う誘引にはならないということだ。また、「なじみ」だけでは、閉じた関係性のみで形成された空間にしかならず、盛り場が盛り場として成り立つ理由が見えない。

ゲイバーのマスターである大塚隆史（実名）は、二丁目で客が店から店へとはしごすることを、「回遊する」と表現しているが［大塚 1995］、そのように次の店へ向けて「回遊する」ときに、客は冗談まじりに、次の店での色恋的な出会いを期待する言葉を発することがよくある。もちろん、その言葉にはゲイメンズバーの特徴が大きく反映されているのだが、店を「回遊する」動機として語られる「出会い」は、盛り場を訪問する意味を象徴的に表現してもいるのではないだろうか。

高田公理は、（盛り場とは）「あらゆる〝関係あらざるものとの出会い〟の機会を人工的に創出することによって、〝祭と旅〟という人間にとって最大にして最高の遊びのふたつの典型を、時間的・空間的に凝縮して演出する空間（である）。そこでは『かつての非日常性（＝ハレ）』が日常化される」［高田 1988：156］と述べている。

盛り場には、「なじみ」と「出会い」という一見矛盾するような状態と出来事がつねに並存し、ダイナミクスをつくりだしているのである。また、バーは、なじみの空間に出会いの可能性があるという意味で、盛り場の本質を体現しているともいえるだろう。

●店内空間の形成

この節では、狭いバーなどにおいて親密な関係性ができる様子を示しつつ、なじみとなることでその空間に接合されることを指摘したが、最後にこのような狭い空間の形成される背景についてふれておきたい。

第4章「新宿の編成」でも論じるが、盛り場を規定する大きな力として、法律の作用を検討しないわけにはいかない。飲食店の内部空間の物理的形成にも、風俗に関する法律が大きく作用している。風営法が扱う営業は細分化され、それぞれに定義づけられており、そのことが、盛り場の物理的な多層性をつくる要因の一つとなっている。しかしじつは、風俗営業に含まれる一部の業種と、飲食店の境はあまり明確ではない。そのあいだを分けるのは、接待の有無である。接待がある飲食店は「風俗」として公安委員会からの「許可」が必要となり、営業時間が制限されるが、そうではない飲食店は「届出」ですむことになる。そのため、飲食店における接待をめぐっては、細かい判断基準が出されている。「風俗営業等の規制及び業務の適正化等に関する法律等の解釈運用基準について（通達）」には、つぎのように記されている。

接待について
1　接待の定義
接待とは、「歓楽的雰囲気を醸し出す方法により客をもてなすこと」をいう。（中略）
3　接待の判断基準
（1）談笑・お酌等／特定少数の客の近くにはべり、継続して、談笑の相手となったり、酒等の飲食物を提供したりする行為は接待に当たる。／これに対して、お酌をしたり水割りを作るが速やかにその場を立ち去る行為、客の後方で待機し、又はカウンター内で単に客の注文に応じて酒類を提供するだけの行為及びこれらに付随して社交儀礼上の挨拶を交わしたり、若干の世間話をしたりする程度の行為は、接待に当たらない。［「風俗営業等の規制及び業務の適正化等に関する法律等の解釈運用基準について」２０１４年10月17日、警察庁生活安全局］

よって、「風俗」の範囲に入らずに飲食店を経営したい場合、接待をおこなわないことが必須要件となる。だが、アルコールを提供するバーは、この解釈に示されている「社交儀礼上の挨拶を交わしたり、若干の世間話をしたりする程度」と接待のあいだに境界線を引くことがひじょうに難しい。しかし、ボックス席と呼ばれる、カウンターから離れたところに設置されるソファーとテーブルの席で店主やスタッフが会話の相手をするスタイルは、アルコールを提供する飲食店における接待の典型的なスタイルと考えられる。とくに客の隣に座り、お酌をし会話をすることは、確実に接待とみなされるにちがいない。そのため、そのような形態を避けるようにバー用の空間はつくられる。そのことが、日本にカウンターのみのバーが多いことの理由の一つとなっている可能性は高い。また、二丁目のゲイバーには、数十人が入れるような広い店舗も数店存在するが、そのような店ではキャッシュ・オン・デリバリー（注文した飲み物が届いたときに支払う方式）か、入り口で注文をし受けとってから、店内で自分の居場所を確保するシステムになっている。それは、基本的には、少人数のスタッフで店を切り盛りすることを意識してのことであると思われるが、そのような方法をとることにより接待を避けることが可能となっている。

しかしまた、逆に利用者側のニーズを反映しながら空間が形成されることもある。初田香成は、建築学的な視点から「飲み屋街」の形成について、戦後の新橋の「木造低層バラック駅前飲み屋街」を調査対象とし分析をおこなっているが、そのなかで、一九五〇年代以降、飲み屋街がビル化されるさいの、営業者と客の空間志向の合致を示している。それは、営業者側の「機能的で華美性を排除した実質的な空間」への志向と、「狭い店内に同席し、その空間を楽しむ」客側の「親密なコミュニケーションが可能な空間」への志向の合致であり、また、「はしご酒の習慣」を背景とする、個店が集積することへの両者の志向の合致である。それにより、新橋の飲み屋街がビル化する過程で、当初は「大区画の明快な構成」だったものが、「細い通路で迷宮性を持つ空間」へと変更された例をあげてい

る。［初田 2003］
もともと法的な規制を反映した空間づくりとその空間における経験の蓄積が、そのような客や店の志向を形成し再生産している可能性は否定できないが、この初田の考察は、具体的に空間が形成されるさいのアクターの影響を考えるうえでひじょうに興味深い。また、「親密なコミュニケーション」への欲求の存在の指摘は、この章において議論してきた、狭い空間のバーなどで親密な関係が築かれることや、盛り場に利用者を接合する〈なじみ〉という感覚と重なるものといえるだろう。

小結　二丁目にみる盛り場の構造

この章では、盛り場のもつアクターの多様性・多層性と、それが重なり入り組むようにつくられている盛り場的な社会的結合を、二丁目における関係性やレインボー祭りを参照しつつ構造的に示した。土地や店舗に関する権利や居住というスタイルが相互に重なりあうことで、盛り場における関係性は築かれており、まさに権利が細分化され分散していることが都市性であることを指摘した。盛り場ではそれが如実に現れている。そのような権利や居住が重なることは、アクターのあいだでの摩擦が生じることにもなる。その例として、レインボー祭りにおける一部の地元住民から反発や、ゲイバーをめぐる権利の相続の問題などをあげた。また、盛り場という空間に、これまで人類学などで使用されてきたコモンズといった概念の適用を試みた。土地やビル、店舗などが共有されることによって、あるいは、通りなどの公的スペースへの共有意識が生じることによって、コモンズが生じさせる連帯意識やコミュニティ意識が生成されている可能性についてふれ、さらに、利用者にとっては、街のイメージ自体がコモンズ化していることも指摘した。とくに二丁目は、ゲイにとってはゲイの街としてのイメージが共有されている。

さらに、利用者が盛り場に接合される要因として、「なじみ」という概念に注目した。ここでいう〈なじみ〉とは、相互の言動や場の展開に対する高い予期性がある親密な様態であり、そのような様態をもつ人や物を指しても使われる言葉として考えた。そして、この「なじみ」は、盛り場に人の足を向ける動因となってはいるが、盛り場では「出会い」と「なじみ」が並存し、その相反することのダイナミクスが誘引となっているのではないかと指摘した。

最後に、日本のバーが狭い空間として形成される要因として、法律の影響の可能性があることについてふれながら、実際に空間がつくられるさいに客と店の者の志向が合致することに狭い空間がつくられたことを報告する初田の研究を参照した。

ここでは、二丁目におけるフィールドワークを土台にしながらも、他の盛り場にも共通する社会的結合関係の構造を析出し、考察してきた。狭い空間をもつバーなどが生じさせる親密な関係や、イメージも含めコモンズ的性質が盛り場にも存在すること、「なじみ」が利用者を盛り場に接合することが、二丁目において「ゲイ・コミュニティ」意識が誕生する土台となったことは確かだろう。しかしゲイバー（とくにゲイメンズバー）には、ゲイをとりまく社会状況を背景にした独自の性質がある。次章では、そのゲイバーについて観光バーとゲイメンズバーを比較しながら記述、考察していく。

第3章

ゲイバーの民族誌《エスノグラフィー》

新宿二丁目が「ゲイ・タウン」として表象され、「ゲイ・コミュニティ」として意識されはじめるのは、言うまでもなく、この街にゲイバーが集中していることによる。その数は全国のどの街よりも多く、「軒数で言えば世界一」とも評される。ゲイバーは、前章であげたような小規模なバー全般に共通する性質や構造をもつと同時に、異性愛者向けのバーと異なる意味をもち、異なる役割を果たしてもいる。そしてそれが、新宿二丁目に、たんなるバー街以上のコミュニティ意識を育む土壌を提供してきた。

1 商売と「相互扶助」のあいだで

●ゲイメンズバーと観光バー

二〇〇一年一一月八日。これまでゲイバーを訪れたことのない「ノンケ男性」の大学院の友人田部井君と、ゲイの友人山川さんとともにゲイメンズバー「Blue Moon」へ。山川さんは、一般企業に勤務するかたわら大阪の観光バーでアルバイトしていた経験もあり、また、その後、学校教師として勤めながら、二丁目のゲイメンズバーでもアルバイトをしていた時期もある。二丁目に出るようになって一五年ほど経っており二丁目にも詳しい。田部井くんは、マスターと僕や山川さんとの会話を聞きつつ、初めて聞く言葉などについて興味深げにつぎつぎと質問を投げかけた。「女装バー」について尋ねた質問に対して、マスターは女装した人がショーをやる店だと説明をした。そして「観光バー」に話が至ったときに、田部井君が「観光バーって、こういうバーとどう違うんですか?」と聞いた。それに答えるかたちで、山川さんが「ノンケ相手に商売をやっているバーで、ゲイバー(この論文でいうゲイメンズバー)と違って料金が高いんだよね。ゲイバーは相互扶助組織だから(料金が安い)」、と「相互扶助組織だから」というところで少し笑って、冗談めかすように言った。[砂川フィールドノーツより(以下、F.N.)][17]

新宿二丁目(以下、二丁目と記す)にはさまざまな種類のバーが存在する。ゲイバーのほかに、レズビアンバーや、異性愛者がおもに異性愛者向けに経営しているバーのほか、普段は男性として生活しながらバーに来るときにだけ女性の格好をする客などが集まる「女装バー」などである。ゲイのあいだで「女装バー」という言葉は、観光バーで店の人だけが女性の格好をするバーと、客も「女装」するバーの両方を指すが、この論文では前者は観光バーの一形態としてゲイバーに含め、後者は店の人や客ともにゲイという意識をもたないことが多いため、ゲイバーには含めていない。そしてここでは「女装バー」という言葉は、後者のバーを指すものとして使用する。レズビアンバーも「女装バー」も、二丁目において多様な性的マイノリティの街であるという印象を与える存在として

▼17……「フィールドノーツより」は、フィールドノーツに記した記述そのままではなく、フィールドノーツに記録した内容をもとにしながら、読みやすくするために文章を整理し、再構成したものである。名称も基本的に仮名に置き換えている。

重要であるが、それぞれゲイバーに比べると圧倒的に数が少ないこと、また、本書では、二丁目における「ゲイ・コミュニティ」意識の形成がテーマであることから、それらは基本的に調査や記述の対象とはしていない。他の性的マイノリティの視点から見ると、二丁目はまた違った姿をもって立ち現れてくることだろう。どんなフィールドも、調査者の立場やおもに見る対象によってさまざまな局面が見えてくること、そのようにそれぞれの立場から見るかたちでしか、人の営みは理解できないことをあらためて強調しておきたい。

ゲイをおもな客とする店として「売り専」あるいは「売り専バー」と呼ばれる店もある。そのような店も、客はいったん入店してバーと同じくアルコールなどを飲むスタイルが多いことから、一見、ゲイバーと同じであるようにも見えるが、それらの店では、店で待機している「ボーイ」を店外へ連れて出ることが前提となっており、その後、金銭の授受をともなって性行為をおこなうことがおもな目的とされているものであることから、ゲイバーとはその目的においても経営形態においても異質なものである。よって、それもまた本書においてはゲイバーに含めずにおく。

序章でも説明をしたが、ここで再度ゲイバーの区別について確認したうえで、両者の違いについて論じていく。ゲイバーは「観光バー」と「ゲイメンズバー」に大別される。どちらも店主やスタッフは基本的にゲイであるが、観光バーとは、異性愛者を主たる客とするバーの呼称としてゲイのあいだで一般的に使われる言葉だ。ゲイメンズバーは、基本的にゲイのみを対象としたバーをわかりやすく表現するための私の造語であり、普段ゲイのあいだでも用いられることはない。

観光バーを含まないゲイ向けのバーを指す語として「ホモバー」という言葉もあり、この表現のみが使われていた時代が長いが、現在ではゲイバーという語の使用頻度がしだいに高くなってきている。日常会話では現在でも、ゲイのあいだで「ホモバー」という言葉が使用されることは多いが、ゲイ雑誌やインターネット上のサイトでゲイ向けのバーが紹介される場合には、ゲイバーという言葉に統一されつつある。また冗談まじりに、「古いタイプ」と意識されるゲイ向けのバーを「ホモバー」と呼び、ゲイバーと区別する人もいる。

俗に「ニューハーフ」[18]と呼ばれる（あるいは自称する）人たちがショーを見せたり接待をしたりするショーパブは、マスメディアでは、ゲイバーの代表的なものとしてとりあげられることが多い。しかし、ゲイにとっては、そのような店は観光バーのなかでもいっそう特殊な形態と意識されており、ゲイバーの範疇に入れない人もいる。しかし、「ショーパブ」こそが観光バーであると考える人もおり、また、ショーパブにはこれから説明する観光バーの特徴を凝縮した側面もあるため、ここでは、観光バーの範囲にあるものと考えたい。

「観光」という語を付与することによるゲイバーの差異化は、客と店が共有している概念枠組みであり、ゲイバーにおいて頻繁に語られる内容であるにもかかわらず、実際にその語が用いられる文脈を

▼18……いまも「ニューハーフ」＝性同一性障害の人、という誤解が少なくないが、そのように呼ばれつつパブで働いている人には、性自認の観点からいうと性同一性障害でない人もいる。また当然だが、性同一性障害の人／トランスジェンダーのなかには、そのような仕事に就いていないにもかかわらず「ニューハーフ」と呼ばれることに、強い抵抗感を示す人が多いことから、「ニューハーフ」という言葉は、基本的にショーパブで働く人の職業名と考えるべきだろう。

観察するかぎり、観光バーとゲイメンズバーとの区分はけっして明確ではない。ノンケ客をとくに制限することなく入れる「ミックス」のゲイバーすべてを観光バーと呼ぶ人もいれば、ショーパブも含め「女装」した店員が客をもてなすような、ノンケ客が主であるバーのみを観光バーと位置づける人もいる。後者の場合には、店側が自らも観光バーと呼ぶ傾向があり、観光バーとしての位置づけが比較的安定している一方で、前者は、自身の店を観光バーと自称することは少なく、観光バーか否か判断が分かれることが多い。[19]

このように観光バーとゲイメンズバーの区分はあいまいであり、それぞれ意味するものには大きな揺れがあるにもかかわらず、ゲイメンズバーと観光バーが比較されながら語られる会話が、ゲイバーでは頻出する。そして、そのときには、観光バーと同じく商業体であるにもかかわらず、ゲイメンズバーのコミュニティ性が意識され語られることが多い。章の冒頭に記した会話では、観光バーと比較するかたちでゲイメンズバーが「相互扶助組織」と表現されている。この言葉にはゲイメンズバーのコミュニティ性がこめられているといえるだろう。では、そのような表現が生じる背景には何があるのだろうか。この問いの答えを探っていくことは、ゲイメンズバーのもつ性質を明らかにし、二丁目に「ゲイ・コミュニティ」という語が適用される土台の一つを指し示すことになる。

●オネェ言葉／オネェをめぐって

ゲイメンズバー「Takumi」のマスターに観光バーについて尋ねたとき、つぎのような返事が返ってきた。

私「どこか懇意にしている『観光バー』ない？」
タクミさん（マスター）「ない。座って一杯飲むだけで三〇〇〇円くらいとられるわよ」
私「観光バーってテンション高そうなイメージがあるよね」
タクミさん「そうね。言っちゃあ悪いけど、『男が女言葉をしゃべっているだけでいい』という客も多いし。女の子とか、結局バカにしてたりするし、友達とか言ってても」［F.N.］

ここでマスターが「男が女言葉を」と表現しているのは、「オネェ言葉」と呼ばれる言葉づかいのことだ。この「オネェ言葉」について、また別のマスターに尋ねたことがあった。

二〇〇五年三月四日。ゲイメンズバー「ｃｔ」へ。マスターに、「もし、オネェ言葉ってどういうのって聞かれたらどう答える？」と聞いてみた。マスターは、「まず第一にオーバーなしゃべり方、そして第二に、一人称はアタシで二人称はアンタ」と答えた。僕が「なんでオネェ言葉を使うんだろうね」と言うと、「なんでだろうね」と不思議そうに言った。そしてちょっと考えたあとに、「なんでだろうね……わかんないわ」と口にした。ゲイバーのことについて質問すると、いつもすぐに自分の考えを明快に語るマスターだが、この質問には結局答えは出

▼19……ノンケとは、異性愛者のことである。異性愛者の男性のみを意味して使われる場合もあるが、ここでは女性も含める。

なかった。[F.N.]

この説明からもわかるように、オネェ言葉とは、「女性言葉」そのものというよりは、「女性的」な言葉づかいを土台にしながら、さらに抑揚を強め、「毒舌」といわれる発話内容を含む言語表現だ。ゲイのあいだでは、「女性的」と意識される身振り手振りや、「女性的」と意識される性格を総合して「オネェ」と呼ばれることが多いが、オネェ言葉の使用のみをオネェと表現することもある。

抑揚の強さやオーバーな表現には幅があり一様ではないが、観光バーとしての位置づけが比較的安定しているバーでは、「ママ」やスタッフはオネェ言葉を使うことが基本となっている。一方、ゲイメンズバーでも、マスターやスタッフによってオネェ言葉が用いられることも、客によって使われることも珍しくはないが、マスターやスタッフがオネェ言葉をまったく使わない店や、マスターは使うがスタッフは使わないという店もある。よって、オネェ言葉はゲイメンズバーにおいては、観光バーほど必須なものとしては存在していないといえるだろう。

この、オネェ言葉は、ゲイバーの区分においてだけでなく、メディアにおける表象や他者のもつイメージも含め、ゲイにとって重要な意味をもつため、ここで説明を加えておきたい。じつは、オネェ言葉は、ゲイのあいだではきわめて両義的に評価される言語表現である。会社など自分がゲイであることをオープンにしていない場で、オネェ言葉が「思わず出た」ことがおもしろおかしく語られ、ゲイバーでオネェ言葉で話せることの気楽さや楽しさについて言及されたりするように、ときにその言葉には「自分らしさ」という意味が込められ、ゲイにおける本質的なものとして位置づけられることがある。しかし、その一方で、その言葉づかいに嫌悪感を示すゲイも珍しくない。私自身、何度も「オネェ言葉が嫌いだからゲイバーには行きたくない」という言葉を、ゲイバーには行かないゲイから耳にしてきた。

一部のゲイのオネェ嫌いについて、ゲイバーのマスターであり、日本でいち早くゲイリブ運動に取り組んだ大塚隆史は、二丁目について記した本のなかでつぎのように語っている。「おネェ言葉を駆使してぶっ飛ばすおネェさんの印象は強烈だ。ノンケ社会にアジャストしている人ほど気持ち悪いとか不気味だとかいう印象を持ちやすい」［大塚 1995：32］。また、オープンリー・ゲイの評論家、伏見憲明は、「オネェな要素」をゲイが拒絶したり、目を背けたりしがちな傾向があることを批判的に論じている［伏見 2002］。

オネェを忌避・嫌悪するゲイがいる一方で、そのあり方をゲイの文化の要素の一つとして評価するむきもある。大塚は、「オネェ言葉」を含む「女性性の」表現様式を体現するゲイである「おネェさん」を、「ゲイが創り出した独特な遊びの文化」［大塚 1995：32-33］と位置づける。そして、ゲイが集まったときに生じる「おネェさんワールド」をつぎのように表現する。

「おネェさんワールド」では、ノンケ社会とは逆に、女っぽさを恥じたり隠したりしようとする態度や行動は批判や揶揄の対象になる。男らしくしろと強制される日常の世界をひっくり返したパロディの世界が作り出されるのだ。そこでは常に「自分を隠さずに女っぽくあれ」という雰囲気が主調音となって流れる。こうありたい自分より、こうでしかない自分をさらけ出すことの方が評価される世界だ。建前でしかものを言わない人間は徹底的にバカにされ、攻撃される。［大塚 1995：34-35］

これは、オネェ言葉をその表出方法とする「オネェ」というあり方を共有することにより、仲間として認知されることを示している。しかし、そのような表現方法をまったくとらないゲイのほうが多く、また先に述べたように、「オネェ」を嫌うゲイもおり、オネェ言葉はときに、ゲイを区分する一つのしるしとして機能することもある。

●ゲイとしての演出

このように両義的な評価を与えられるオネェ言葉だが、その細かい表現方法はひじょうに多様であり、人によってその言葉で指し示す範囲が異なる。また、つねに同じ人物が同じトーンで使いつづけるといったものでもない。だが、観光バーのスタッフにより提示されるオネェ言葉は、ゲイメンズバーのそれに比べ、より強調され、接客のさいには固定化される傾向がある。

観光バーにおいてみられるオネェ言葉は、ショーパブのように、パフォーマンスもともなってノンケ客を楽しませることがその店の目的としてある場合、より強調される。また、同じ観光バーにおいても、開店してまもない時間帯よりも、遅い時間に客が増えて盛り上がりをみせる時間帯のほうが、オネェ言葉がより強調される。オネェ言葉は場を盛り上げる演出の一つでもあるのだ。

あるゲイメンズバーのマスターは、近々観光バーでバイトを始めるという自分の友人に対して、

「観光バーは、ノンケ客のイメージするゲイを演じなくちゃいけないから大変だよ」とアドバイスしていた。オネェ言葉は、ゲイメンズバーにおいても見られるそれの延長線上にあるとはいえ、観光バーでは意識的に構築されている面があることは否めない。観光バーにおけるオネェ言葉を中心とした振る舞いは、客（とくにノンケ客）の視線に媒介される性質をもち、「ゲイとしての演出性」と呼ぶことができるものである。

その演出を象徴的に示しているのが、スタッフによる「女装」だ。観光バーには、ママやスタッフが「女装」をして接客する店があるが、ゲイを主たる客としているゲイメンズバーでは、周年パーティなどのイベントなどにおいて、スタッフが余興的に「女装」をすることはあっても、日常的に店主／店員が「女装」している店は、私の知るかぎり存在しない。よって、前者のような、スタッフが「女装」し客をもてなすバーは、ゲイメンズバーの顧客であるゲイのあいだでは、ゲイメンズバーとまったく異なる性質をもつものとして理解されており、そのような店の客に占めるゲイの割合は基本的にひじょうに低い。

私は、東京レズビアン&ゲイパレード（のちの東京プライドパレード）の実行委員長を務めているときに、七〇軒ほどのゲイバーへ、パレードのガイドブックを持ってまわったことがあるが、そのさいに、店ではつねに女装しているバーの「ママ」から「うちにはゲイは来ないから」と言われたことがある。観光バーにおける「女装」は、ノンケ客を楽しませるため、その視線の期待に応じるかたちで構築された「ゲイとしての演出性」が極められたかたちである（むろん、トランスジェンダーである店主やスタッフが、それにより「自分らしさ」を感じていることもあるだろうが、その場合でも、客の期待とのバランスの上に成り立っている)。
そして、この「ゲイとしての演出性」こそが、観光バーとゲイメンズバーを峻別することを困難にしているものである。自身のゲイバーのマスターとしての経験を記した高田雅弘が、観光バーを「ゲイがやってる店だけど、ノンケも入れるお店」[高田 2001:69] と定義づけているように、バー区分は、表面的には、ノンケ客の入店の可否というわかりやすい基準においておこなわれている。しかし、実際には、上記のような店側が提示する「ゲイとしての演出性」の高低が区分判断に影響しがちだからだ。

バー「MASAYA」で、少し酔い気味の客の一人が、マスターに「ここ観光バーなの?」と尋ねた場面に遭遇した。その質問に対して、マスターが「うちは観光バーじゃない……というか、ゲイバーでもない、ただのバー」と返答していた。このバーは、屋根裏部屋のような印象を与えるとても小さなスペースながら、マスターこだわりの西洋骨董品や美術品が配置されており、グラスもバカラやラリックといった高級ブランドのものが使用され、落ち着いた雰囲気が人気の店である。カウンターのみで、座席は八脚ほど。ゲイ客が主ではあるが、ノンケ客も多く訪れ、舞台人など芸能関係の客も頻繁に訪れる。また、カラオケはなく、マスターもおもしろおかしく場を盛り上げるタイプではない。ゲイバーのマスターには、ほかのゲイバーで勤めたあとに独立する人が少なくないが、彼の場合、とある有名人が経営していた銀座の観光バーで店員として勤めたあと、二丁目でバーを開いたという。話を聞いたときには、すでに二〇年になると語っていた。

そんな彼にとっては、まず、ゲイバーという呼称によってイメージが固定化されることへの抵抗感があるのだろう。しかし、それだけでなく、おそらく多くのノンケ客を受け入れつつも、「観光バー的」な特徴としての演出性ももたないことから、観光バー／ゲイメンズバーという区分に合致せず、そのために名づけることが不可能となっているのではないだろうか。

このような「観光バー的」な特徴も含めながら、観光バーを定義づけるとするなら、「ノンケ客をおもな客として想定しており、ノンケ客という他者の視線を意識したうえで、その期待に応じながら、『ゲイ的な演出性』とでもいうべき『ゲイ的な振る舞い』を高度に構築し提示することで娯楽を提供し接待するバー」といえるだろう。

しかし、「ゲイ的な演出性」とは、あくまで相対的な基準であることから、ほとんどだれもが観光バーと位置づけるバーから、判断が大きく分かれるバーとのあいだに「観光バー度」がグラデーションをなして存在することになる。また、その「ゲイとしての演出性」は、ノンケ客がどれだけの割合を占め、中心的な存在として意識されているかという点と関連しているため、おそらく、自他ともに観光バーと呼ぶ店でも、そのときどきの客層などに応じて、「観光バー度」（観光バーらしさの程度）は変動しているにちがいない。以下、ゲイメンズバーと対比して語る場合、観光バーとは、おもに対象とされているのが異性愛の客であり、先のような定義の観光バー度の高い、その性質が安定している店を想定していることを断っておく。

こうして観光バーを定義づけてみると、この呼称に冠せられている「観光」という語が、たんなるレトリックではなく、そこを訪れることが「日常から離れた異なる景色、風景、町並みなどにたいしてまなざしもしくは視線を投げかける」［山下 1999：27］という、一般的にいわれる「観光」と同じ経験と構造を保有しているゆえに、つけられていることが理解されるだろう。文化人類学者の山下晋司は、「観光のプロセスのなかで旅行者が求めるのは変化の経験である。いつもとは違う経験、それが観光のエッセンスを構成する。それは、見るもの、聞くもの、食べるものとさまざまな次元にわたるが、それによって異文化を体験する」〔山下 1999：27〕と、観光を解説する。観光バーは、「ノンケ」客にとってまさに「異文化を体験すること」が期待されている空間となっている。

あるゲイメンズバーのマスターに観光バーのイメージを聞いたときに、観光バーを、海外から来る「外人」向けに観光地でおこなわれる「ハラキリショー」にたとえながら、「それと同じような側面がある」という返事が返ってきた。否定的なニュアンスを帯びている点については、ゲイメンズバー側から見た一方的なイメージとして斟酌する必要があるが、この表現が、観光バーの観光性をうまく表現していることは確かだ。そして、そのような観光性を内包しながら、観光バーは、ゲイメンズバーより商業的なイメージを帯びることになる。

●おごり／ごちそうと商業性

二〇〇三年二月六日。ゲイメンズバー「琉碧」を半年ぶりに訪れた。早瀬さんはおらず、店子《ミセコ》だけ。彼とは初顔合わせ。店内には、先月末にあった二周年パーティでご祝儀をもらった店の名前が何十も貼り出されていた。聞き覚えのない店について聞いてみると、彼は、「まえに、『moon beach』（早瀬さんが以前経営していたマッサージ店）に勤めていた人が開いた観光バー」と答えた。そして、その答えに続けて、「観光バーって怖くて行けないんですよね。行ったことないし」と言い、「行ったことありますか?」と尋ね返してきた。その後、「観光バーは、飲み方がハンパじゃないですよね」「価格設定はこういうところより高いですよね」と語った。〔F.N.〕

バーなどでは、売り上げを伸ばすための行為だけでなく、店における接客態度や誘客姿勢も含めて「営業」と呼ばれるが、ゲイメンズバーの店主や店員は、観光バーの人たちの営業の方法を自らのそれと異なるものとして語ることが多い。「観光バーの人たちの飲み方って半端じゃないから」という言葉は、彼からだけでなく、両方のタイプのゲイバーを知っている客から決まり文句のように聞かれる言葉だが、それは、観光バーのママをはじめスタッフが自ら積極的に、客のおごりでアルコールを飲んだり、あるいは客がキープしているボトルからいただいて飲んだりすることにより、利益を上げることを指している。当然、ゲイメンズバーも商業体である以上、利益を上げることが第一の目的であり、同様なことはよく目にする。しかし、「観光バーの人たちの飲み方って」という語りに表れているように、観光バーがゲイメンズバーに比べて、その傾向がきわめて強いとゲイメンズバーの人間からは意識されている。

石田仁は、ゲイメンズバー(彼はホモバーと呼んでいる)が商業的空間であることを強調するために、「ゲイたちがホモバーで躍起になっていることがらとは、『売上げへの貢献を示す』ゲームである」〔石田 2004 : 85〕と位置づけている。そしてさらに、「それだけとり出せば他の水商売と変わらない」が、ゲイメンズバーの特徴として、「形式的に『ボトル』と『ショット』を媒介としておこなわれる綿密なゲーム」である点[20]と、「売上の貢献に対して客への『見返り』がなく、また『見返り』の期待をしない」という点をあげている。彼の言う「『売上げへの貢献を示す』ゲーム」とは、「客が店員に酒を『ふるまう』こと」や「店員が客に『ねだる』こと」により、「早くボトルを空け、新たなボトルを入れてもらう」ことである。そして、そのための手法として、「カラオケ・イッキ」と呼ばれるゲームや、周年パーティやクリスマスパーティのさいに、新しいボトルを入れてあげることを重大な関心事としている客に対し、店側がその客の「義理を果たさせる」ように、いつもよりさらに多く飲むことを例示している。

たしかに、石田の言う「『売上げへの貢献を示す』ゲーム」が、ゲイメンズバーにおいてもときに生じることは否定できない。しかし、そのような、客のおごりで飲む頻度は、店によってかなりの違いがあり、それは、どのような「営業」スタイルをとるかによって変わってくる。また、例外的とはいえ、健康への配慮などからアルコールを飲まないようにしているバーのマスターがいること、まれに、アルコールを飲めないマスターが切り盛りしている店もあることから、「『売上げへの貢献を示す』ゲーム」をゲイバーの本質のように位置づけるのには無理があるだろう。ちなみに細かい指摘になるが、石田は、その手法として、周年パーティやクリスマスパーティを重要なものとしてあげているが、ほとんどのゲイメンズバーでは、そのようなパーティのさいには、定額で飲み放題の形式をとるため、ボトルを新たに入れるということはしないことのほうが多い。そのかわり、付き合いのある店はご祝儀を渡したり、一升瓶の日本酒やシャンパン、ダース単位でのビールなどのアルコール飲料を贈ったりする。

また、「売上げへの貢献を示す」ゲームという表現には、そのことそのものが目的化しているようなニュアンスが含まれているが、実際には、客がおごることの意味は、そのように単純ではない。

石田が描写する店の様子について、ゲイバー「バッカス」で働いたあとにゲイメンズバー「Blue Moon」のマスターとなった広崎に意見を求めたところ、「ずいぶん古いタイプの店ね」という感想をもらしたが、実際に、私の見てきた店でも、経営年数の長い店や観光バーでスタッフとして働いた経験をもつマスターの店などが、そのように客のおごりで飲むことが多い印象がある。そうした店では、マスター／ママが巧みな話術によって客を楽しませることが重要な「営業」スタイルとなっていることが多く、客が「おごる」背景には、おもしろおかしい話で楽しませてもらったことへの返礼の意味あいが込められている。

店を始めて二五年以上になるゲイメンズバー「パワフル」では、マスターは頻繁に客のおごりでビールを飲むが、自ら「のどが乾いたわー」とねだることもあれば、酔いがまわりはじめたころにおもしろおかしく過去の体験談などを賑やかに語ったあとに、客の側から「はいはい、のど乾いたでしょ、ビールもう一本」と、客自身は飲まないおごりのビールが注文されることがよくあった。ただし、このように客にねだっておごらせるバーでも、マスターやスタッフはどの客にもそうするわけではない。

▼20……この論点を提出するためと思われるが、石田は、ボトルキープのないショットバーを「ホモバー」に含めていない。しかし、ショットバーをそのカテゴリーから除外する考え方は、ゲイバー（彼の言うところの「ホモバー」）を訪れる客のあいだでは稀なことである。

基本的に常連で、生活に余裕があると思われる客に対しておこなう。

また、どの店でも、客が、自分の飲み物を注文した直後に、「何か飲んで」とマスターやスタッフにおごりで飲みものを勧めることも多い。それをバーでのマナーと考えている客は、自分が常連となっている店だけでなく、初めて入った店でも挨拶がわりのようにそうする。ある程度の金額を使うことが一つのマナーとして意識されており、そのために、飲んでもらうというかたちをとっている。ゲームというより規範に近い。実際に、一杯だけで長時間滞在する客について、マスターやスタッフが厳しい表現で語るのを聞くことがあった。ただし、先の、客にねだりおごらせるのと同じように、店によっては基本的に、若い客など、あまり余裕がない人の注文が少ないことは許容しているようだ。ときには、相手が常連客だと、長い時間滞在しながらも所持金の都合で注文できない場合など、空いたグラスを目の前にしていることを気づかって、マスターがお茶を入れたりすることがある。

ほかの店のマスターが飲みにきたさいには、店のマスターやスタッフへかならずおごる。そこには贈与としての意味が込められているだろう。そして、他店のマスターが飲みに来たときには、来店してもらったバーのマスターは、機会をつくって相手のバーへ飲みにいくことが暗黙のルールとなっており、とくに先輩格のバーのマスターが来た場合には、そうしたお返しが強く期待されている。

観光バーでも同じ状況はあるが、傾向として観光バーはゲイメンズバーよりも客のおごりで飲む頻度が高い。先ほど、ゲイメンズバーにおけるおごりには、話術により楽しませたことへの返礼としての意味が込められていると記したが、それと同じように、いやそれ以上に明確に、観光バーでは、話術も含めた「ゲイとしての演出性」の提示によって客に「異文化」を体験させ、楽しませていることへの返礼として、おごりが存在しているといえるだろう。ゲイメンズバーでも、マスターや店員が観光バーでバイト経験をもつ場合に同様な傾向をもつのは、楽しませる対価として利益を上げるという営業姿勢を、彼らが観光バーで体得していることによる影響が大きいのではないだろうか。また観光バーは、一般的にゲイメンズバーより値段設定が高いことが多いが、それは、その返礼があらかじめ値段に含まれているとも考えられる。

あるゲイメンズバーのマスターは、「観光バーに来る人が、かならずしもゲイ・フレンドリーとはかぎらなくて、もの珍しさで一段低くみていることもある。そのぶん、それなりの料金をとったりしているんだろうけど」と、違う言葉で観光バーの値段設定の意味を語っている。ゲイも少なからず訪れる「観光バー」では、暗黙のうちにゲイに対する料金とそうではない客に対する料金が異なった基準で計算され、ゲイのほうが安く請求される店もあると、複数のゲイメンズバーのマスターから聞いたことがある。これは、ノンケ中心に商売をしながらもゲイ客も来るような店では、「それなりの料金をとったりする」観光バーの性質と、そうではないゲイメンズバー的な性質とが混在していることを示唆していて興味深い。

また、一般的に観光バーでは、スタッフが積極的に飲み、値段設定も高いことから、おのずと客単価が上がり、高い利益を得ることが可能となる。それは、スタッフへの給与の違いにも反映される。観光バーとゲイメンズバーの両方を経営していた早瀬義人も、「観光バーのほうが給料もいい」と述べている。その一方、ゲイメンズバーは、とくにここ数年、ひじょうに厳しい経済状況にあるという。いくつかのゲイメンズバーの経理を請け負いながら、客としてもゲイバーに通う森良和は、「ほんと、どこもよくやってるなと思う。みんなで相談して値上げすべきだと思う」と語る。また、バー「FOR」のマスター、タカシは、「生活をかつかつの状態でやっていかなくちゃいけないなら、就職したほうがいいかなと思う」と迷いを口にしていたが、実際にその二年後に閉店した。

観光バーが商業的なイメージでとらえられるのに対して、ゲイメンズバーは利益率が低いこともあり、「相互扶助組織」という表現が生まれるのだろう。ゲイメンズバー「ｃｔ」ではつぎのような会話が聞かれた。

マスター「どういう仕事をしているの？」（初めてｃｔに一緒に行った澤村さんに対して）
澤村さん「福祉関係です」
マスター「世の中に役立つ仕事しているのね」
私「ここも世の中の役に立っているんじゃないの？」
マスター「ほんと、ゲイバーはこれから社会の役に立つということを存在意義にするしかないと思うわー。本当に儲からないもの。いま、儲かっている店はどこにもないのよー」[F.N.]

これらの語りは、ゲイメンズバーが当然ながら実際には商業体でありながらも、商業性のイメージが後景へと退くことがあることを示している。そして、そのように商業的イメージが薄らぐ面があることが、おそらくゲイメンズバーや新宿二丁目が「ゲイ・コミュニティ」と意識されることを可能にしている。そして、ゲイメンズバーが「相互扶助組織」という言葉が引き寄せられるのには、ほかにも理由がある。

2 ゲイバーで働く、ゲイバーに通う

●バーで働く意味

「昔は儲かっていた」といわれるゲイメンズバーだが、現在は、マスターたちは儲からない商売として語ることが多い。これは、数軒のゲイメンズバーの会計を担当している森の話からも確かなようだ。しかし、それにもかかわらず、二丁目では、新しいゲイメンズバーが多いときには月に二、三軒はオープンしている（しかし、トータルの軒数としては大きな変動はないことから、同じ数ほどの店が閉店していることにもなる）。新たにゲイメンズバーのマスターとなる人には、スタッフとしての経験をもつ人が多いが、本業を辞めてその仕事に就く人もいる。会社勤めを辞めて開業するという人は、ゲイであるなしにかかわらず珍しくないが、ゲイがゲイメンズバーのマスターとなる背景には、社会におけるゲイのおかれている状況を考慮しないわけにいかない。

ゲイメンズバーがどれくらいの収益があるかという話から、ゲイメンズバー「ｃｔ」で、マスターと私のほか、客として来店していたその店の会計もみている森とのあいだで、つぎのような会話がなされたことがある。

マスター「実際には（理想の収益の）八割くらい。どこもかなり厳しいわよ。マスター一人がやっていくのが精一杯。他に従業員を雇っている店が少ないことからもわかるでしょ？　男が一人やっていくくらいしか儲からないのよ」
私「そんなに厳しいのに、みんなどうしてやってるの？」
森「商売だけじゃないのよ」
マスター「ゲイということを隠さずにできるのは楽だし。でも、それでバーを始める人も多いけど、実際にはなかなか難しいのよね」［F.N.］

また、ゲイメンズバー「Blue Moon」の広崎は、ゲイバーで働きつづけてきたことについてつぎのように語っている。

広崎「バッカス（まえに勤めていたバー）に入った当初は、ほんとにつらかったわよー、毎日毎日」
私「でも、なのに、どうして一五年も続けたの？」
広崎「そうねぇ……。やっぱり世間の四角四面なところにいるより楽だったからじゃないかしら……」［F.N.］

この「世間の四角四面」と「楽」には解説が必要だろう。その言葉にはおそらく、会社組織などに勤めるという「堅い職業」との対比にとどまらない意味も込められている。ゲイが頻繁に自分たちのネットワークや関係性を「こっちの世界」と呼ぶことを考えると、この「世間の」という表現に、ゲイであること、ゲイの関係性を中心に生きていくこととの対比が含意されていることは、無理な解釈ではない。広崎もよく「こっちの世界」という語を使用していた。

セクシュアリティはプライベートなものであり、会社などの公的な場には関係ないと考えられがちだが、実際には、接待で女性が横についてサービスするようなクラブなどが使われ、結婚の有無が語られ、ときにそれが昇進に響き、同僚や上司から異性の紹介を申し出られることがあり、会社の風土によっては男性社員がつるんで性風俗に行くことすらあることからもわかるように、会社空間は異性愛を前提として、人間関係が築かれている場である。そのような社会生活と、ゲイとしてゲイに接する職業を比較し、後者を楽と感じ、その楽であるということを選択する人がいることはなんら不思議ではない。

また、ゲイメンズバーでアルバイトをする動機にも、たんにお金を稼ぐということだけではない意味が見出される。観光バーとゲイメンズバーを経営する西條正は、新しく観光バーをオープンしてまもないころに、その店についてつぎのように語っていた。

西條「うちの店の店員には、ゲイ、ノンケ、ニューハーフ、ドラァグ・クィーン、みんないるの。すごいでしょ。でも、ゲイの子は、仕事が続かないのよねぇ」

私「そうなんですか？　どうしてですか？」

西條「ノンケの子のほうが仕事として割り切っているから続くのよ。ゲイの子は他においしい店を知ってるからねぇ」[F.N.]

ここで言われている「おいしい店」とは、ゲイ同士として客との関係をリラックスしながら楽しめる店のことであり、「仕事として割り切っている」ノンケとは違う動機と期待を、ゲイバーで働こうとするゲイが抱いていることが経営者側から表現されている。

それは、勤務形態にも表れている。ゲイメンズバーのスタッフとなる人のなかには、週に五、六日店に入る「レギュラー」と呼ばれる勤務形態をとる者もいるが、多くの場合、本業を別にもっており、店が忙しい週末にだけ働くというかたちをとる。なかには、多くのアルバイトを雇い、それぞれが週末に交替で入ることから、一人が月に一、二回だけ勤務するというスタイルをとる店も珍しくない。月に一、二回だけ本業とは別に店に入るという勤務形態が存在する背景には、ゲイメンズバーで働くということに、通常意識される「仕事」とは違った動機がある。

私の「どうしてそこで働こうと思ったの?」という質問に対して、普段は大企業の正社員として働きながら、月に一回だけアルバイトで入っていたカズオは、「社会勉強と交遊関係の拡大です。お金には興味なかったね」と答え、同じく月に一回アルバイトをしていたシンは、「もっと友だちがほしいなと思って」と語った。また、ショットバー形式のゲイバーに勤務していたナオは、ほぼレギュラー勤務であったが、同じ質問に対して、「自分がゲイであることはもう一生変らないであろうから、これから先の人生、自信をもって生きれるように、いろいろな人と出会ったり話をしたり……ということができるゲイバーの仕事を経験しておくのはよいかな……と思った」と語った。

このように「交遊関係の拡大」や「いろいろな人と出会ったり」することをアルバイトの目的とすることは、ゲイメンズバーにかぎらず一般的なものであり、特段珍しいことではないのかもしれない。だが、ゲイメンズバーで働く場合には、その意味の質や重みが「一般」のバイトと違った意味が生じてくる。

まずなにより、一見当たりまえのように思われるが、店のなかで知り合う相手が自分と同じゲイであることが大きな意味をもつ。それは、ナオの「自分がゲイであることはもう一生変わらないであろうから」という言葉にも表れている。異性愛者が異性愛者であることを前提として知り合う場面は、学校、職場、地域社会など、ありとあらゆるところにあるのに対して、ゲイがゲイとして知り合える場所はひじょうに限られている。ゲイメンズバーは、その限られた場所のなかで、おそらくもっとも、多様な人と深くコミュニケーションがとれる場所だろう。そのため、ゲイメンズバーにおいて出会い、関係性を築くことの意味はより重みを増す。そして、もちろんそれは、通う側にとっても同様である。

●ゲイバーに通う理由

ゲイメンズバー「ｃｔ」のスタッフは、客との会話の流れで、客に「話をちゃんと聞いていない」と言われたさい、冗談交じりに「みんな気持ちを吐き出しにきてるから、ちゃんと聞いてられないよ」と返した。また、観光バーとゲイメンズバーの両方を経営していた早瀬は、私が向けた「観光バーとゲイバー、何が違いますか？」という質問に対して、「観光バーに来る客は、目的がはっきりしているからわかりやすい」と答えた。客は「楽しみに来ている」と。しかし、それに比べ、ゲイメンズバーは、「いろいろなことをわかってもらいたいという気持ちで来るから、ややこしい」と語った。むろん、ゲイメンズバーでもおもしろおかしく楽しむことが大きな目的となっており、観光バーも店によっては、「わかってもらいたい」と思う気持ちを抱いて店に来る客はいるだろう。しかし、両方のバーを経営していた早瀬の言葉が表しているように、ノンケ客という他者の視線を意識した、商業性に対する意識が高い観光バーと、共通のアイデンティティを前提としたゲイメンズバーとでは、マスターやスタッフの役割には異なる傾向性がある。

私は、すでに記した民族誌的記述において、ゲイメンズバーが、HIV感染など深刻な話題を含め、相談やアドバイスが交わされる場となることも珍しくないこと、また、「同じ仲間がいる」ことを確認することによる「アイデンティティ生産の場」になっていることを示した［砂川 1999a, 2003a］。そのことも含めながら、これまでのゲイメンズバーと観光バーとの比較を経由させることにより、つぎのように、ゲイメンズバーの特徴を説明しなおすことができる。観光バーが、ノンケ客に「異文化」を提示する空間であり、ノンケの視線を媒介しつつその「文化」を構築・再生産する空間としての役割を担っているとするならば、ゲイメンズバーは、同じ「文化」を共有していることを体感し確認する空間であり、そのことをとおしてその「文化」を構築・再生産しつづけている空間である。

ここで使用している「文化」という表現は、ある集団が他の集団と比較して特徴的に保持している性質という意味ではなく、差異として見出され意識化されることによって他の属性をもつ人たちとのあいだの線引きに使われる、互いに関連づけられる性質群といった意味である。よってその性質は、自らを他者として明確に示す場合にも、同じ属性をもつ者とその属性によって結びつこうとするさいにも強調される。先に説明した「オネェ言葉」は、まさにそのような役割を担っている。「オネェ言葉」は、観光バーでは一方的に提示されるものとして実践されているが、ゲイメンズバーで使われる場合には、店のスタッフも客の一部も使用することで仲間意識を生起させる共通言語として機能する。

●再解釈とドラァグ・クィーン

このように「文化」を共有していることを体感させるものとして、ゲイメンズバーにおける再解釈といえる実践がある。ゲイメンズバーでは、テレビをつけたままにして、客と店のスタッフが一緒に眺めながら、それについて会話をしながら飲むという場面がよく見られる。そこで会話されることは、普段の生活で異性愛者と会話をする内容と変わらない面もあるが、つぎのような場面では、ゲイメンズバーならではの会話として当事者には意識されるだろう。

二〇〇二年九月二〇日。ゲイメンズバー「MASSIVE」へ、友人カズヤ君と行く。テレビモニターで、SMAP（男性の歌手グループ）の新曲のプロモーションビデオが流れていた。それは芝居仕立ての内容になっていて、「オネェキャラ」らしい人物が登場する。その人物を見て、カズヤ君は「微妙だよね。いかにもつくったオネェという感じ」とコメントをし、かっちゃん（マスター）も同意した。その後、かっちゃんから「SMAPのなかだとだれがいけますか？（だれが好きなタイプですか？）」「他のジャニーズだとだれがいけますか？」と聞かれる。その後

入ってきた客にも同様な質問が向けられる。[F.N.]

一見他愛もないやりとりだが、この会話には、異性愛社会によって押しつけられる「オネェキャラ」像に対する抵抗や、普段の異性愛者とともにいる生活において大部分のゲイが抑圧しているセクシュアリティの解放が、現れている。これが異性愛者ならば、基本的に普段の生活と変わりなく、テレビで流れる番組について語ることになるだけだろう。しかしゲイは、全体社会において異性愛者といるときと、ゲイメンズバーにいるときとでは、そこにある題材について語ることができる内容が異なることも少なくない。単純な例をあげれば、自分が好きな男性タレントなどが出てきたときに、「かわいい。タイプ!」と口に出せるか出せないか。先のようなゲイと関係する表象に異論を唱えられるかどうかといったことだ。

それほどまでに全体社会では、異性愛を前提とした表象や物語が支配しており、それに対して異性愛的な解読がおこなわれている。そして、ゲイメンズバーにおいては、そのような表象や物語をゲイとして読み替えるという作業が共同でおこなわれているのだ。

ゲイメンズバーで起こっている再解釈をある意味象徴的に表しているのが、クラブイベントなどでおこなわれるドラァグ・クィーン(Drag Queen)のパフォーマンスだ。ドラァグ・クィーン(以下、ドラァグ)は、自らを「女装」と呼ぶこともあるが、観光バーなどでスタッフによりおこなわれる「女装」と自らの「女装」を違うものとしてとらえていることが多い。観光バーなどでの「女装」よりもドラァグのほうが、より女性性を誇張したようなメイクを施し、パロディ化している印象を与えようとする傾向にある。

ドラァグのパフォーマンスは、基本的には、録音された女性歌手の歌を流し、それに合わせて「リップシンク」（歌に合わせて口を動かす「口パク」）をし、身振りをあてるというかたちをとる。たとえば、あるドラァグの得意とするパフォーマンスはつぎのようなものだ。

彼は、男性的な印象を与える筋肉のついた上半身を強調しつつ、濃いメーキャップを施して白いドレスを身にまとい、「ムーン・リバー」に合わせて口の動きを誇張しながらリップシンクをする。そして、ゆるやかな曲に合わせて特大のレインボーフラッグが大きく振られ、そのパフォーマンスは幕を閉じる。レインボーフラッグは性的マイノリティの象徴だが、ゆったりと旗が振られる姿は、性的マイノリティであることへの誇りを感じさせる。私が彼のパフォーマンスを観たのは、四〇〇人ほどが入るホールでおこなわれたゲイ向けのＨＩＶ啓発イベントにおいてであったが、満員の観客は静まり返ってそれを見守り、終了とともに盛大な拍手と歓声が起こった。そのパフォーマンスは、ジェンダーイメージを融合するかたちの意匠によってジェンダーを越境し、その姿で曲の世界を再現する。それにより、聴きなれたスタンダードナンバーに新しい解釈を付与し、異なったイメージを構築している。「感動した」と語る観客もいるそのパフォーマンスはまた、「女装」するだけで「お笑いネタ」となる異性愛社会のジェンダーのあり方へも疑問を投げかけるものだ。

ドラァグのパフォーマンスでは、この例のように、歌を音源として使用することが多いが、最近では、テレビや映画などの音声をつなぎあわせた音源をつくり、それにあわせて、もともとその音声がもっていた意味とまったく異なる意味（おもに性的な意味）に読み替えて身振り手振りを当てることで、観客の笑いを誘うという形式のものも目立つ。たとえば、あるドラァグが、先のイベントの別の回で、女性霊能者が霊視するというテレビ番組の音声を自らつなぎあわせたものを流し、その声にリップシンクしながら身振りを当てるというパフォーマンスをおこなっていた。それは、舞台をハッテン場（ゲイがおもにセックスを目的として集まる場所）と見立てて人を配置し、「自害する」という言葉を動作で「自慰」の意味に読み替え、「成仏」という言葉を「射精」の意味に変化させるというもので、会場につめかけたゲイたちから大きな笑いが何度も起こっていた。

ここで例示した二つのパフォーマンスは、趣向も客の反応もまったく異なるものだが、どちらもジェンダーを越境した姿を提示するドラァグがそれを演じることで、全体社会において流通する物語をゲイ的に読み替える実践だ。そして、それをとおして、全体社会のなかにおいて支配的な、異性愛を基準にした、異性愛と相互構築関係にある男性／女性の二項対立的ジェンダー規範「ヘテロジェンダー」に合致しない自分たちの存在のあり方を確認し、その支配的な文化と異なる文化を共有していることを体感する場をつくりあげるのである。そこには、ゲイメンズバーのなかで、ときにオネェ言葉を使いながら、テレビ番組を見ながらゲイの視点で語りあう姿と重なるものがある。ドラァグのパフォーマンスがおこなわれるのはおもにクラブやイベントの空間であるが、ちょうど儀礼がその社会の構造を凝縮するかたちで表象しつつ再生産するのと同じように、ゲイメンズバーの空間で起こっている再解釈の日常的な実践をわかりやすいかたちで提示している。

このように、ゲイメンズバーは、商業体でありながらも、異性愛中心社会を背景にするがゆえに、「仲間」に対面的に出会うことの意味、そのうえで、文化の共有の確認と再生産という機能が強調される結果となっている。そして、さらにそのゲイメンズバーにコミュニティ感を与えるのが、そこを拠点として生じている社会的結合のあり方である。

3 ゲイメンズバーにおける社会的結合

●交換と共有

ゲイバーのマスターであり造形作家である大塚隆史は、客がいくつかの店の常連となり、それらの店をまわることを「回遊する」と表現しているが、私は、過去に記した論文で、そのことにより店同士のネットワークが形成されていることを指摘した。また、スタッフが独立した場合、積極的にその店を紹介することも珍しくなく、それによるネットワークも含め、協力する店舗のネットワークが「系列」と呼ばれていることを書き記した［砂川 1999a, 2003a］。

この客の「回遊」は、店側の視点に置き換えると、客の「交換」である。地方から上京している客やあまり二丁目を知らない客などが来店した場合、客がどういうタイプが好きか、どういう店が好きかなどを聞いたうえで、他の店を紹介することがよくある。

知り合いの店を紹介することが優先されるが、客の好みに合う店を知らない場合には、直接には付き合いのない店を紹介することもある。当然、紹介した店からは、いつか別の客が紹介される可能性があるのであって、そのやりとりは「交換」といえるものである。交換が、いかに人と人、社会と社会をいかに結びつけ、社会の根底を形成しているか、人類学が明らかにしてきた知見をここであらためてなぞる必要はないだろう。しかし、客の交換には、始まりは「紹介」という交換ながらも、その後は客は交換ネットワークを行き来し、また別の店に行くようになり、場合によりそのネットワークを外れたりするという特徴がある。その意味においては、交換は二者間のものではなく、しだいにそれはネットワークを構成する複数のバー間の緩やかな「共有」へ移行するといえる。そして、交換が関係を結ぶ役割を果たしているとするならば、共有は、共同性を高めるものである。

ここで、第2章のコモンズの議論が思い返される。コモンズとは本来、共同体によって共有されている資源のことであり、生活の基盤を支えるものであるが、共同管理されることにより連帯意識が生じるものとして指摘されている。しかし、都市においては公的スペースがその役割を果たし、住宅開発においては意識的にコモンが形成される。そのようなコモンズ/コモン像をふまえたうえで、私は、都市においては街のイメージも物理性とは異なったレベルでコモンズのような役割を果たすことを指摘した。

そして、客も共有されることにより、ゲイメンズバーのつながりにおいて同様の働きをするものと思われる。その働きがわかりやすく現れている例として、たとえば、夏に四〇軒以上の店舗が合同して開催する「ゆかた祭り」のような企画をあげることができるだろう。この企画は、「ゆかた祭り」と銘打った日に浴衣を着て飲みにくることで、それぞれの店が客になんらかのメリットを与えるというものだ。その参加店舗の名前がポスターに掲載され、それぞれの店に貼られ宣伝されるのだが、それらの店はおもに、大柄な体型が好まれる店であったり、髭や短髪が人気のある三〇代中心の店であったりする。ゲイメンズバーではそのように、好まれるタイプによって店を選ぶ傾向があるため、同様なタイプを対象としている店同士はおのずと客が重なる。そのため、そのような店同士がつながり、こうした企画が誕生する。

店が共有するのは、客だけではない。バイトとしてゲイバーに勤務するスタッフは、いくつかの店を転々とすることも少なくないが、とくに問題を起こして辞めたのでないかぎり、そのように店を渡り歩くことが否定的に語られることはない。さらに、同じ人物が、経営者がまったく異なる店で同時期にかけもってバイトをすることもあり、とくに摩擦のある店同士などでなければ、それも問題にはならない。たとえば、現在「ｃｔ」で週末のみ働いているノリオだが、そのきっかけは、以前彼がバイトしていたゲイメンズバーに「ｃｔ」のマスターが客として行っており「ノリオを土曜日貸してほしい」とそのバーのマスターに言ったことだという。その結果、もとの店と「ｃｔ」でバイトのかけもちが始まることになった。その後、一年ほど両方のバーでバイトを続けたものの、本業もあり、さらに二つの店で働くのはきついとの理由から、最初に働いていたほうの店を辞めている。しかし、その話を語る本人もとくに気にしている様子はなく、元のバーのマスターにも不満はないようであった。

このように同じ地区にある同業の店でバイトをかけもつということは、もともと他店がライバルになる可能性を考えるならば、不思議な現象に見えなくもない。また商売によっては、それまで勤めていた店を辞めて別の店で働きはじめるということは、ときに客を「持っていってしまう」ことになることから嫌がられることもあるだろう。しかし、ゲイメンズバーにおいてはそのように否定的なとらえ方をされないのは、先に述べたように、もともと客自体が共有されていることによるのではないだろうか。

しかしそのことは同時に、背景の異なる新参者に対しては厳しい態度として現れることもある。修士論文では、「ほかの街出身だから」ということで嫌がらせを受けたと話しているケースをとりあげた。とくに二丁目で飲み歩いていたりして関係性が築かれていない場合には、そのような摩擦が起きる可能性も高くなるだろう。というのも、店をオープンするときには、もともと自分が通っていた店を中心に挨拶してまわることが慣例となっているからだ。「以前は、二、三〇軒くらいまわるのは当たりまえだったけど、最近は一〇数軒くらいが多い」と、二〇年来ゲイメンズバーのマスターをしているジュンイチは言う。そのような店とはその後も付き合いを続けることが多く、周年パーティには飲みにいき、お酒を贈ったりご祝儀を包む。このようなネットワークを形成するのが当然であることが、客やスタッフを共有することを可能にしている。そしてもう一つ、もともと客とスタッフとの位置のあいだに明確な区分がなく連続的な存在となっていることも、スタッフをも共有しやすい背景をつくりだしていると考えられる。

おそらくそれは、異性愛者向けの小規模なバーにも見られる様子だが、ゲイメンズバーではそれが顕著なかたちで現れており、また、典型的なスタイルとなっている。

●客とスタッフの連続性

二〇〇二年四月一一日。夕方五時頃、まだバーがオープンしない時間に、私が新宿二丁目のバーと名簿を照らし合わせて歩いていると、ゲイメンズバー「ct」のマスターとばったり会った。彼は、「アイスコーヒー入れてあげるからおいでよ」と言い、まだオープンしていない店に招いてくれた。用事があって店に来たという。自分が調査中であるという話をする中で、「観光バーに行きにくいんだよね」と言うと、彼も「そりゃそうよ」と強く同意を示した。「なんでだろうね」と聞くと、つぎのように語った。「ゲイバーは客と友達がはっきりと分かれていなくて、ずるずるべったりだから、観光バーみたいな、ちゃんとした水商売で、客の人と店の人が分かれているっていうのがやりにくいのよ」。[F.N.]

ゲイバーのスタッフは、「店子《ミセコ》」とも呼ばれるが、「店子」になるきっかけには、通っていたバーのマスターから頼まれてということが多い。石田は、「ホモバー」に従事する三人の若者のインタビューをおこなっているが、そのうち二人は、通っていたバーのマスター／ママから誘われて、手伝い的に始めている［石田・谷口 2001］。また、私が確認した一五人の「店子」経験者のうち一人をのぞき、みな同様な経緯を経ている。ゲイメンズバー「マトリクス」でバイトしていたコータは、私のインタビューに対してつぎのように答えている。

私「どうして、この店に入ることになったの?」
コータ「そのころ、全然飲みに出てなかったんだけど、『マトリクス』の名前は知っていて、飲みに行こうと思ってうろうろしてたんですよ。すると、そこでマルちゃん（そのバーのマスター、仮名）に会って、連れて行ってもらうことになって。で、何回か通ううちにマルちゃんに『べつに話せなくていいから入らない？』と言われて入るようになったんですよ」

また、別の「店子」経験者、吉永友之は店に入るきっかけとして、以前から通っていた店で、「マスターから誘われた。店子のほとんどはそういう（通っていた店のマスターから誘われるという）いきさつだと思う」と答えている。

さらに、店が忙しいときに、成り行きで常連の客がカウンターのなかに入って手伝ったり、パーティのときだけ店員を務めるといった姿は珍しくない。逆に、店子が自分の勤務日でない日に、自分が働いている店に客として飲みにくるのも普通のこととして受けとめられている。しかし、たとえば観光バーのように、接客のための「演出性」が高くなればなるほど、このような客／スタッフというポジションのあいだの行き来が少なくなる。一方、ゲイメンズバーの場合は、そのような交替可能性によって、客／スタッフというポジション、すなわちサービスする側／される側という区分があいまいになりがちである。もとより、そのような連続的なあり方を志向している場合もある。あるゲイメンズバーのマスターは雑誌のインタビューのなかで「スタッフとお客さんっていうカウンターで分けられた関係じゃなく、みんな一緒の横のつながりでいたいんです」と語っている［『G-men 2000.11』No.56：195］。

観光バーもゲイメンズバーも経営する早瀬は、それぞれのバーでの接客態度の方法の違いについて、私のインタビューに答えてつぎのように語った。

ホモバーと観光バーは、言っていけないことが違う。観光バーなどでは「なによ、このブス。あんたの来るようなところじゃないのよ」と言っても、あとで「ごめんね、口が悪くて」とフォローすれば済むけど、ホモバーはそうはいかない。観光バーに来る人は楽しみに来ているので、とやかく言わないけど、ゲイはそうはいかない。嫌な思いしたら、こんなとこ二度と来ないと思う。[F.N.]

実際には、ゲイメンズバーでも「毒舌」といえるような言葉がマスターやスタッフから客に投げかけられることは頻繁にある。おそらく、早瀬のこの語りは、毒舌を口にすることが、観光バーでは客とマスター／ママやスタッフの役割として理解されることが多い一方で、ゲイメンズバーでは、普段の関係性の延長としてとらえられがちであるがゆえに、相手との関係性を見極めなければそのままの言葉として受けとめられる可能性があることを示しているのだろう。

このような、普段の関係性の延長を「ｃｔ」のマスターは「ずるずるべったり」と表現しているわけだが、そのような関係が、水商売をサービスする側／される側であるという視点から、批判的に語られることもある。ゲイの評論家である伏見は、ゲイ雑誌の連載のなかで「ゲイバーのサービス向上キャンペーン」という連載記事を冗談も含めながら書いたことがあるが、そのなかで、ホストクラブやラウンジなどでの仕事の経験が豊富な人の言葉が、つぎのように引用されている。

ゲイバーは一般のスナックなどに比べて廉価だけど、それにしてもサービスの基本がなってないところが多いです。初めてのお客様に、ママが挨拶に来るどころか、『いらっしゃいませ』もない店だってあるくらいです。これはふつうの水商売では考えられないこと。［伏見 1999：61］

ゲイ読者を意識しながら、極端な例をあげ、あえて毒舌を交えて表現していることを前提に読む必要があるが、「ふつうの水商売では考えられないこと」がゲイバー（おそらくここでいうゲイメンズバー）にあると指摘されていることは興味深い。

また、同じゲイメンズバーでも、巧みな話術で客をもてなし、そのぶんおごりで飲むことが頻繁にあるようなバーのマスターなども、積極的に場を盛り上げる接客態度がない店について批判的に語ることがある。しかし、一方で、つねにおもしろおかしく客を楽しませるようなバーが、「昭和の香りのするバー」「古風なバー」といわれることがあることを考えると、「ずるずるべったり」に近い連続的な関係性を求める客も増えているといえるかもしれない。そして、おそらくこのような連続性はコミュニティ感の土台を形成する面があると同時に、その結果ともなっているであろう。

●結合と共同性

ここで述べた客の共有と交換、客とスタッフの連続性は、他の水商売にもまったくないわけではないが、ゲイメンズバーでは、それらがより明確に広範囲にわたってみられ、一つの前提ともなっている。そのことによりゲイメンズバーが、そして二丁目がコミュニティと呼ばれる土台となっているのだ。しかし、その土台を考えるうえでさらに重要で、また他の水商売と完全に異なるゲイメンズバーの特性がある。それは、ゲイメンズバー空間におけるセクシュアリティのあり方である。

ゲイメンズバーは、マスメディア上で描かれるような、あるいは一部の研究者が「セックスとアルコールの街」と分析するような意味での性的な空間ではない。私は、そのことをこれまで新宿二丁目について書いてきた論文において強調してきた〔砂川 1999a, 2002〕。また、修士論文においては、ゲイバーにおける新しい出会いを期待する言葉が聞かれるのは、セクシュアリティに関する話を共有することよって親密性が高められていると分析した。その位置づけ自体は現在も変更していない。しかし、それに加え、恋愛関係・性的な関係が生じる〈可能性のある〉相手がその空間にいるということが、コミュニティ意識にとって重要なのではないかと考えるようになった。

ゲイについての知識が少ない人には、ゲイが集まるバーは性的な出会いを求めている場所としてのイメージをもつ人が多いかもしれない。しかしじつは、「『ゲイバーでできる』（ゲイバーで知り合ったことをきっかけに性的な関係に入る）ことは少ない」と語られることが頻繁にあり、実際にその傾向は強い。また、ゲイバーへ行く目的をあらためて尋ねると、セックスの相手を探すことをあげる人はきわめて少ないことが、質問紙調査から明らかになっている〔砂川ほか 1997〕。

だがまた、客が「回遊」する動機の一つに、出会いの可能性を増大させるということがあること、同じ「（色恋の対象としての）タイプ」が集まる店同士が、より強固なグループ関係を築きやすいことから考えると、第一の動機、あるいは直接的な動機ではないにしろ、「色恋」的なものへの期待が、バーとバー、客と客、客とスタッフを結びつける役割を果たしている面もあるだろう。

二〇〇三年三月六日。山川さんと二人でゲイメンズバー「wind」へ。二人でカウンターに座っている客のだれがかわいいという話をし、マスターが評判どおりいい男という会話をする。その後、Oは、「たまには、こういうゲイバーらしい遊びもいいわね」「普段行ってる『ct』やBobby'sにはない感じよねぇ」「結局、ゲイバーってこんなもんってことじゃないの？　あなたの研究も、コミュニティとか言ってるけど、やっぱりこんなものでしたみたいな話になったりして」と笑った。［F.N.］

また、客としてゲイメンズバーを訪れることがある藤田雄介は、女性が入店する店があまり好きではないと言い、私が「同じ性的対象を共有するから結びつくと僕は考えているけど」と述べたのに対し、「でも、お互いは、くっつかないじゃない」と答えた。

石田は、「女装スナック」▼21と比較して、「ホモバーにおける（お酒を『ふるまう』『いただく』という）商的相互行為実践は「ジェンダー」や「セクシュアリティ」といったものにほとんど指向していない特異的なもの」と位置づけ、「ホモバーでは、『冗談』をのぞけば、場が色恋の色彩によって強く彩られることはない。店員が客へ恋愛やセックスを『におわす』営業はなされない」「店員と客は、たとえ『擬似恋愛』という〈ゲーム〉の関係にさえも没入することはないのである」と説明している［石田 2004］。

たしかに、マスターがあからさまに色気をふりまくことは、「色気商売」と言われることもあり、かならずしもいい評判は得られない。しかし、たとえば「パワフル」のマスターは、「うちは恋愛は自由だから」と、客とスタッフが性的な関係や恋愛関係になることを許しており、マスターが昔、客と関係をもった話も冗談も含めて耳にすることが何度もあった。また、客のあいだで、あるいはマスターやスタッフと、「新しくオープンした店のマスターがかわいい」「あそこのマスターすごいもてるらしい」といった会話も珍しくない。たとえばつぎのやりとりにも、マスターと客との恋愛感情をめぐる話が登場している。

二〇〇二年一〇月七日。しばらくしてアッキーさんとゴンさんが入ってきた。アッキーさんは、いまもゲイバーのマスター。ゴンさんも数年間ゲイメンズバーのマスターを勤めていたが、しばらくまえに店を閉めた。「閉めるまえに来なくちゃと思って」とゴンさんが語る。(中略)アッキーさんが「ファンがいっぱい来てたんでしょう?」と言うと、タモツさんは、色恋でもめることもあって大変だったことを冗談めかして話した。ゴンさんは「そのへんのことがいちばん難しい」と語る。「自分はパートナーがいるって最初からみんなわかっているからいいけど、一人のマスターは大変だと思う」。アッキーさんの「自分は、色気を売りにしていないからなぁ……」という言葉に対して、ゴンさんは、「そうでもないんじゃないの?『好きです』と言う人は少なかったかもしれないけど、いいなと思っていた人はいっぱいいるはず」と答えた。

[F.N.]

▼21……石田の言う「女装スナック」とは、店のスタッフだけでなく客も「女装」する店である。

おそらくさらに重要なのは、ゲイメンズバーでは、恋愛の〈可能性〉が客同士のあいだにも広がっていることだ。ただし、当然の話ながら、それはゲイの集まる場だけで生じているものではなく、かたちは違えど異性愛者の集まる場でも生じている。しかし、恋愛そのものの感情は同じでも、ゲイが集まる場と異性愛者が集まる場とでは、恋愛の可能性やセクシュアリティがコミュニティ形成に影響を与えるダイナミクスのありかたには異なる面がある。異性愛を前提とした社会空間でのセクシュアリティとコミュニティの具体的な研究は、別の検討課題として残っているといえるだろう。

そして、ゲイメンズバーで、恋愛の〈可能性〉が、店の人と客、あるいは客同士のあいだに広がっているということは、ゲイメンズバーにおいて問題を生じさせてもおかしくない。それは、ゲイばかりが集う空間であるゲイメンズバーは、多くの相手がライバルになる可能性も同時にはらむことになることだ。もしそうなると、ゲイメンズバーは競争が目立つ場となってしまう。にもかかわらず、実際には、そのような競争性がゲイバーを支配することはない。じつは、ときにそのように競争性を軽減する役割を果たしている一つが、「オネェ言葉」、あるいは「オネェ」という振る舞いと考えることもできるのではないだろうか。「オネェ言葉」を使い「オネェ」の振る舞いをする者は「もてない」ということが、ゲイのあいだでよくいわれる。しかし、にもかかわらず、ゲイメンズバーにおいては、観光バーのそれほど「演出性」は高くないものの、スタッフも客も頻繁に用いている。「黙っていればもてるのにね」(オネェ言葉でしゃべらなければ)もてるのにね」という会話が聞かれることは珍しくない。しかし、もてない「オネェ(言葉)」が、ゲイメンズバーの一つのカルチャーとして存在することが、ゲイメンズバー内のおける競争を抑止する働きも担っているのではないか。「オネェ言葉」は、その意味でも、仲間意識をつなぐ道具なのである。

よって、ゲイメンズバーにおけるセクシュアリティをめぐる関係性はつぎのように表現することができるだろう。ゲイメンズバーでは、セクシュアリティについて語りあうという行為が親密性をはぐくむ一方で、恋愛関係・性的な関係に入る「可能性」がゲイメンズバー内のあらゆる関係に潜在していることが、互いをつなげる役割を果たしている。しかし、そのことによりすべての関係がライバル関係に転化する可能性も生じてくるが、「オネェ言葉」が競争激化を防止している。また、恋愛関係・性的な関係の可能性が、客を動かし、ネットワークの拡大となっているのだ。この性的な面においては、第6章の「セクシュアリティ再考」において再度、別の観点も含めより深く検討する。

小結　共同性と演出性が並存する空間として

この章では、ゲイメンズバーと観光バーを対比させながら、ゲイメンズバーがコミュニティ意識を育む空間となっている理由を探った。そのなかで観光バーが商業性と結びつけられることが多いことを指摘したが、当然ゲイメンズバーも商業体であり、その面が前景化されることもあり、それを重要視する店もあることは記しておきたい。また、逆に、観光バーにもゲイメンズバーにおいて感じられる「相互扶助性」を感じる人も少なくないだろう。比較的、値段設定が高いことが多い観光バーだが、店によっては、ゲイの客に対してはノンケ向けの値段より割り引いた値段を請求するところもあるという。これは、ゲイメンズバーと同様に、ゲイの客との共同性も大切にしながら、ノンケ向けの商業性も両立させている観光バーがあることを示している。そのように完全に二分できる存在でないものの、しかし、二丁目に足を運ぶ人たちのなかで、ゲイメンズバーと観光バーが違う性質をもっているものとして意識されていることから、その視点に立ちながら分析をおこなった。

その結果として、観光バーを、「ノンケ客という他者の視線を意識しつつ、その視線の期待に応じつつ、『ゲイ的な演出性』とでもいうべき『ゲイ的な振る舞い』の高度な構築と提示をおこない接待するバー」として位置づけた。一方のゲイメンズバーは、同じ「文化」を共有していることを体感、確認する空間であり、それをとおしてその「文化」を構築・再生産している空間と考えた。そして、ゲイメンズバーが「相互扶助組織」と語られる背景には、働く側や通う側の商業的な枠にはおさまらない動機があることを指摘した。また、ゲイメンズバーが、ドラァグ・クィーンのパフォーマンスに象徴されるような、全体社会の表象や物語を再解釈する空間となっていること、ゲイメンズバーにおける社会的結合のあり方がコミュニティ意識を形成の土台となっていることを指摘した。

しかしここで、これらの指摘はけっして、ゲイメンズバーを単純に称揚し、観光バーを批判しているわけではないということを強調しておきたい。これまでの調査では、観光バーを主たる対象としていないため、そこでの社会的結合のあり方は十分に分析できていないが、きっとそこにはゲイメンズバーとは異なるかたちでの、ノンケ客とゲイ客、あるいはノンケ客同士、さらにはノンケ客とゲイスタッフとの関係性が築かれていることであろう。共同性を高めるゲイメンズバーは、逆に言えば、排他的な空間となりやすい。一方、観光バーは、ノンケとゲイとの接点が生まれる空間となっている。それが、二丁目を活性化していることは言うまでもない。また、ゲイメンズバーにおいて仲間同士で集まり共同性を高める行為も、あえてノンケの視線にそったゲイ的な振る舞いを構築することも、全体社会における支配的な異性愛的まなざしへの反応の両極的かたちとも考えられるだろう。そんなゲイバーが集まっている二丁目は、異性愛社会との相互作用のなかで、コミュニティ意識が形成され、それと同時に異性愛者との接点も生み出す空間となっているのである。

II

新宿の歴史とゲイの歴史

第4章

新宿の編成

新宿二丁目が「ゲイ・タウン」「ゲイ・コミュニティ」として語られるようになった歴史は、きわめて浅い。戦前にすでに、いまで言うところのゲイバーがその付近に存在したという逸話もあるものの、ゲイバーが新宿に姿を現したことを確認できるのは戦後のことであり、その地に集まりはじめたのはおもに一九六〇年代以降のことである。しかし、その「ゲイバー街」「ゲイ・タウン」あるいは、近年語られる「ゲイ・コミュニティ」としての歴史も、新宿全体や新宿二丁目の長い歴史のなかの一部であり、その長い歴史によって蓄積されたイメージと深い関係をもっている。

この章では、まず概略的に新宿の歴史を確認し、その後、交通の移り変わりと西部地区の人口増大のなかでもたらされた新宿の変化、新宿に付与されてきた「性」や「アジール（避難所／聖域）」といった場所性、また、物理的構造による街の変化とその背後にある法律や都市計画についてとりあげ詳説する。それらの変化は、一見、現在の新宿二丁目とはまったく関係ないように見えなくもない。しかし、そのような変化を経たからこそ、新宿二丁目が、ゲイが集う空間となったということを念頭においておきたい。

しかしまた、この章で追う新宿の歴史は、新宿や新宿二丁目のためだけの研究、考察ではない。新宿を例にとりながら、街が歴史的背景に動かされながら意味を蓄積させ、また、マテリアリティ（物理性）に規定されながらどのように編成され、ある空間を形成していくのかを示すものでもある。それは、意味論的な視点だけから街を見るのではなく、また、物理的条件だけに還元するのでもなく、その両方の視点を導入することの重要性も提示することになるだろう。

1 新宿の変遷

●新宿概史

盛り場としての新宿の歴史を辿るとき、きまって最初に語られるのは、▼22 一六九九（元禄一二）年▼23 の内藤新宿《ないとうしんじゅく》の開設である。内藤新宿は、浅草安部川町名主の高松喜兵衛（のちに喜六と改名）ら五名が、五六〇〇両を上納することを条件に幕府から許可を得て開いた、江戸から放射状に延びる五街道の一つである甲州街道（新宿二丁目付近では現在の新宿通りにあたる）上の宿場（宿駅）である［東京都公文書館 1985：1］。喜兵衛らは、街道の道幅を拡大してその左右へ旅籠《はたご》を並べて宿場を開設し、内藤新宿の初代の名主となった。その地に内藤家の広大な領地があったことから内藤宿と名づけられたが、通称として使用されていた内藤新宿という名称のほうが定着していったという［東京都公文書館 1985：6-7］。

新宿場開設当時の内藤新宿は、現在の地名に照らしあわせると、四谷三丁目から新宿三丁目までの新宿通り沿いに広がっており、現在の新宿二丁目は、ほぼ中央に位置していた。まさにこの場所から、

▼22……内藤新宿が開設される以前もすでに内藤宿と呼ばれ、旅人の休憩所としての役割を果たしていたという記述もあるものの、町屋としては、現在も新宿二丁目内に存在する太宗寺の門前がわずかに開かれていただけの場所であったという［新宿区 1955：238］。

▼23……一六九七（元禄一〇）年に願いが出され、翌一六九八（元禄一一）年六月に代官所より許可が下りたものの、駄賃銭などが決定し、高札が建てられ正式に宿場として発足したのは、一六九九（元禄一二）年四月であった［東京都公文書館 1985：4-5］。

新宿の盛り場としての歴史が始まったといえるだろう。そして、「内藤新宿は、現在の新宿の性格を決定するともいうべきものであった」［新宿区 1955］と語られるように、新宿の歴史がこのような宿場として始まったことが、この地に強固な場所性を付与し、その後の新宿のあり方に大きな影響を与えつづけていく。

当時、宿場には、「食売女《めしうりおんな》（飯盛女《めしもりおんな》）」[24]と呼ばれながら、「遊女」としての働きをする女性が旅籠に置かれることが当然のこととしてあり、内藤新宿もそのような遊興の街として発展していった。しかし、内藤新宿は、開設から二〇年を待たずして一七一八年に宿場廃止が言い渡され、急速に衰退した［新宿区 1955：234-244］。その後、幾度かの宿場再開の願いが出されるなど再開設への動きがあったものの、幕府は許可を出さず、ふたたび新宿が宿場となったのは廃駅から半世紀以上を経た一七七二（明和九）年のことであった［新宿区立新宿歴史博物館 1991：72-75］。そして、再開設された宿場は「明和の立ち返り駅」と呼ばれる繁華をとりもどし、二度の新宿大火をもくぐり抜けて、明治に至るまで変わらず遊興の地でありつづけた。

明治以降の行政区制度のもとでも「内藤新宿」という町名はそのままひき継がれたが、一九二〇（大正九）年の区域変更のなかで「内藤新宿」から「新宿」へと変わった。「新宿区」という名称は、たび重なる区の分割・統合を経て一九四七（昭和二二）年に誕生しているが、内藤新宿に始まる「新宿」という名が区名として採用されたことは、内藤新宿以降の長い歴史がひき継がれていること、内藤新宿が象徴的な存在であり、その周辺地域の中心地と位置づけられつづけてきたことを示している。そして、新宿は、その内藤新宿の場所性を抱えながら、さらに発展するなかで、新しいイメージを加え堆積させていくのである。
一九二三（大正一二）年の関東大震災後、東京一の盛り場といわれていた浅草が衰退する一方で、新宿はすぐに賑やかさをとりもどした。そして、「大正末頃になると、新宿通りの追分・二幸間には、改築ブームが起こり、全く様相を一変しにぎやかな商店街となった」［芳賀 1970：205-207］。[25][26]
このように、戦前にすでに東京で一、二を争う盛り場となっていた新宿だが、戦後さらに拡大発展し、街並みも大きく変化する。その始まりは闇市であった。焦土と化した新宿だが、新宿駅周辺に露天と闇市が出現し活気をとりもどしていく。新宿駅周辺の闇市の一角を仕切った尾津組が、終戦三日目にして、新聞紙上に「光は新宿街マーケットより」という宣伝文句を掲げ、闇市への出店を呼びかけたことは有名であるが、まさに新宿は戦後復興という「光」がいち早く生まれた場所の一つであった。その後、露天はバラック商店街となり、マーケットへと発展していくものの、一九四九（昭和二[27]

▼24……児玉幸多によると、「食売女のいる旅籠屋では旅費がかさむから、食売女のいない平旅籠屋を選ぶ人もあり、またいないのを看板にする旅籠屋もあった」［児玉幸多 1986：52、傍線は引用者］という。これは、逆に当時の旅籠屋に「食売女」が置かれていることがいかに当然であったかを物語っているといえるだろう。
▼25……現在の新宿駅と新宿二丁目の中間付近、伊勢丹のある辺りになる。
▼26……二幸は、現在、新宿駅東口前の「スタジオアルタ」になっている。
▼27……昭和初期に発行された『大新宿』という雑誌のなかでは、新宿こそが浅草のつぎに現れた盛り場として位置づけられ、「新時代の空気に洗礼されて、もっとエロ的に、もっとグロ的に、もっと猟奇的にさえ、醗酵しつつあるところ」［松崎 1930：36］と描写されており、性的なイメージを保持しながら、戦前にすでに東京最大の盛り場の一つになっていたことがうかがわれる。

四）年八月に、占領軍司令部から三多摩と島しょをのぞく都内全域の公道から、翌年の三月末日までに露天を撤去させるよう東京都に指示が出される。そのさいに、東口のマーケットが三光町へ移動したことが、現在のゴールデン街[28]を誕生させることになった。

　また、やはり終戦後まもなく、実業家の鈴木喜兵衛[29]が、焼け野原となっていた角筈《つのはず》一丁目の開発に奔走し、一九四八（昭和二三）年に歌舞伎町[30]が誕生している。鈴木は、劇場や映画館、歌舞伎座などを抱えるアミューズメント・センターの建設を構想し、地主を説得してまわることで、大規模な土地開発を実現した［鈴木 1955］。

　さらに、新宿は、高度経済成長期のなかで別の顔をもつことになる。そのきっかけとなったのは、一八九八（明治三一）年に開設されて以来、東京市へ水を供給しつづけた新宿西口に広がる淀橋浄水場の移転が、一九五六（昭和三一）年に決定されたことであった。その決定を受けるかたちで、一九五八（昭和三三）年に首都圏整備委員会によって策定された首都圏整備計画のなかで、新宿が渋谷や池袋とともに「副都心」として位置づけられた。これにより、浄水場跡地が副都心開発の要となり、一九七一年の京王プラザホテルのオープンを皮切りに、新宿西口に超高層ビルの建設が進み、一大オフィス街が誕生した。この開発の「帰結」として、吉見俊哉は「新宿が、それまでの『副都心』から『都心』そのものになってしまった」と言い、「新宿西口に巨大な都心業務地区が建設されることにより、新宿西口／東口の関係は、丸の内／銀座の関係と機能的に同型的な構造を持つように」なったと分析している［吉見 1987：285］。その新宿の「副都心」から「都心」への移行は、一九九一年の都庁の新宿西口への移転によって完結したといえるだろう。

こうして、宿場開設以来、新宿が人びとが交錯する場所でありつづけ、東京随一の盛り場になり、そして、「副都心」から「都心」へと変化していく背景には、交通手段に歴史的変化が生じながらも、その地がつねに交通の要としての存在を果たしてきたということが大きい。交通手段の変化は、新宿の街の構造を変えながら、郊外としての西部地区の拡大をもたらした。そしてそのことが、盛り場としての新宿を下支えしつづけながら街の構造にも影響を与え、新宿二丁目を周縁化していった。次節では、新宿二丁目の周縁化も含め、新たな交通手段の登場と定着による新宿の変化を見ておきたい。

●〈水〉から〈陸〉への転換のなかで

ここでは、陣内秀信の指摘する「〈水〉から〈陸〉への転換」と重ねあわせて、新しい交通機関の登場と定着が、いかに新宿の街の地位と構造に変化をもたらせ、現在の新宿をつくりあげたかを考察する。現在の新宿二丁目も、その新宿の構造的変化に埋め込まれた存在であり、その変化がなければ違った様相を呈していたことだろう。

陣内は、江戸が、そしてある時代までの東京が、水運を駆使し、河岸に市を起こし、水辺に「聖な

▼28……ゴールデン街は、歌舞伎町一丁目の東側の一角に位置する、小さなバーが集中したエリアである。住所としては歌舞伎町ではあるが、ゴールデン街は、他の歌舞伎町と区分される独自の空間として意識されている。本書でも、歌舞伎町とゴールデン街は、異なったエリアを指すものとして用いている。

▼29……鈴木は、大正時代に角筈一丁目で食品の製造販売会社を営んでいた人物で、角筈一丁目北町会の町会長を務めていた人物である［30周年記念誌編集委員会 2003：22］。

▼30……歌舞伎町という名は歌舞伎座誘致のためにつけられたが、その計画は実現しなかった。

る空間」や盛り場を成立させるような、〈水の都〉であったと分析している［陣内 1985、陣内ほか 1989］。水路はたんなる交通の手段であるばかりではなく、人の集まる水辺をつくり、遊興的な空間を形成し、象徴的な意味を担っていた。しかし、盛り場を牽引していた水辺は、他の交通手段の発達により、しだいに解体されていく。陣内は、つぎのように語り、その時代を大正・昭和初期に見る。

大正・昭和初期は、東京にとって、都市構造や交通の体系の上でのまさに過渡期にあたっていた。市電、自動車、乗合バス、そして鉄道の発達によって〈水〉から〈陸〉への転換がおこり、都市空間のあり方に大きな影響を与えたのである。［陣内 1985：265］

「大正・昭和初期」は、先述したように、新宿が浅草を凌ぐ街として語られるほど発展した時代である。その理由として関東大震災の影響が指摘されることが多いが、浅草が背後に水運と水辺の遊興地区をもつ盛り場であり、新宿が、急激に拡大していく「新山の手」を抱える盛り場であったことを考えるならば、そこに〈水〉から〈陸〉への転換の影響も見ることもできるだろう。そして、〈陸〉への転換のなかでの新しい交通機関の発達は、新宿内の中心も移動させ、街の構造を変えていく。

新しい交通手段としてまず最初に定着したのは、市電であった。新宿に市電が開通したのは、一九〇三（明治三六）年のことである。市電が新宿に乗り入れる二〇年前には、すでに日本鉄道の新宿駅（山手線）が開設されており（一八八五〈明治一八〉年開設）、甲武鉄道（中央線）もその四年後に開通していたものの、当時の鉄道は、おもに貨物を運ぶためのものであり、人びとの交通集団ではなかった。

また、中心地に駅を建設することには地元住民の強い反対もあり、[31]新宿駅は当時の街の中心部ではなく、むしろはずれにつくられた。しかしその後、「〈水〉から〈陸〉への転換」が起こり、しだいに市電の役割が増大することで、現在の新宿二丁目近くにあった中心性が、もともと「はずれ」だった新宿駅のほうへと移っていくことになる。その変化の様子を、田村明は、つぎのように語っている。

この頃はまだ従来の街と駅とは距離も離れており、ごく鄙びたものだった。／新宿が動きだすのは、明治三十六年（一九〇三）に市電が入ってきたことによるところが大きい。この市電沿いに古い宿場と駅との中間部分が開発されていったのが、現代の新宿の街の始まりである。［田村 1992：283］

陣内は、「水に面した橋詰めばかりか、陸の側にも新しい町の顔となる都市空間が生まれた。それがすなわち『交差点広場』である」［陣内 1985：265］と、新しく人びとの集う空間の誕生を指摘しているが、まさに新宿駅付近に、典型的な陸の「交差点広場」が形成され中心化していった。[32]

こうして、交通手段の変化は、〈水／陸〉といったマテリアリティに付与されていた意味も変えつつ、都市において中心となる街を交代させると同時に、それぞれの街における中心を移動させて、空

▼31……噴煙がひどかったことなどが反対の理由としてあげられているが、「街の中心に駅を置くと、客が乗って逃げてしまうのではないかという発想から、中心部から一〇〇メートル以上離れたところに新宿駅を設置しなければならなかった」［片山 2000：167］ともいわれている。

間を再編成した。新宿では、江戸に近い宿場町として栄えた歴史を抱えながら中心を担っていた現在の新宿二丁目付近の区域が、新宿駅という新たな中心地の誕生により、しだいに周縁化されていくことになった。それとともに、交通の発達は、新宿に足を運ぶ人の数を増やすことで、新宿自体をますます巨大な繁華街へと変貌させ、また一方で、都心につながる郊外を拡大させた。とくに、西部に広がる「新山の手」と呼ばれる郊外が、新宿という盛り場の土台となり、街の性質へも影響を与えていくことになるが、その郊外の拡大はすでに明治、大正時代から始まっていた。▼33

そして、東京西部へ住宅地が広がり、急速に人口が増大することで、東京の人口配置は大きく変化した。また、それにともない、京王電鉄が一九一五（大正四）年に、小田急電鉄が一九二七（昭和二）年に新宿に乗り入れるなど、新宿はターミナル駅としての重要性を増している。そして、それらの変化のなかで、新宿は「遊女屋」が表に立ち並ぶ街から、デパートや映画館などを中心とした盛り場へと変貌を遂げる。その新しい盛り場への変化について、田村は、「東京の山の手は市電型の、旧市内の盛り場から、省線電車と郊外電車のターミナルという山の手線型の新しい東京市の枠をはみ出た盛り場に移行していった」［田村 1992：285］と語り、また、芳賀善次郎は、「大正時代の新宿は、江戸時代の延長だった遊女屋中心から脱皮し、町は新装され、交通網を整備し、駅前通りはターミナル繁華街としての形態を整えた時代であって、いわば新盛り場形成の時代」［芳賀 1970：210］と述べている。

この「遊女屋中心からの脱皮」という新宿の変化が、「健全な」街の背後に性を追いやることで街のなかに明確な周縁地域をつくりだし、後に述べる「多層化」をもたらしていったといえるだろう。そして、新宿二丁目は、そのなかで周縁化された場所の一つであった。もともと盛り場と「性」は切り離せない存在ではあるが、新宿は、わかりやすいかたちで性によって動かされつづけてきた街であった。

2 新宿の場所性

「性」の街として

宿場町という性的な意味の強い場所として始まった新宿は、別の周縁性を誘引しながら周縁的イメージを蓄積させるとともに、それを払拭しようとする動きとのせめぎあいのなかで、街を再編成していく。新宿は開設当初より、交通性を土台にしながら、長らく性に動かされつづけてきた街なのである。

まず、高松喜兵衛らが多額のお金を納めてまで宿場開設を願いでた背景には、遊郭吉原を抱える浅草の町人であった彼らが、遊所として発展させようという意図をもっていたことが推測されている

▼32……現在も新宿にビルを構える「中村屋」の初代店主・相馬愛蔵は、一九〇七（明治四〇）年に本郷から移ってきたことについて、「商売の発展から電車の終点以外に適地はないという判断を下し」た結果、その読みはあたり、店はおおいに繁盛したと語っている［天野 1985：73］。もともと周縁に位置していた新宿駅付近が、市電の導入により変化したことを示すエピソードである。

▼33……豊多摩郡では、一九〇三年（明治三六年）から一九一五（大正四）年の一二年間に、人口が約二・七倍、戸数が約三・二倍増加している［東京府豊多摩郡役所 1978（1916）：11］。

［河村 1999：12、東京都公文書館 1985：28］。しかし、性を抱える街であるということは、そのときどきの風俗への為政者の姿勢の影響をもっとも受けやすいということを意味する。現在のわれわれの社会において、性はプライベートなものとして語られるが、実際には、つねに制度や慣習を通じて権力が行使される領域である。とくに性が商業とからむ場合、現代においても江戸時代においても、為政者が強く介入してくる領域となることを、盛り場の歴史は明示している。

内藤新宿の開設から二〇年弱の一七一八年に宿場廃止が言い渡された理由として、旅人の数が少ないなどさまざまな理由があげられているものの、実際には、風俗を取り締まる意味合いが強かったようである。この廃駅が、一七一六（享保元）年の八代将軍吉宗の就任後の享保改革における見せしめの処分であった可能性が指摘されている▼34［東京都公文書館 1985：28-44］。そして、宿場廃止後、幾度かの宿場再開の願いが出されるも認められず、半世紀以上を経た一七七二（明和九）年に再開設が認められた背景には、当時の「宿場繁栄策」があげられている［東京都公文書館 1985：95］。

まさに、その時代の風俗に対する政策が、「性」を抱える街、とくに新興の新宿を大きく動かしてきたといえよう。その後も、天保改革（一八四一～一八四三〈天保一二～一四〉年）などの風俗統制の影響を受け浮き沈みをくり返しながらも、新宿は遊所を中心とした盛り場としての色を失うことなく存続しつづけ、明治という新しい時代を迎える。

一八七二年（明治五）、明治政府により「娼妓解放令」が出され、人身売買が禁止された。しかし、当人の希望により遊女芸妓などの仕事につくことは可能とされ、東京では、新吉原遊郭のほか、内藤新宿、品川、板橋、千住の旧四宿と根津において貸座敷が認められ、そこで娼妓が仕事をすることが許可された［新宿区・新宿区地域女性史編纂委員会 1997］。その結果、それまで非公式ながら遊郭的な存在として広く認識されていた新宿は、逆に、正式な娼妓地として認められたことになる。

そして、やはり明治以降も、性をめぐる行政の政策が新宿の街の姿を変え、現在の街の構成に影響を及ぼしている。芳賀は、一九二一（大正一〇）年を「新宿が大きく変化した年」と指摘し、新宿駅前の工事などのほか、「遊女屋」の移転をあげている。当時、追分から新宿一丁目にかけて遊女屋が並んでいたが、一九一八（大正七）年に警視庁令により一九二一（大正一〇）年三月三一日かぎりで、同業者は新宿二丁目の通り北裏に指定した約一〇〇アールの一区画に、一括して移るようにと命令が下された。それにより、新宿のメインストリートであった新宿通り（旧甲州街道）から遊女屋は姿を消し、新宿二丁目に五三軒の「遊女屋」が集中する遊郭が誕生した▼35［芳賀 1970：196-197］。それにより、新宿全体に広がっていた性的遊興を、新宿二丁目がおもに担うことになった。

一九二三（大正一二）年の関東大震災後に、新宿はいっそう発展し、先に述べたように「改築ブーム」が起こり、賑やかな商店街へと変化していくのだが、この「改築ブーム」が起こるための前提条件の一つとして、「遊女屋」の移転があったことは間違いない。デパートの布袋屋（現在の伊勢丹）が建てられた土地は、江戸時代からあった大美濃・池美濃という二軒の遊女屋の移転跡地であった［芳賀 1970：196-197］。旧甲州街道である新宿通り沿いに存在し、新宿に遊所としての色を濃く与えていた遊

▼34……内藤新宿が見せしめの対象として選ばれたのは、そこが、江戸開府から一〇〇年も経って開かれた新興の宿場であり、幕府にとって必要性が低い宿場であったからではないかという推測がある［安宅 2004］。

▼35……一九二〇（大正九）年の新宿一丁目の「遊女屋」の火事や、一九二一（大正一〇）年の新宿大火などが、遊郭の誕生を促進したという。

女屋が、一つの区域に集められることによって、街の表面からはその存在感が払拭され、新しい盛り場として開発される空間が誕生した。それが現在の新宿二丁目を形成したのである。

しかし、背後に追いやられ、盛り場の表からは隠された遊郭だが、それでもなお、その後も新宿にとって大きな存在でありつづけた。関東大震災後、新宿にカフェーやバー、ダンスホールが急激に増え、三越裏や遊郭に隣接する東海横町にはカフェー街が誕生し、街をいっそう賑やかにするが、それらの隆盛と遊郭は関係深い。一九三三（昭和八）年に「特殊飲食店営業取締規則」がつくられ、それによりカフェーの閉店時間が一二時と決められていたが、三越裏のカフェーは、間近に遊郭を控えていたため午前二時まで営業が黙認されていたという。そして、そのような状況から「新宿のカフェーのにぎわいは周辺の飲食店同様、遊郭によってもたらされていた」という指摘がされている［新宿区・新宿区地域女性史編纂委員会 1997：225］。▼36

そして、現在の新宿の街の性的空間の配置をつくりだしたものの一つが、一九五八（昭和三三）年四月一日に施行された売春防止法である。戦後、一九四六年一月にすでにＧＨＱから「公娼制度廃止」の覚書が出され、内務省は、明治以来の公娼制に関する「娼妓取締規則」等の関連法規を廃止したものの、警視庁は、同年一一月に都内集娼地域を指定地域として、赤線で囲んで特殊飲食店としての営業を認めていた［新宿区・新宿区地域女性史編纂委員会 1997：234］。これに対し、赤線以外の地域で、売春行為をおこなう店が集まっている地域は青線と呼ばれていた。新宿では、戦前からの「遊郭」をひき継ぐ新宿二丁目の赤線のほか、八か所の青線があり、売春防止法施行による転廃業の対象は三八二軒、一二四一人にのぼったという［兼松 1987：98-99］。新宿二丁目では、同法施行の一年後には、旅館などに転業した店もあったものの、「大半は戸を閉じ灯りを消し、さすがの不夜城も化け物屋敷のようになった」と表現されている［芳賀 1970：293］。そして、それを大きなきっかけとして、それまで新宿三丁目付近に点在していたゲイバーが、その空洞化した新宿二丁目へと移り、しだいに増加していくことになった。

しかし、新宿という盛り場がゲイを誘引したのは、おそらく性的なイメージそのものだけではない。新宿が、ゲイも含めた周縁的な人が集まりやすい「アジール（避難所／聖域）」的な役割も担っていたことも大きな影響を与えているだろう。

●アジールと「共同性の交感」

アジールとは「不可侵の場」を意味するギリシア語を語源とし、「通常の規範秩序がそのまま通用することのない場」といわれる［福井 1988：37］。そのため、性の街は「アジール」的な性質と不可分な関係にあるが、新宿は、戦後から高度経済成長期にかけても継続してその役割を担い、そのような場所性を堆積させていく。

吉見は、新宿を「単なるターミナルという言葉には還元できない性格を持って」いると指摘し、その第一の要因として「『売笑市街』としての新宿の性格」を、第二の要因として、新宿が、「戦後、東

▼36……また、その時代、「貧民」や「娼妓」などの「底辺層」を調査研究していた草間八十雄は、当時の雑誌記事のなかで、サラリーマンたちが最初にカフェーで勢いをつけてから遊郭に行く様子について語り、そのようなあり方をカフェーが繁盛する原因として書き記している［草間 1930：64］。

京で最初に焦土のなかから闇市が産声をあげた場所であり、昭和二五年頃まで、都内でも最大の闇市地帯の一つとして繁栄していた」ことをあげている［吉見 1987：266-267］。

戦後、東京のあちこちに闇市が出没したが、新宿は、そのなかでももっとも大きな闇市が形成された場所の一つであった。そのように闇市の街となった背景には、戦前からすでに東京随一の盛り場となりつつあったこと、住宅の密集する地区を背後に抱え、交通の要としての役割を担っていたことがあるだろう。そして、「闇市」は、人が集まるという意味で中心性をもちながらも、同時に周縁性を帯びる両義的な記号である。よって必然的に社会的に周縁的な位置におかれる人たちを惹きつけることにつながる。

> 元来、戦後の新宿は、時の流れからころげ落ちた人間たちがよりあつまって、その骨格をつくった街である。／戦災で家を焼け出された人間たち、復員兵、引き揚げ者、そして、敗戦後もこの国に残らざるをえなかった台湾人、朝鮮人がよりあつまり、まさに「集合」し、駅周辺を一面の闇市となした。［朝倉 1985：173］

そして、このような性質が「一九六〇年代にこの地が若者文化のメッカとなっていく際の基盤をかたちづくっていった」［吉見 1987：266-267］。新宿は、一九六〇年代後半の学生運動のうねりのなかで、反体制的な意思を表明する若者らの集まる場所となり、時代を象徴する場所となった。

新宿は、もっとも頻繁に、当時の学生運動と結びつけられて語られる盛り場である。吉見は、「一九六〇年代まで新宿を舞台に繰り広げられていった〈新宿的なるもの〉の上演」の特徴として、「ありとあらゆる種類のヒトやモノを無差別に受け入れ、それでいて独自性を失わない強烈な消化能力をもっていたこと」「先取り性」「無限に変幻自在な顔をもち、次に何が起こるかわからない不確定性を常に孕んでいたこと」をあげる。そして、つぎのように述べている。

おそらく六〇年代までの〈新宿的なるもの〉の最も重要な特徴は、この地で演じられていく諸々の出来事が、参与する人びと相互の濃密なコミュニケーションを媒介に、一種の共同性の交感とでも呼ぶべきものを生み、それが出来事の成り行きを大きく変化させていく契機となっていたことにある。［吉見 1987：278］

一九六〇年代後半は、後に記すように、二丁目付近にゲイバーが増えはじめる時期でもあった。「あらゆる種類のヒトやモノを無差別に受け入れ」る新宿の特徴が、どれほど明確に意識されていたかどうかはさておき、現在よりもはるかに社会的に抑圧されていたゲイなどの性的マイノリティを誘引する性質であったことは想像に難くない。

それと似たような歴史的経緯が、「ゲイシティ」として世界的に有名なサンフランシスコ市にもみられる。一九六〇年代からいくつものゲイ・エリアが誕生したサンフランシスコは、市自体がもともとゴールドラッシュのさいに「アウトロー」が押し寄せて形成されたという背景があるが、一九六〇年代にヒッピーが移住した「ヘイト-アシュベリー」という地域においてゲイが顕在化していった歴史が報告されている［Wright 1999 : 178］。そこで展開された運動の質ももとの街の性質も、新宿のケースとは大きく異なるが、反体制的な若者文化とゲイが、直接的な関係を結ばなかったとしても意味論的に近接した関係にあることを示唆している。

また、吉見が新宿の最大の特徴と指摘する「共同性の交感」は、まさに、マイノリティ性をもとに集まるゲイバーという空間においても重要な要素である。その新宿の特徴こそが、ゲイバーが集まり、「ゲイ・コミュニティ」と呼ばれることもある存在になるまで成長しつづける空間を生成し、その一角に根づかせる接合面としての役割を果たしたのではないだろうか。吉見の浅草、新宿、銀座、渋谷の分析と、現在の東京におけるゲイバーの配置のあり方を重ねあわせると、そのような推論が生まれてくる。

吉見は、同様な性質を、新宿以前の最大の盛り場であった浅草にも見出し、「〈新宿的なるもの〉の上演は、（中略）〈浅草的なるもの〉の上演と多くの点で共通性をもっており、ある意味で前者は、戦後のより現代的な状況のもとでの後者のあらわれとして考えていくこともできる」［吉見 1987 : 279］と述べる一方、銀座や渋谷をそのような浅草や新宿と異なる性質をもつものとして描いている。

銀座には、戦後まもなく、「ブランスウィック」という有名なゲイバーが誕生しているのにもかかわらず、ゲイバー街が誕生するどころか、ゲイメンズバーは、現在私の調べるかぎり存在していない[37]。東京で、新宿に次いでゲイメンズバーの多く集まる場所としてゲイのあいだでその名前が知られているのは上野・浅草であり[38]、ガイドブックに掲載されているだけで上野には一〇二軒、浅草には八〇軒のゲイメンズバー[39]がある［海鳴館 2003］。銀座が、新宿や上野・浅草のようにゲイバーが多く集まる街とはならかなかったこと、渋谷が東京における交通の要の街の一つであり、大繁華街の一つであるにもかかわらず、ゲイメンズバーが一〇軒に満たず、新宿や上野・浅草ほどゲイにとって象徴的な場所とはなっていないことを考えあわせると、やはり、吉見の言う「共同性の交感」という街の特徴が、ゲイバーと共振するものがあるということを強く示唆しているように思われる。

ちなみに、吉見は、「『新宿』という盛り場の基調は、ほぼオイルショックの頃を境に転換していったと考えられる」と語り、一九七〇年代に〈新宿的なるもの〉から〈渋谷的なるもの〉へ移行したとしているが、ゲイメンズバーに関しては、渋谷が新宿のかわりになることはなかった。ゲイメンズバーにとっては、そのような社会全体における流行の移行よりもその街の特徴のほうが重要であったといえるだろう。

しかし、新宿は共通の場所性の堆積の上に成立しつつも、けっして一枚岩ではない。新宿内においても、多面的な地政学的配置の変化が存在し、現在の二丁目のあり方もその配置のなかで形成されてきたのである。

▼37……銀座に比較的近い地域としては、新橋にゲイメンズバーが多く存在する。

▼38……上野と浅草は、客層も違うとイメージされることから、基本的には異なるエリアとして意識されているが、上野でバーが多く集まるエリアと浅草でバーが集中するエリアは歩いて移動できなくもない距離にあり、また、そのあいだにも点在しているため、一くくりに呼ばれることもある。

▼39……この地域では、女性客が入れる店はほとんどないといっていい。ガイドブックに、女性や「ノンケ」客が入れるマークを掲載しているのは三軒のみである。

●歌舞伎町とゴールデン街

おそらく、新宿でもっとも有名な盛り場は歌舞伎町だろう。ときに、歌舞伎町の名は新宿の代名詞のように使われるほどである。その歌舞伎町は、概説でふれたように、鈴木喜兵衛が、焼け野原となっていた角筈一丁目の開発に奔走し、その結果発展した街である。一九五〇（昭和二五）年には、歌舞伎町で東京文化産業博覧会が開催されており、この東京では戦後初となるこの博覧会が、「（膨大な赤字を出しながらも）歌舞伎町の発展の実質的な基礎をかたちづくって」いった［吉見 1987：270］。一九五四（昭和二九）年、東亜工業が博覧会施設の一つである社会教育館を壊し、映画館、キャバレー、ダンスホールからなる新しい娯楽施設を開設し、また、一九五六（昭和三一）年には東宝がコマ劇場を開設している［河村 1999：103］。そして、これらの大規模な興行施設が歌舞伎町の集客力の源となった。その後、売春防止法ができたことをきっかけに、それまで赤線として客を集めていた新宿二丁目が空洞化したことをきっかけに、歌舞伎町が新しい性的空間となったという指摘は多い。

売春防止法が施行されると、新宿二丁目の赤線が廃止された関係もあり、そこの女の子が歌舞伎町の飲み屋へと流れてきた。それまでは飲むところと、女の子と遊ぶところとは別だったが、ここにきてこれらが合体しはじめるようになった。そうこうしているうちに、歌舞伎町は新宿二丁目の赤線地帯への通り道であった三越裏の歓楽街・盛り場から客を奪い、大変賑わうようになっていった。［河村 1999：104］

しかし、歌舞伎町は、売春防止法以降、突然にそのような街になったのではない。売春防止法ができる以前の様子が、一九五五年に新宿区役所が出した『新宿区史』に記述されている。

新宿駅前の雑沓を離れて、富士銀行横の小路を抜け、都電停留所を過ぎ、地球座・新宿劇場・スケートリンク等の娯楽街を左に見て、更に奥へ行くと歌舞伎町一帯に入ってしまう。（中略）其の地に昭和二十三・四年頃からであろうと思うが、赤いモルタル塗の洋風建築、或は大料理店と思われるような旅館が軒を列ねて建築された。俗に青線区域と呼ばれている地である。曰くホテル何々とか、或は又外国の地名をとり異国的情緒を奏するような名が、ネオン燦めく頃ともなれば、いやでも目に入ってくる所であり、昼間は殆んど人通りはなく、ホテルの色とりどりのカーテンが半ば開かれているだけである。数十軒までは無いかも知れぬが、そもそも非合法の営業でありその実態を把握し難いのは止むを得ない。［新宿区役所 1955：782-783］

その一角が性的な意味をもつ空間となっていた歌舞伎町には、性的な街として役割をとりこみ接合する土壌が存在していたといえるだろう。ゆえに、新宿二丁目が売春防止法の施行にあわせて衰退すると同時に、新宿のなかでその役割をひき受けることになったのだ。

また、行政区分としては歌舞伎町の一角にあたるゴールデン街は、新宿二丁目と同様に売春防止法施行前まで売買春がさかんにおこなわれていた場所であるが、赤線として「公認」されていた売春地域ではなく、表向きは、飲食業地域として位置づけられている青線であった。しかし、そのことが逆に、売春防止法施行のさいに、新宿二丁目のように急激な空洞化はもたらされなかったようである。新宿二丁目では、赤線の解散式が警察の指導のもとおこなわれ、それが新聞や週刊誌でも大きく報道されるなど、売春禁止の象徴的な地域となった。一方、新宿区の婦人相談員を勤めていた兼松佐知子によると、青線も業界団体が廃業届けを出したものの、「青線は、赤線の集団廃業とは異なって、業者の自覚も、区画一体の構成も複雑」だったという［兼松 1987：106］。

おそらく、ゴールデン街が売買春がおこなわれる場所としての性質やイメージを急激には失わなかったことは、隣接する歌舞伎町（住所としてはゴールデン街も歌舞伎町である）が性風俗が集中する場所へ変化する動因としての役割を果たしたであろう。しかし、その後、歌舞伎町が性風俗を一手に担う街へと変化していくなかで、ゴールデン街からは売買春のイメージは消失し、来客が親交を深められるバー街としての側面を強めていく。その後、バブル経済期の地上げにより一時衰退するものの、現在では、「ディープなスポット」として若者向けのタウン誌にも頻繁にとりあげられるなど、ふたたび活気をとりもどしている。

こうして、新宿の街全体が再編され分化するように、歌舞伎町は性風俗を中心とした地域へ、ゴールデン街は親交を深めるバー街へとそれぞれの特色ができ、新宿二丁目は「ゲイ・タウン」と呼ばれる街へと変貌していく。

●ゲイバー街の誕生

これまで述べてきたようなさまざまな要因で新宿の街が再編されていくなかで、新宿にゲイバーが誕生し、数を増やしていった。それは、交通手段の発達とその質の変化により交通の要となり、背後に広大な郊外を抱える人口流入のもっとも多いターミナルとなったという構造的な条件性や、性的な意味が強く付与され、アジール的な性質をもちつつ、「共同性の交感」を一つの特徴としてきた新宿の場所性を土台にしている。そして、売春防止法の施行をきっかけとして、歌舞伎町やゴールデン街がその質を変えていくとともに、空洞化した新宿二丁目にゲイバーが集中していった。

しかし、ゲイバーに関する記録自体が十分に残っておらず、情報が断片的であることから、その詳細な歴史を追うことはひじょうに困難である。現在ゲイバーと呼ばれるような店が、いつ東京に、そして新宿にできたのかということも明白ではない。東京を中心としたゲイの歴史を著した伏見憲明は、ゲイバーの原型にあたるものとして、第二次大戦後の銀座の「ブランスウィック」をあげながらも、一九三一（昭和六）年に出版された『犯罪科学』という本に「ゲイバーらしきもの」の記述があることや、一九四一（昭和一六）年には現在の新宿文化センターの近くに、戦後有名になる「夜曲」という店があったという証言を紹介している[▼40][伏見 2002]。しかし、戦前のゲイバーに関する情報は定かではなく、いまとなっては当時を知る人から聞きとることも不可能に近い。

戦後、新宿に再開したゲイバー「夜曲」は、現在の「アルタ」の裏あたりに店を構え、繁盛したという。しかし伏見は、「夜曲」は「現在の新宿のゲイ地帯、二丁目の発展とは直接関係がなかった」と位置づけ、「ゲイの街としての新宿二丁目」の始まりを、一九五一（昭和二六）年の「イプセン」の

▼40……前者の記録は、「夜曲」のことを指しているという説もあるとのことだが、伏見は、「真相はわからない」と記している［伏見 2002：241］。

オープンに見ている。「イプセン」は、一九五三（昭和二八）年に『内外タイムス』という新聞に記事としてとりあげられることによって広く認知され、「さらに多くのゲイの客が押し掛けてきた」。そして、それ以降、現在の二丁目より新宿駅寄りのエリア（現在の新宿三丁目）あたりにつぎつぎとゲイバーがオープンする流れが生まれる［伏見 2002：250-253］。

その流れのなかで、「ゲイバー街を牽引」した店として、二丁目の新千鳥街という小さなエリアに一九五四年に開店した「蘭屋」の名があげられている。同店のマスターは、「蘭屋」本店以外にも店舗を確保して人に貸し、影響力をもつようになることで「周囲からはボスとみなされていた」という。そして、彼は、一九七三（昭和四八）年に、ゲイバーの組合「東京睦友飲食店組合」を結成し、約五〇店の組合の長に就任している［伏見 2002：254］。このときが、二丁目のゲイバー街化の本格的な始まりといえるだろう。伏見は、このゲイバー街化への流れを、売春防止法廃止とからめてつぎのようにまとめている。

昭和三十三年の売春防止法の施行とともに、二丁目の遊郭はその灯を消すこととなった。その明かりを失った街に、今度は光から身を隠そうとするゲイたちが進出して、ゲットーのような空間を作っていくことになった。「イプセン」から始まった要町付近のゲイバー街が、時代の進展と、ゲイたちの欲望の解放とともに、さらに大きなゲイ・タウンへと膨張していったのだ。売買春の禁止措置にともなって近接の遊郭街が存在しえなくなった偶然も重なり、一気に空き屋となった二丁目側にゲイたちが流れ込んでいったのである。［伏見 2002：256］

そして、その間の変化として、一九五五（昭和三〇）年に、「イプセン」一軒しかなかった新宿要町と二丁目界隈に、一九七一（昭和四六）年には六四軒のゲイバーが集まったことを指摘している［伏見 2002：256］。

この時期の新宿に、とくに、現在の三丁目から二丁目にかけてゲイバーが集中していく背景には、たんなる偶然とは言いきれない条件性があった。最大の要因は、伏見も指摘しているような売春防止法施行による新宿二丁目の空白化であるが、先に示したように、明治末から大正時代にかけて始まった東京西部の人口増加が戦後も続き、新宿がターミナル駅としての性質を強めたことは見逃せない。たとえば、ゲイバーが急増したと指摘されているその間、一九五五年からの一〇年間に、小田急電鉄の新宿駅の乗降者数は約二・六倍、それから一〇年間にさらに一・四倍（二〇年間で約三・七倍）になっている（表1）。そして、一九六七（昭和四二）年には、国鉄新宿駅が一日平均乗降客で全国トップになっている。また、西部地区各駅の乗降者数の急激な伸びは、その地域の人口増加を示しており、新宿の利用者層の拡大を意味している。

新宿がターミナル駅となり、乗降する人が増えるということは、潜在的顧客が増えると同時に、匿名性が高くなることを意味している。それが、人目を忍

▼41……現在の新宿三丁目の二丁目寄りの区域がそう呼ばれていた。

表1●小田急線主要駅における1日平均乗降人員の変化（単位：人）

	新宿	向ヶ丘遊園	町田	相模大野	海老名	本厚木
1948年	87,164	6,729	14,157	4,052	5,513	9,663
1955年	133,768	10,152	25,979	6,239	8,095	12,688
1965年	347,362	37,403	86,434	44,689	21,832	43,569
1975年	491,424	60,041	154,830	83,267	55,568	77,740

［小田急電鉄株式会社 2003：232-233］

んで訪れるゲイバーを商売として成立しやすくする条件となったはずだ。しかし、新宿が巨大なターミナル駅となることの、新宿の街やゲイバーへの影響はそれだけではなかった。乗降者数の激増は、駅を中心に「健全な」ショッピングゾーンを拡大することになり、街を多層化していく。

園田英弘は、ターミナル駅の周辺に盛り場が誕生した理由として、「毎日ターミナルを通過するサラリーマン層の行動様式」によって『遊里』的伝統からの『侵食』を受けていたことをあげる一方で、「ターミナルを盛り場化した主要な力」は、「女子供」であると指摘している。そして、「遊里が非日常的空間であり近代の盛り場が祭り的要素を多分に残した賑わいであるとするならば、盛り場としてのターミナルは制度化された性と家庭生活そのものを背景とした、清潔で穏やかな娯楽が要求された」と分析している［園田 1988：190］。

新宿も、駅を中心に発展を遂げるなかで、「清潔で穏やかな娯楽が要求」されるエリアが拡大していった。ゲイバーが二丁目へと集中していく背景には、二丁目の空洞化だけではなく、駅を中心とした非性的エリアの拡大という見えない圧力もあったと考えるべきだろう。戦前に大久保辺りにあったといわれるゲイバー「夜曲」が、戦後まもなく新宿駅東口付近に再開したのに対し、一九五一年に開店した「イプセン」が、より新宿駅から離れた現在の三丁目にでき、さらに数年経って開店したと思われる「蘭屋」はそれよりも駅から離れる新宿二丁目に店を構えている。そして、一九五八年の売春防止法施行以降、二丁目にゲイバーが集中していく。新宿が賑やかさを増していくにつれ、ゲイバーがしだいに新宿駅から遠ざかるようなかたちで開店する様子は、見方によっては追いやられているようにも見えなくもない。二丁目へのゲイバーの集中は、盛り場の利用者層の変化にあわせて、ゲイバーを利用する者と経営する者のニーズとも合致した結果生まれたものと言うことができるだろう。

また、非性的エリアの拡大という見えない圧力は、いくつかの同質的なエリアを形成する力となり、新宿を多層化する。それは、新宿二丁目も含め、特徴的なエリアを誕生させる土台を形成している。

3 空間の物理的編成

●多層構造

陣内は、新宿について「日本の盛り場独特の〈三重構造〉が典型的に見てとれる」［陣内 1991：11］と言い、その構造をつぎのように説明する。

> 第一の層は、（中略）駅周辺に広がる昼中心の表側のゾーンである。（中略）第二の層は、その裏の中間に広がる歌舞伎町周辺で、バーや飲み屋がひしめく夜のゾーンである。第三の層は、その奥に潜む深夜の怪しげなゾーンで、ラブホテル、ソープランドなどセックスと結びつく。（中略）七〇年代後半以後の新宿においては、歌舞伎町に風俗営業が多く入り込み、その二層目と三層目が不明瞭になっている。［陣内 1991：11-12］

これらの円心構造は、新宿だけに見られるものではない。神崎宣武は、上野駅周辺の街の構造を分析し、駅を中心に「繁華街」「歓楽街」「公共施設街」と同心円構造があることを指摘し、「駅を基点としたバームクーヘン構造」〔神崎 1991：25〕と呼んでいる。

このような多層構造ができる背景に、先ほどあげたターミナルの周辺に「清潔で穏やかな娯楽が要求された」〔園田 1988：190〕ことがあることは確かだろう。「昼中心の表側ゾーン」「清潔で穏やかな娯楽」の領域が拡大するなかで、また、売春などへ社会的認識が厳しくなっていく過程もあり、性産業がしだいに盛り場の後景に退いていった。そして、そのような力は、あいまいなあるいは無意識的なものとしてだけではなく、より具体的な法律や行政施策というかたちによっても及ぼされる。

歴史を遡れば、二丁目に「遊女屋」が集中する決定的な力となったのは、一九二〇年代に移転を命じた警察令であり、戦後の集娼地域としての指定であった。それにより、「遊女屋」は新宿のメインストリートから姿を消したものの、戦前戦後をとおして二丁目が売買春の地域でありつづけることとなった。

「性風俗」を含む「風俗」は、行政が法律を用いてつねにコントロールしてきた領域である。そして、盛り場自体が「風俗」空間であることから、そのコントロールの影響は免れない。盛り場という言葉に、性風俗や接待がおこなわれる飲食業を想起する人は少なくない。高田は、「盛り場とは『遊びがドミナントになる地域』だといえる」〔高田 1988：156〕と語っているが、盛り場におけるその「遊び」とは長らく、男性にとっての「遊び」であった。そのような背景から、盛り場と風俗という言葉は親和性が高く、また、盛り場には風俗関係――性風俗もそうでない風俗も含め――の店がかならずといっていいほど存在する。そのため、行政は、法規制や都市計画を用いて盛り場に働きかけてきた。

永井良和は、日本が売買春に対してとってきた態度をつぎのように述べている。「区画した地域に売買春を囲い込む。この方式は、江戸時代に洗練され定着したものと考えられる。そして、この方式が明治の新政府にも受け継がれていった」［永井 2002：30］。そして、この思想は現在も変わっていない。現在では、風俗営業に関する法律がカバーする営業形態は細分化され、それぞれに出店できる地区の可否が分けられている。そして、とくに性風俗に関しては、つぎのようにとり決められている。

店舗型性風俗特殊営業は、一団地の官公庁施設、学校、図書館、若しくは児童福祉施設又はその他の施設でその周辺における善良の風俗若しくは清浄な風俗環境を害する行為若しくは少年の健全な育成に障害を及ぼす行為を防止する必要のあるものとして都道府県の条例で定めるものの敷地（これらの用に供するものと決定した土地を含む。）の周囲二百メートルの区域内においては、これを営んではならない。［風俗営業等の規制及び業務の適正化等に関する法律　第二八条第一項］

この法律を歌舞伎町、ゴールデン街に当てはめたものが図6、新宿二丁目に当てはめたものが図7である（次ページ）。図6の斜線で印したところが一般にゴールデン街と呼ばれているところだが、そこは、小学校に隣接しており、性風俗が出店できない①の円のなかに完全に入る。そのため、ゴールデン街は、性風俗を含まない風俗のみが営業できる区域である。それが、現在もその地域がバー街として同質的な雰囲気を保ちながら維持されている大きな理由と考えられる。逆に、歌舞伎町一丁目の西側には規制がかからなかったため、性風俗が集中することになった。しかし、一九八五年には新宿区役所内に図書室が設置され、性風俗の新規出店が阻まれるようになっている［永井 2002：191-192］。②の円が、その範囲である。近年、歌舞伎町では、ホストクラブが集中し有名になっているが、それは、ホストクラブが風俗営業には含まれるものの性風俗ではなく、しかし高収益を上げることができる商

図6●歌舞伎町（新宿ゴールデン街周辺）の風俗営業規制区域

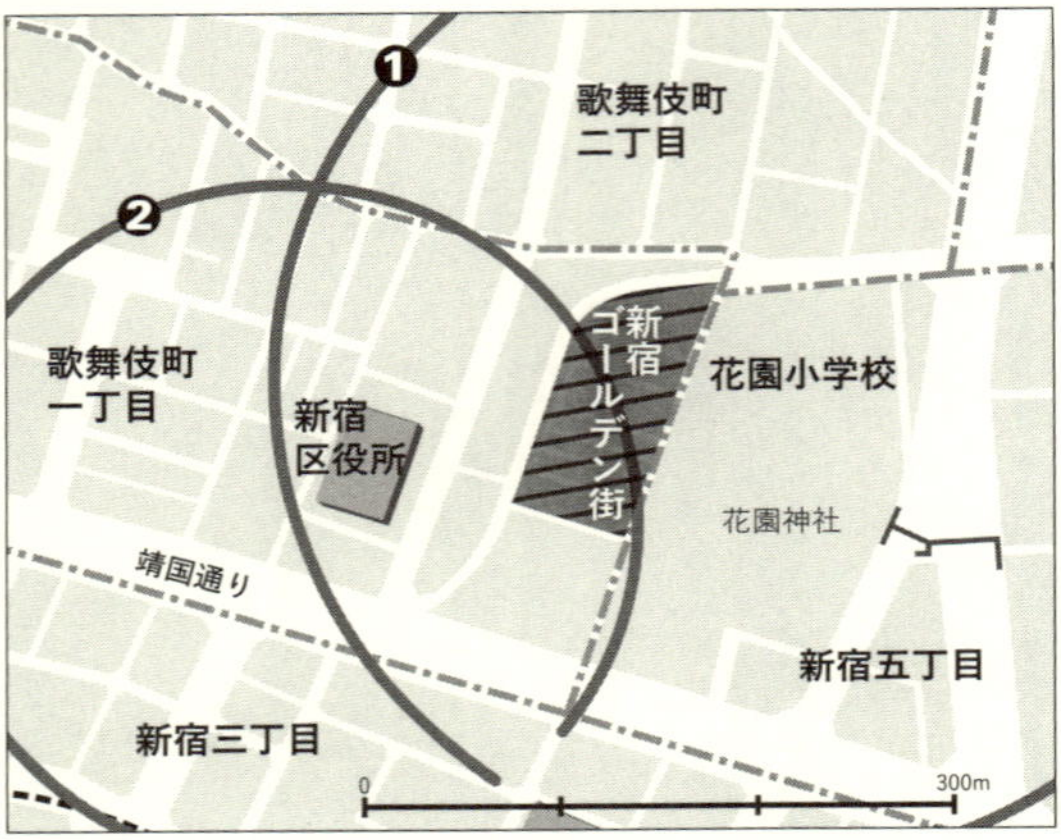

図7●新宿二丁目周辺の風俗営業規制区域

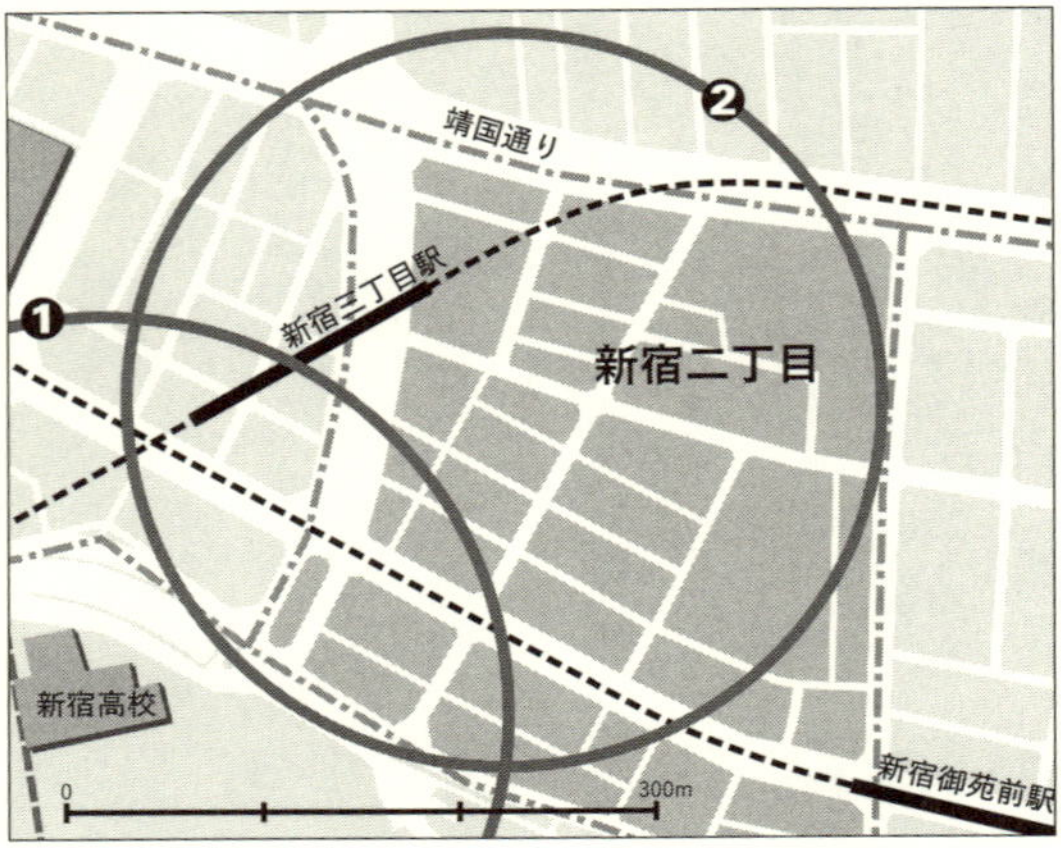

売であることが、一つの背景にあると推測することも可能だろう。

また、新宿二丁目は、新宿高校が近くにあり、図7の①の範囲では性風俗店が許可されない。この場所は、ちょうど新宿の中心となっているJR新宿駅から来た場合にもっとも目立ち、駅からもアクセスしやすい範囲のため、商業的にもっとも有利な場所である。その場所が、性風俗開店の禁止区域となっていることは、二丁目の街のイメージに少なからぬ影響を与えているだろう。また、一九九七年には、二丁目の中心に通信制の高校ができたため、現在は、二丁目全体が性風俗の新規出店が認められなくなっている（図7の②）。

このように、法的な規制は、それぞれの区域の商業構成を規定し、イメージを形成する隠れた要因、しかし決定的ともいえる要因となっている。また、この同質的な区域化は、さらに街の物理的な構造と交差するなかで、〈ディストリクト〉となっていく。そして、二丁目が「ゲイ・タウン」「ゲイ・コミュニティ」と意識されることと、その〈ディストリクト〉化はおそらく密接に関係している。

●新宿二丁目の〈ディストリクト〉化

ケヴィン・リンチは、都市のイメージの内容を物理的な形態に帰す場合、五つのエレメントに分類できるとし、それぞれを〈パス（path）〉〈エッジ（edge）〉〈ディストリクト（district）〉〈ノード（node）〉〈ランドマーク（landmark）〉と名づけている。〈パス〉とは、「観察者が日ごろあるいは時々通る、もしくは通る可能性のある道筋」であり、〈エッジ〉とは、「二つの局面の間にある境界であり、連続状態を中断する線状のもの」を指す。また、〈ディストリクト〉は、「中から大の大きさを持つ都市の部分であり、二次元の広がりをもつものとして考えられ、観察者は心の中で〝その中に〟はいるものであり、また何か独自な特徴がその内部の各所に共通して見られるために認識されるもの」と定義づけられており、〈ノード〉は、道路の交差点や広場など「主要な地点」を、〈ランドマーク〉は外部から見えるような目印と位置づけられている［リンチ 1968（1960）：56-59］。

リンチは都市デザインの視点から街の構成を分析していることもあり、「（都市環境の）イメージとは、観察者と観察されるものとの間の往復過程の所産」［リンチ 1968（1960）：150］と述べているものの、ともするとこれらの要素が固定的なものとして人びとの認識を決定づけているかのような印象を残しがちである。しかし、「往復過程」であることを意識しながら、これらのマテリアリティに注視することは、都市やそのなかの街を総合的な視点から分析していくうえでは有効だろう。ここでは、このリンチの概念を用いて新宿の変化を整理し、新宿二丁目が〈ディストリクト〉と意識される物理的条件性を指摘したい。

新宿で六〇年間にわたり〈パス〉としての役割を果たしていたものに市電（のちの都電）があった。しかし、その〈パス〉は、街を横ぎる線路という視点からは〈エッジ〉でもあった。市電・都電は、一九〇三年に新宿に導入されて以来約四五年間、現在の新宿駅前で発着していた。図8は、一九四七（昭和二二）年当時のものである。都電が、新宿通りを新宿駅まで走っており、また、現在の新宿二丁目にあたる地域が、三丁目とつながっていることがわかる。ちなみに点線は、のちに実現する都市計画が示されたものである。

しかし、一九四九（昭和二四）年には、都電の新宿駅が角筈（歌舞伎町）に移り、都電が現在の新宿

図8●1947年頃の新宿二丁目付近

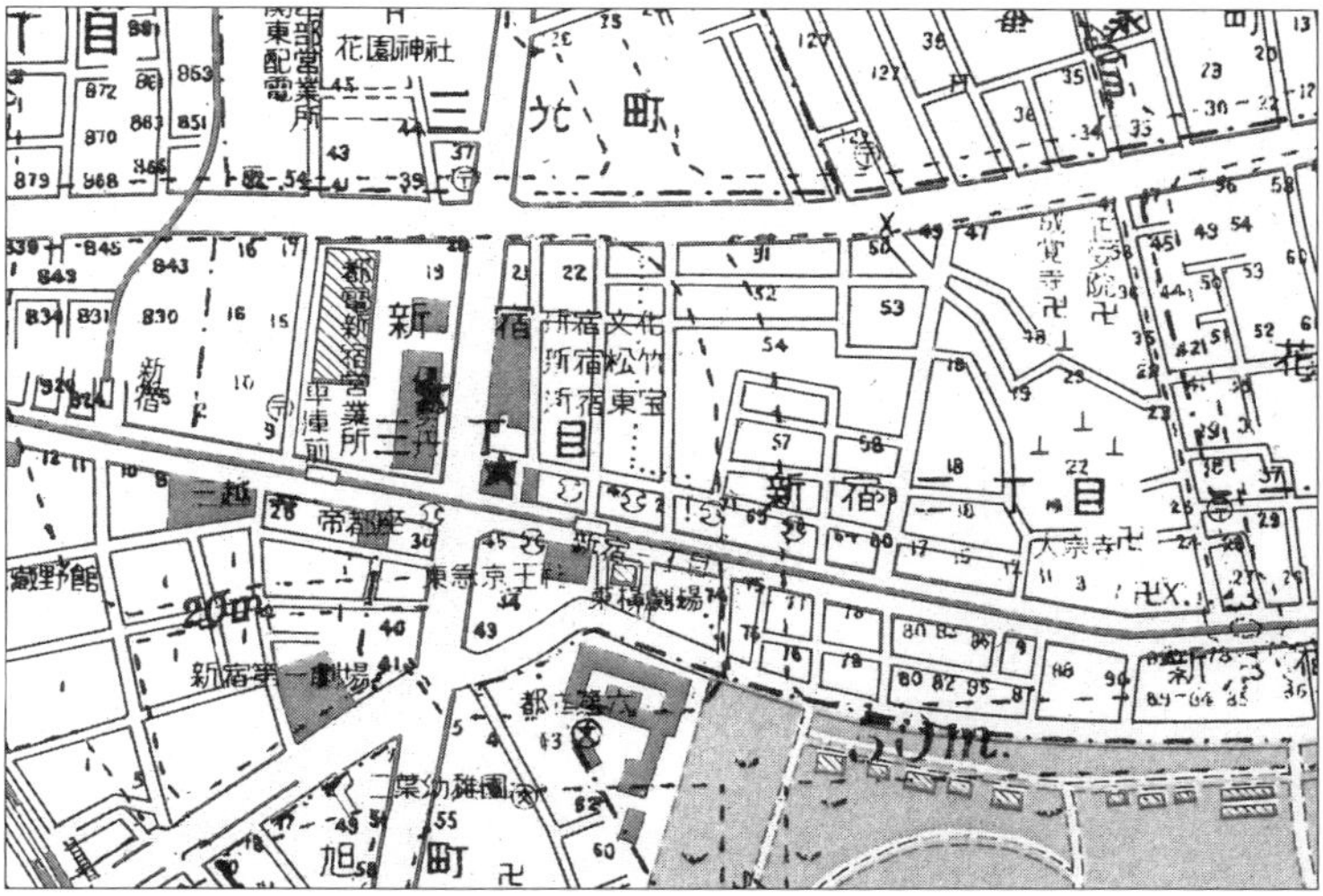

東京都新宿区教育委員会［1983］『地図で見る新宿区の移り変わり　四谷編』より

図9●1955年～ 1960年頃の新宿二丁目付近

新宿区立新宿歴史博物館［1993］『新宿区の民俗3　新宿地区篇』より

写真1●新宿通り側から撮影された新宿二丁目（1958年）

写真2●写真1と同じ位置から撮影されたもの（1986年）

ともに東京都建設局区画整理部計画課［1987］
『甦った東京——東京都戦災復興土地区画整理事業誌』より

二丁目の西側を通ることになる。これにより、新宿二丁目の北側と西側の二面が市電の線路によって囲まれ、新宿駅側から向かうと、新宿二丁目がその手前の地区と分断されるかたちとなった。図9は、一九五五年〜六〇年頃の地図であり、写真1は、一九五八年に新宿通りから写された二丁目の写真である。線路をはさんだ右側が現在の二丁目であり、線路左側は、当時は二丁目という番地だったが現在は新宿三丁目となっている。線路右側のエリアは戦前の「遊郭」をひき継ぐ「赤線」として売買春がおこなわれる場所であったが、そのような物理的な分断の結果、より明確に分離された空間になったことが、地図からも写真からも如実にうかがい知ることができる。実際に、都電のあったころの二丁目に通ったことのある者の印象として、つぎのような記述がある。

赤線を思い浮かべる世代の男たちは「都電の線路があって、そこを渡ると赤線だった」と異口同音にいうのだった。［広瀬 2006：43］

また、二丁目の東側には太宗寺と成覚寺という二つの寺があり、そこが二丁目の終わりと意識されていた。

歩き回っているうちに仲通り[42]を越えせかせか行くと長いコンクリートの塀にぶつかった。（中

▼42……新宿二丁目の中心を貫く通り。広い通りではないが、現在でも新宿二丁目のメインストリートとして意識されている。

略）それは閻魔大王で知られる太宗寺の塀だったが、そのときはここが赤線の行き止まりと思い、いまきた道をせかせか戻るのだった。［広瀬 2006：46］

新宿二丁目をとり囲むかたちとなった市電（のちの都電）と寺は、まさに〈エッジ〉として機能し、それにより、新宿二丁目は〈ディストリクト〉としての性質を強めたと考えて間違いない。その後、一九六三年に都電・杉並線が廃止され、線路のあった新宿二丁目とその手前の新宿三丁目のあいだの道路が整備されて五〇メートル幅に拡張されている。その道路を越えることが、「川を渡る」［大塚 1995：14］と表現されることがあるように、都電の〈エッジ〉としての性質をひき継ぎ、新しい〈エッジ〉としての役割を果たし、分離性は維持されている。

また、これと同じような、〈エッジ〉による〈ディストリクト〉化は、歌舞伎町、そして、ゴールデン街にもみられる。市電新宿駅が新宿通りから靖国通りに移動することにより、歌舞伎町もゴールデン街も、新宿駅から向かう場合に線路によって遮られるようなかたちになった。また、都電廃止後も靖国通りが〈エッジ〉となった。現在、ＪＲ新宿駅から歌舞伎町へは、靖国通りの下をくぐるかたちで地下道ができているが、この地下道「サブナード」は、歌舞伎町振興会が強く要請し完成したという背景がある。

往来人口の激しい歌舞伎町娯楽街を中心として、路上における車輌による人身事故の多発から、これ（歌舞伎町振興会――引用者注）が防止対策を取り上げ、陳情を続けた。（中略）

歌舞伎町振興会にすれば、昭和二〇年代の頃の念願は、人の流れをどうやって歌舞伎町の娯楽街にもってくるかだったが、三〇年代中期の頃になると、人の流れをどうスムーズかつ無事故に、歌舞伎町にもってくるかが、課題となった。［30周年記念誌編集委員会 2003：25-26］

この記述は、新宿において靖国通りが〈エッジ〉となっていることの証左といえるだろう。大きな車道は歩行者にとっては、切断線となるのである。

また、ゴールデン街は、住所上は歌舞伎町になるものの、一般的に、「歌舞伎町」と呼ばれている地域とは異なる性質をもつエリアとして意識されているが、それは、小規模のバーが狭い路地に面して古い建物のまま残っており、独特な雰囲気を残していることによる。そのような街並みが誕生したのは戦後の闇市の移動によるものだが、ゴールデン街の西側、歌舞伎町とのあいだに市電の引き込み線がつくられたことが、その二つのエリア間に明確な分断を維持し、ゴールデン街に一つの〈ディストリクト〉としての性質を与えることになっている。また、ちょうど新宿二丁目における二つの寺と同じように、ゴールデン街の東側（歌舞伎町との反対側）には花園神社が控え、また、新宿駅方向とのあいだには靖国通りが存在しており、〈ディストリクト〉化が起こりやすい条件にある。ゴールデン街も、飲み屋街ながらコミュニティとして表象される地域だが、その物理的条件が大きな役割を果たしているといえるだろう。

幅の広い道路に囲まれることは、たんに距離的に分断するだけにとどまらない。一九六三年（昭和三八）年に建築基準法が改正されることにより、建築物の絶対高さ制限にかわり、容積地区制度が導入された［河村 1999：127-132］。単純化して言えば、これにより、広い道路に面した場所では、より高い建築物を建てることが可能になったのである。よって、新宿二丁目のように四方を幅の広い道路に囲まれることは、土地面積があるていど確保されれば、高いビルに囲まれることになる。また、大通り沿いには、「高地価を負担できるフォーマルな店舗・オフィスなどが立地」［青木 2004：162］する傾向があり、現在の新宿二丁目も例外ではない。

そのため、新宿二丁目は、大通り沿いの表とその内側に広がる空間との性質がきわめて異なる場所となっている。表には、高さのあるオフィスビルや、チェーン店など一般向けの飲食店や商店が並ぶ。内側にもオフィスビルや一般向けの商店などが少なからず存在するものの、ゲイバーを含む飲み屋が入っている小規模なビルが多い。この表と内側に形成された空間の意味の違いは、おそらくゲイにとってより大きなものとなっている。二丁目に頻繁に通うゲイでも、表に並ぶ比較的大きな店の名前をあげても認識されないことが少なくない。

また、表と内側の空間が大きく異なる理由に、その空間の内側の道路の狭さがあげられるだろう。都市基盤公団で実際に都市開発にかかわっている青木仁は、道路幅と親密性についてつぎのように述べている。

> 裏道では、道路幅員が狭いため、進入してくる車の数は限られている。歩行者が主導的な立場をとれる空間になっている。幅が狭いため、両側の建物間の距離が短く、空間がヒューマンスケールになり、親密性の高い空間が生み出されやすい。［青木 2004：160］。

新宿二丁目では、南北に走る仲通りがメインストリートと意識されているのだが、その通りと二丁目のほぼ真ん中で交差する二車線の花園通りが一二～一三メートルともっとも広い。一方、仲通りと交差する他の通りは二～七メートルと狭く、車輌が通れるものの一方通行で、その通行量はひじょうに少ない。また、仲通りは、幅は一〇メートルほどあるが車道は一方通行であり、歩行者通路も確保されており、ゆとりをもって歩ける通りとなっている。

第1章でも記したように、二丁目では、週末には道路にたむろする若者の姿などが目につく。とくに、人気のあるクラブイベントが開催されるときには車道にあふれるほどである。また、二丁目の中央付近にできたバー「advocates café」は、歩道に椅子と机を出して営業しているが、多いときには三〇～四〇人くらいがそこで立ち話をしながら飲んでいる。このような現象は、ここ一〇年くらいのあいだに見られるようになったものであり、久しぶりに二丁目に通う年配のゲイや地方から初めて二丁目を訪れたゲイは、その「オープンさ」に驚く。また、私からのインタビューに答えるなかで、浅草でゲイメンズバーを開いているマスターNは、ゲイバーが散在している他の街と比べて、二丁目に足を踏み入れるという段階でまわりの人目が気になることにふれた。逆に、二丁目のゲイメンズバーでバイトをしているBは、やはりインタビューに答えるなかで、「二丁目に入ったらリラックスする」と答えた。

それらは、二丁目が、〈エッジ〉と化した通りと壁面のようなビルに囲まれていることにより〈ディストリクト〉化されていることを示唆するものといえるだろう。そして、第1章で示したように二丁目においてゲイ空間が拡大することによって、ますます二丁目が〈ゲイのディストリクト〉としてゲイには意識されるようになっている。二丁目内では手をつないで歩いていたゲイカップルが、二丁目を出るとその手を外すというシーンを目にすることがあるが、それは、〈ゲイのディストリクト〉としての意識を象徴しているといえるだろう。

●都市計画の影響

このような〈ディストリクト〉化の背景をもたらすものとして、先に法律によるコントロールをあげたが、もう一つ、意識的に街をつくりかえる都市計画の実施による影響に言及しないわけにはいかない。

東京都は、一九四六年に「戦災復興計画」の土地区画整理事業を策定した。当初、東京は罹災面積(一・六万ヘクタール)を上回る二万ヘクタールを計画していたが、結局、一三八〇ヘクタール(当初の六・八パーセント)の区域に縮小されてしまった。残されたのは、新宿・池袋・渋谷・大塚・五反田・錦糸町などの、ほとんどが駅前を中心とした区域であったが、新宿においては、新宿駅周辺とともに新宿二丁目付近が含まれた[河村 1999：97-98]。この地区の整備目標は、①道路網の整備と整然とした街区の造成、②宅地規模の適正化による風通・日照・採光など環境条件などの改善、③公共用地の確保とともに商業立地に適した宅地の整備である。そして約三七・三五ヘクタールの区域を対象に一九四八(昭和二三)に事業化され、三〇有余年の年月を費やして、一九八〇(昭和五五)年に事業完了している。[河村 1999：99]

そのなかで、新宿二丁目付近において大きく整備されたのは、新宿御苑の北隣と四谷寄りの地区であった。吉見は、「新宿西口の都市化を機に、七〇年代になると東口でも様々な再開発が進められ、それがこの町での出来事の演じられ方を徐々に、しかし、決定的に変質させていくことになる」として、そのころの変化を語るものとして、当時アートシアター新宿文化の支配人だった葛井欣士郎のつぎのような証言を引用している。

（この年）新宿東映近く御苑街にひしめき合っていた飲み屋、スナックも道路拡張でとりこわされ、溜り場を奪われた若者たちは追い立てられて行き場と安らぎの寝ぐらを求めて新宿二丁目、花園神社裏のゴールデン街へと移動していった。［吉見 1987：286］

この証言と同様に、一九七〇年代の後半、新宿御苑寄りの地区や四谷近くの地区にあったゲイバーが二丁目に移動したことを、当時のゲイバーを知る人たちは覚えている。都市計画を背景に、その整備地区にあった小規模の古い建物からゲイバーが立ち退かなくてはいけなかったのである。二丁目にゲイバーが集中した要因としては、売春防止法により空洞化し、家賃が安かったことが理由として語られることが多い。それが、ひじょうに強い〈プル要因〉となったことは確かであるが、このように、そこへゲイバーを追いやっていく〈プッシュ要因〉もあったことは看過できない。すでにふれたように、新宿へ流れ込む人の数が膨大になっていくなかで、駅を中心とした非性的エリアが拡大した。ゲイバーは、そのような売買春産業とは性質を異にするものの、▼43 人目を忍んでいく店であったため同様な力が働いたであろう。三丁目にあったゲイバーは、より駅から離れた、売春防止法施行後に空洞化した二丁目へと移動していく。二丁目が、都電や大きな道路によって隔てられるかたちになっていたことも、バーに入るところを見られたくない人には便利であったろう。さらに、都市計画によって、ゲイバーを含め小規模な店舗が集中する一部の地域が整備されるかたちでつぎつぎととり壊され、そのような店が、小規模な物件が残るエリアへと流れることになった。このような、〈プル要因〉と〈プッシュ要因〉が交差したところに、新宿二丁目のゲイ・タウン化があった。

ここで、都市計画が〈プッシュ要因〉として作用することで街の形成に大きな影響を与えたことを再度強調しておきたい。それは、つまり、今後新しい都市計画が策定されることにより、いくらでも新宿二丁目が変わりうることも示唆している。ちなみに、一九九七（平成九）年に、二〇〇五年までの計画として「新宿副都心整備計画」が東京都により策定されているが、新宿二丁目は含まれていなかった。ちょうどこのころに二丁目は、コミュニティ意識を形成していくことになるわけだが、そのあいだに街の構造にさほど大きな変化が現れなかったことは重要だろう。

また、東京の街が大きく変わるきっかけとして、「一九八〇年代の規制緩和と民間活用による都市開発の促進」があげられることが多い。このときに、「地価の高騰、地上げによる都心人口の空洞化とコミュニティの衰退、またバブル経済崩壊後の起業倒産などにより、完成しても使用できないビルや、工事途中でストップしたビル、また虫食い状に放置された地上げ途中の土地など、不良資産が山のように堆積していった」［河村：178］という指摘がよくなされている。新宿でも、北新宿がその影響を受け、ゴールデン街にも地上げの波が押し寄せ、その時期に閉店した店も少なくないという。しかし、二丁目では、その影響はさほど大きくなかった。その理由として、権利が複雑に入り組んでいることが、バー関係者からいまも語られるが、この時代に地上げの影響を受けなかったことも、いまの二丁目の物理的構造、とくに内部に小路地が残ることによる「親密性の高い空間」［青木 2004：160］が維持される要因となったのである。

小結　新宿を動かしてきたもの

この章では、新宿の場所性を、その歴史的背景にもとづくイメージの蓄積と変容、交通手段の発達と定着による構造的変化、法律や都市計画による空間編成、そして、物理的諸条件による空間分化という観点から分析してきた。

新宿二丁目は、内藤新宿が開設された当時その中央に位置した町であり、始まりから「性」と強く結びついた場所であった。その古い歴史が、現在に至るまで更新され、変容しながら新宿に強い影響を与えつづけている。戦前に新宿二丁目に「遊女屋」が移転させられ、その地が戦後に赤線となることで、二丁目が新宿でもっとも性的なイメージの強い場所となった。それにより、「性」は街の表舞台からは後退したものの、新宿を動かす大きな力でありつづけ、新宿のイメージを強く規定するもの

▼43……戦後しばらくは、ゲイバーはボーイを使った売買春もおこなっており、現在の「ウリ専」としての役割ももっていたようである［伏見 2002：210-212］。

となった。そして、それを土台にして、新宿は戦後の闇市や一九六〇年代後半の学生運動と結びつくなど、「アジール」的な役割を果たした。そのイメージや吉見の言う「共同性の交感」は、ゲイという属性やゲイバーの性質と親和性が高いものであり、それが新宿にゲイバーが集中していく動因の一つとなったと考えられるだろう。

しかし当然ながら、新しい交通手段の発達と定着と、それによる人口の流入を考えずして、新宿の変化を語ることはできない。交通手段の変化は、新しい中心と周縁を生みだした。陸上の交通機関が発達したことは、水辺を抱える街から陸路の交差点となる街へ繁華を移動させ、水辺の重要性を解体した。そのなかで、新宿は東京で一、二を争う盛り場となった。郊外電車の発達と新宿のターミナル化は、郊外で激増する人口を新宿に繋げることになり、その新宿の発展を下支えしつづけている。また、市電の重要性が増し、さらに他鉄道で移動する人びとが増えることによって、新宿における街の中心が移動した。その結果、長らく新宿のなかで「はずれ」であった新宿駅周辺が中心化し、それと同時に新宿二丁目付近は周縁化していく。

その後、新宿二丁目は、広い道路に囲まれ、また都電の線路によって区切られるなど、中心化した新宿駅方向から向かうと、〈エッジ〉と化した物理的条件によって通行が妨げられるようなかたちになった。それにより、独立した空間として認識され、〈ディストリクト〉化したと考えるのは無理な推論ではないだろう。周縁化し、〈ディストリクト〉化していた場所であったがゆえに、新宿二丁目が、売春防止法のあとに新たな繁華街として生まれ変わることができずに、空白地帯となった可能性も否定できない。▼44

一方、同じように靖国通りが〈エッジ〉となっている歌舞伎町だが、売春防止法後にむしろ風俗店は増え、賑やかさを増すことになった。これは、新宿二丁目と異なり、新宿駅という中心地からほど近かったこと、最初の開発の段階で劇場や映画館などが整備されていたことなども要因となっているだろう。そして、新宿二丁目のあとを継ぎ、「性」を重要な要素としてもつ地域となった。

このように、異性愛者向けの「性」を歌舞伎町が担う一方で、空白地帯となりつつあった新宿二丁目には、それまで三丁目などに点在していたというゲイバーが移転してくる。〈エッジ〉で遮られている新宿二丁目は、ゲイにとっては、格好の「隠れ家」的な場所となったのであろう。しかし、ゲイバー街の誕生には、そのようなプル要因だけではなく、駅を中心とした非性的エリアの拡大という見えない圧力や都市計画による整備というプッシュ要因もあった。

その後、新宿がいっそう巨大化するなかで、その繁華が新宿二丁目付近へと拡大し、二丁目をとり囲む大通り沿いには高いオフィスビルなどが立ち並ぶようになった。だが、二丁目の内側には狭い道路が広がり、新宿二丁目自体を「隠れ家」的で親密性の高い空間につくりあげている。この空間構成が、自己意識を高めつつあったゲイがコミュニティ像を投影しやすいマテリアリティを提供したといえるだろう。

次章では、その自己意識の高まりと投影をおこなうにいたるゲイの変化を追う。

▼44……現在、御苑大通り（三丁目と二丁目を区切る大きな通り）に面して立っている「ＢＹＧＳビル」は、売春防止法成立後に街の活性化のためレジャー施設をつくろうという計画のあった土地であった、実際に、バッティングセンターがつくられたものの、成功せず商業／オフィスビルとなった。

第5章
ゲイをめぐる社会状況の変化

ここまで、新宿二丁目がゲイ・コミュニティとして語られるにいたった条件性として、盛り場を構成する社会的結合のあり方と、そのなかで果たすバーの役割、都市計画や法律の影響を受けながら形成されている物理的構造、ゲイバーがもつ特質がもたらすコミュニティ感を指摘してきた。そして、さらにその土台に、新宿がその歴史的変化のなかで堆積してきた場所性があることを示した。

しかし、新宿二丁目にゲイ・コミュニティという言葉が投影され、また、そのように表象されるようになるためには、場所のもつ条件性だけでなく、ゲイがおかれてきた社会的状況の変化と、それにともなうゲイの意識の変化が必要だった。新宿二丁目におけるゲイ・コミュニティ意識の芽生えは、街の変化とゲイのおかれている状況の変化が交差するところに誕生してきたものだ。

ここでは、東京を中心としたゲイのおかれている社会的状況の変化を、歴史に遡り明らかにしたい。

1 ゲイをとりまく現状

●可視化の象徴としてのパレード

二〇〇五年八月一三日、渋谷。集団を先導する派手に飾られたフロート（山車）[45]からは、大音量のクラブ音楽が流れ、ドラァグ・クィーンやゴーゴーボーイがそれにあわせて荷台の上で踊っていた。ドラァグ・クィーンはそれぞれ華やかさや風変わりなさまを競うような衣装を身にまとって目を引き、ゴーゴーボーイは鍛えられた自慢の裸体を可能なかぎり見せつける。そのあとを歩く人たちも、音楽にあわせて踊りながら、車道から沿道の人たちに手を振る。別のフロートは、「私たちはゲイです！レズビアンです！」というメッセージを拡声器を使って流し、そのあとに続く人たちのなかには、「お母さん、ゲイに生んでくれてありがとう」「同性婚の実現を！」「これが私のフツウです」といったプラカードを掲げている人も多い。ほとんどの人がTシャツに短パンというカジュアルな格好で参加している。一五〇〜二五〇人ごとに区切られ、フロートに先導された集団が、一〇以上続く。沿道には、待ちかまえた人たちがおり、知らない人にも手を振り、応援するように小さなレインボーフラッグを振っていた。

これは、「東京レズビアン&ゲイパレード」の様子だ。▼46 新宿二丁目で二〇〇〇年に東京レインボー祭りが始まったきっかけとして、東京レズビアン&ゲイパレードがあったことはすでにふれたとおりである。二〇〇〇年のパレードは、東京で大規模なかたちでおこなわれるものとしては四年ぶりの開催であった。じつは、このような性的マイノリティのパレードに参加するゲイは、ゲイ全体からする

▼45……パレードはデモとしての申請をし、道路使用が許可されている。そのため、警察からの指示にもとづきながら行進をおこなうのだが、最大二五〇人の集団ごとに区切ることがあらかじめ決められている。その二五〇人を実行委員会は「ブロック」と呼び、そのブロックを誘導する車を「フロート」と呼んでいる。

▼46……同パレードは、二〇〇七年からは「東京プライドパレード」という名称に変更され、また、二〇一二年からは、同パレードから分かれた団体による「東京レインボープライド」が東京の性的マイノリティのパレードをおこなっている。「プライド」という語は、欧米ではパレードを含めた性的マイノリティのイベントに多く用いられている語である。

とごく一部であり、そのような方法で社会に向けて自分たちの存在をアピールすることや、派手なドラァグ・クィーンや性的な印象の強いゴーゴーボーイが目立つことに反発する人も多い。

しかし、パレードはゲイなど性的マイノリティの可視化の象徴であり、社会における性的マイノリティをめぐる状況の変化を反映してもいる。反発もまた、「当事者」によるものであろうとなかろうと、社会のあり方を内面化しているという意味において、社会状況そのものだ。そして、パレードと共鳴するかたちで、二丁目で祭りが始まったことは、新宿二丁目におけるゲイ関連の変化が他の領域のゲイの活動と連動していることも示している。パレードも含めたゲイに関する社会状況の移り変わりと、そのなかでのゲイの実践の積み重ねは、二丁目の変化の重要な背景である。

私が実行委員長として開催した二〇〇〇年のパレードは、新しい組織、流れとして動きはじめたものだが、日本初の性的マイノリティのパレードは、一九九四年に遡る。当時、「ＩＬＧＡ日本」や「エイズ・アクション」といった団体を率いていたゲイリブ（ゲイ解放運動）のアクティビスト、南定四郎の主導により東京で開催された。その後一九九六年には、札幌でも、もともと「ＩＬＧＡ日本」の地方グループであった「札幌ミーティング」によりパレードが始まっている。

しかし、このころに始まったパレードに対して関心をもつゲイは現在よりはるかに少なく、パレードという手法を用いて社会にアピールすることへの反感も強かった。最初の開催のときには、別のゲイリブ団体のメンバーのあいだでさえも、「日本では絶対に無理」「止めさせたほうがいいのではないか」という会話がなされていたことを、当時のその団体の関係者から聞いた。また、南によると、当時、パレード開催が広く知られはじめると、ゲイと思われる人物から「やめろ」という電話がいくつもかかってきたという。パレード第一回目の参加者は、公式発表では一〇〇〇人を超えているが、当日の参加人数を数える役割を担っていたスタッフの証言によると、実際には五〇〇人程度だったようだ。しかしそれでも、パレードへの関心は少しずつ高まり、一九九五年、九六年と参加者数も増えていった。だが、一九九六年の第三回のパレード後の集会で、主催者の運営方法に反対する人たちが、予定されていた性的マイノリティの権利に関する宣言文の採択を阻止しようと壇上に登ってもみあいとなり、集会は紛糾した。そして、その後二〇〇〇年まで、東京では広く参加を呼びかける大規模なパレードが開催されることはなかった。じつは、南はきわめて小規模なかたちでのパレードを一九九九年まで続けており、また、一九九七年にはレズビアンやバイセクシュアル女性を中心とした二〇〇名ほどの「ダイクマーチ」がおこなわれたのだが、一九九六年で東京の性的マイノリティのパレードはいったん終了したと、パレードに関心の高いゲイにも認識されている。

そして、二〇〇〇年、四年ぶりと位置づけられている東京レズビアン&ゲイパレードが復活するわけだが、そのときには、参加者数は一五〇〇人に増え、その後も、開催されるごとに参加者数は増加している。二〇〇〇年のパレードでは、それ以前のパレードにはなかった二つのゲイ雑誌の編集部によるフロートが登場し、誌上で呼びかけられた読者が大勢参加するなど、一九九四年当時よりも幅広い人たちが参加した印象を与えるものとなった。

●社会的な抑圧

この明るく解放感に満ちたパレードだけを見るならば、現在の日本において、ゲイは広く社会に受け入れられているように見えなくもない。実際に、四〇代以上のゲイが、若者と過去の自分を比較しつつ、「最近の若い人は、自分がゲイであることを肯定しやすくなっている」と語る言葉をよく耳にする。私も、ゲイのライフヒストリー（生活史）のインタビュー調査のなかで、二〇代のゲイたちの語りに、自分の性的指向に対する葛藤が少ない印象を受けてきた。むろん、そのような年齢で調査に応じることが可能となっている人たちであるということから、もともと早いうちから自己肯定ができている人という調査上の偏りがあることには留意が必要である。

しかし、同性が好きであることを意識しはじめたころの様子について語られる内容には、明らかに、それ以前の世代とは違う社会的背景が存在している。

まず、共通の趣味にもとづくサークル活動が、一九九〇年代初期以降、活発になっていることがあげられる。現在、ゲイのサークル活動を網羅することは不可能だが、吹奏楽や合唱、ダンスといった音楽系のもの、バレーボール、テニス、野球、バスケットボールといったスポーツ系のもののほか、ハイキングや英会話など多種多様なサークルが存在し、聴覚障害者のグループもある。

また、やはり一九九〇年代に登場した、ゲイ自身が実名で書いた書籍は、ゲイ雑誌以外のメディアを通じてゲイの経験や意見が全体社会に発せられることになり、ゲイの存在を可視化する役割を果たした［伏見 1991, 大塚ほか編 1992, 1993, 1994, 動くゲイとレズビアンの会 1992, 伊藤 1993, 平野 1994］。そして、九〇年代後半に利用者が拡大したインターネットは、ゲイ向けの雑誌を書店店頭で購入せずとも、ゲイに関する情報にふれることを可能にし、同じゲイと出会う機会も与えることになった。それらには当事者から発信されるゲイであることに肯定的なメッセージや情報が多く含まれており、自己肯定感を得る機会を提供している。

ゲイにとって肯定的な社会状況の変化は、公的な面においても実現しつつある。代表的なものとして、同性愛者が人権施策の対象として記された、二〇〇〇年の「東京都人権施策推進指針」があげられるだろう。[47] また、法務大臣の諮問機関である「人権擁護推進審議会」の最終答申のなかで、やはり同性愛者が人権擁護の対象として記された。しかし、人権施策の対象として位置づけられることが逆説的に示しているように、ゲイが抑圧を受ける状況は根強く存在している。

まず、インターネットや書籍などを通じてゲイに肯定的な情報にすぐにアクセスできるはずの若いゲイのあいだでも、自分の性的指向に悩むものは多い。また、自分の性的指向に悩んでいないというゲイでも、そのことを肉親に話しているという人は少ない。大学生であるうちは親しい友人に自分がゲイであることを比較的容易に語っていた人でも、就職すると、職場ではまわりの話にあわせて異性愛者のふりをしているという人が大部分である。また地方に住むゲイからは、より厳しい状況にあるという声がよく聞かれる。先ほど述べたような、ライフヒストリーを聞くかぎりは葛藤が少ない若者

▼47……これには、最初の案の段階で記載されていた同性愛者が、いったん削除されたものの、「NPO法人アカー」などの組織的働きかけや、多くの当事者がメールなどを通じてパブリックコメントを送った結果、最終的に含まれたという経緯がある。最終的に掲載された文章とは、「東京における人権問題の状況」の項目において、「その他の人権問題」と題されたつぎの一文である。「性同一性障害のある人々などに対する偏見があり、嫌がらせや侮べつ的な言動、雇用面における制限や差別、性の区分を前提にした社会生活上の制約などの問題があります。また、近年、同性愛者をめぐって、さまざまな問題が提起されています」。

でも、自分が同性が好きだと気づいたときのことを「だれにも言ってはいけないこと」と思ったと、一様に表現している。そう思う背景には、社会において同性を恋愛や性的な対象とすることに対する否定的な見方がある。

NHKが一九九九年に全国三六〇〇人の男女（一六歳から六九歳）におこなった調査で、同性同士がセックスすることについて「よくない」「どちらかといえばよくない」と回答した人は全体の六五パーセントであった［NHK「日本人の性」プロジェクト編 2002］。また、二〇〇二年にラップグループ「キングギドラ」が、ゲイなどに対するきわめて攻撃的な差別表現を使った歌を発表し、抗議を受けてそのCDが回収されるという騒ぎもあった。さらに、ハッテン場となっている公園でゲイをターゲットとした若者の暴力事件も起こっていること、その結果殺害された人もいるという事実も忘れてはならない。▼48

総じて見れば、一定の条件のもとに、ゲイとして仲間との関係性を楽しみながら生活できる環境が広がっている一方、全体社会においてはまだ抑圧的な面も大きいといえるだろう。抑圧や差別などの力関係は、つねに矛盾を含みながら複雑に存在しているものである。そして、抑圧は、歴史のなかでかたちを変えつつも継承され蓄積されてきたものでもある。あることをめぐり社会に存在している、それをとらえる枠組み（フレーム）と価値観は、新しいものが誕生しても完全にまえのものにとってかわるわけではなく、重なって層をなし、入り組みながら存在しせめぎあう。男性同性間のセクシュアリティに関する歴史にもそれはみられる。その意味において、現在のゲイもつねに、男性同性間のセクシュアリティの長い歴史を生きているのである。

2　沈黙から顕在化への歴史

●歴史のなかに位置づけるということ

日本史研究者グレゴリー・フルーグフェルダーは、一六〇〇年から一九五〇年までの三五〇年間をとりあげ、その間の日本の「男性同性間セクシュアリティ」をめぐる言説が、「大衆」「法律」「医学」という三つの領域とそれらの複合領域においていかに構成されたかを分析し、男性同性間セクシュアリティをそれぞれの時代の社会的文脈に位置づけている。

彼は、三五〇年を「江戸時代」「明治時代」「二〇世紀前半」の三つの時代に区分し、それぞれの時代に登場した男性同性間セクシュアリティのパラダイムを、「規律的（disciplinary）」「文明化（civilized）」「性科学的（sexological）」と呼んでいる。規律的パラダイムとは、江戸時代に衆道と呼ばれた審美的かつ倫理的な意味をもつ、男性的ジェンダーのヒエラルキーにもとづいた関係が埋め込まれていたもので、フルーグフェルダーは、商業的出版における大衆言説がそれにもっとも影響を与えたとみている。また、文明化パラダイムでは、明治時代に入り、中央政府から発布された法のコードが日本全国に浸透していくなかで、他の婚姻外の性的行為と同じように、文明化に反する「野蛮」なものとされてい

▼48……二〇〇〇年二月に、都内のハッテン場として有名な公園で、男性が少年を含む七人に暴力を受け殺害されるという事件があった。この事件では、少年たちがゲイをターゲットとしていたことが明らかになっており、そのことが明確にニュースとして報道された初めてのケースとなった。

った と分析する。そして性科学的パラダイムでは、「同性愛」という概念が新しく構築されるなかで、性科学者たちが、歴史的にひき継がれてきた同性間の性的関係を敵視しない見方と、否定的に見るグローバルな科学的知とを調整することを余儀なくされたことが指摘されている [Pflugfelder 1999]。

これらの歴史的背景は、時代を遡れば遡るほど、現在のゲイのあり方とは関係がないもののようにみえる。実際、男性同性間の関係性のあり方も、時代の社会構造を含めた文脈も、現代のゲイのそれとはあまりにも大きく違う。しかし、フルーグフェルダーも、それぞれの時代のパラダイムが永続的に男性同性間セクシュアリティの言説に影響を与えていると述べているように、現在を生きる日本のゲイも、その過去のパラダイムと無縁ではない。なぜなら、それぞれの時代のパラダイムにおいて生まれた概念枠組みは継承され、その枠組みをとおして同性間のセクシュアリティをまなざす視座は、いまなお存在しているからである。

また、江戸時代などの言説を引用することにより、「日本は同性愛に寛容であった／ある」といった語りが形成され、それが、ゲイやレズビアンの権利を主張することは日本にはなじまないとする根拠として提示されるなど、過去の言説が現在の言説のなかに織り込まれつつ、あるいは影響を与えつつ再生産されている。そして、そのような視座や語りに抵抗するかたちでゲイ・アクティビズムの言説が構成され、また、意識的か否かにかかわらず、アクティビズムに直接にかかわらないゲイのあいだからも、それらに抵抗するような実践が生じてきた。そして、その抵抗の積み重ねが、のちに詳述するように現在のコミュニティ意識の形成に大きな影響をもたらしているのである。

●沈黙の歴史

現代のわれわれから見ると恋愛的関係やセクシュアルな感情に映る、男性同性間のきわめて親密な感情や、男性同性間の性行為に関する記述は、日本においては古くからさまざまな文献や文学作品に書き記されている。日本の男色を初めて歴史化し研究した岩田準一（一九〇〇—一九四五）は、男性同性間の親密な関係とそのタブーに関する日本でもっとも古い記述として、『日本書紀』に記されている「阿豆那比之罪《あずないのつみ》」をあげ、▼49 さらに、万葉集における大伴家持の和歌や、伊勢物語・源氏物語における記述に同性間の親密な感情を見出すなど、上代から近代に至るまでの男性同性間の親密な関係の存在を多くの史料にもとづいて指摘している［岩田 2002］。また、徳川時代は男色についての言説が爆発的に増大した時代であり、現在も分析の対象として頻繁にとりあげられている［花咲 1992, 柴山 1993a, 1993b, 氏家 1994, 1995］。

しかし、そのような言説のほとんどが、文学作品や第三者の記録として残されているものであり、男色についてその関係性にある者の立場から書き記されたものではない。その最大の理由は、セクシュアリティの問題というよりも、近代に入るまで人びとが自らの経験や内面性を書き残すということ

▼49……これに対しゲイリー・リュープは、「阿豆那比之罪」が指し示す内容は明らかでないとし、九八五年の『往生要集』における記述が、あいまいなかたちながらも、僧侶の「ホモセクシュアリティ」に関する最初の言及であると位置づけ、そのなかでは、男色が中国からもち込まれたものとしては扱われていないことを指摘している［Leupp 1995：31］。ちなみに、「阿豆那比之罪」とはつぎのような内容である。仲のよい祝《ほふり》（神官）がいたのだが、一方が死んだあと他方が自殺してしまい、二人は合葬された。それより昼が夜のように暗くなったが、別葬したところ、昼夜がまた分かれた。

自体がきわめて稀であったことにある。平安時代に隆盛した日記文学は、「自己を直接に、あるいは直接的に語ったり語ろうとしている」点で他の文学形式と区別される性格をもつとされるが［増田 1989：20-21］、その担い手は基本的に女性であったがゆえに、男色を経験した者の言葉として書き記される表現方法とはならなかった。また、平安時代以降、男性が書き手として漢文日記と呼ばれる記録が書かれており、文学性や感情の吐露も見出されているが、基本的には公的な記録としての性質が強く［森田 1989］、その一つである藤原頼長の『台記』における男色についての記述をきわめて例外的なものとして、おしなべて性的なものについて記されることはなかった。

だが、そのように男性同性間のセクシュアルな関係をめぐる経験や思いが語られない様子は、個人の経験や内面性がしだいに書き記されるようになった時代が到来しても変化していない。たとえば、一九〇〇年代～一九二〇年の前後に流行した通俗性科学において、同性間の性的関係についての言説が増大するが、それは「変態性欲」の一種と位置づける視点からの一方的な分析や解説であった。また、第二次世界大戦前後に言説空間に登場した男性同性間の性行為に関する記述は、「男娼」についての記事やルポが主であった。つまり、つねにそれらに「ついて」書かれ、流通した言説であり、当事者が自らの経験を語る声そのものではなかった。しかし、そうして一方的に語られる言説の変化のなかで、同性間のセクシュアルな行動による属性化は深化され、しだいに広がっていく。

日本のセクシュアリティの歴史について研究している社会学者、古川誠は、大正時代の通俗性科学の雑誌に自らの同性愛性に悩む者からの投書が掲載されていることをとりあげ、「悩める『同性愛者』の誕生」［古川 1996］と位置づけている。「恥ずかしながら」と語るその投書は、「性科学パラダイム」の言説のなかで構成されるがゆえに、欲望の内面化と同時に、その欲望を語ることが困難なものとして同性愛者の主体化がなされたことを物語っている。属性化されたあとも、同性愛者自身の声や経験が言説空間に浮かびあがってこなかったのは、そのためであろう。また、内面化され属性化されつつあったとはいえ、生涯を「同性愛者として」過ごす者が稀であったことも、経験が書かれなかった大きな要因の一つであったかもしれない。

このように、属性化され、「同性愛者」としての主体が誕生する以前と以後に大きな切断をみることは、ミッシェル・フーコーが一八世紀の西欧において、性科学を含めた新しい権力の形態のなかで同性愛者が「一つの種族」となったメカニズムを詳細に分析して以来、定番となっている［フーコー 1986（1976）］。その視点からは、ここまで粗く概観した男色の長い歴史と「『同性愛者』の誕生」以降の変化を単純に比較したり、同一のものの変遷として扱ったりすることはできない。しかし、くり返しになるが、男性同性間のセクシュアリティに対する過去の概念枠組みは完全に刷新されたわけではなく、かたちを変えながら現在も存在し、新しいそれと並存しており、江戸時代の男色をめぐる言説は現在も引用されることで再生産され、現代においても影響を与えつづけていることも確かだ。

この非連続性と歴史の現在性は、章の最後に論じる社会の多層性につながる議論だが、そのまえに、この歴史の現在性を念頭におきながら、現在のゲイのおかれている状況につながる変化を追っていきたい。その変化のなかに、「ゲイ・コミュニティ」意識が誕生していく流れがある。

●語られる同性愛

先に述べたように、個人の内面性が語られるような時代になっても、男性同性間のセクシュアリティを経験している当事者の声の不在の歴史は長らく続く。その沈黙が破られるきっかけとなったのが、戦後まもなく刊行の始まった『奇譚クラブ』(一九四七年創刊、一九七五年廃刊)、『人間探求』(一九五〇年創刊、一九五三年廃刊)や『あまとりあ』(一九五一年創刊、一九五五年廃刊)など、性をテーマとした、いわゆる「カストリ誌」と呼ばれる雑誌の登場である。これらの雑誌は、一般に「逸脱的」とみられる性を扱っており、それは、戦前の性科学が積極的に研究対象とした「変態性欲」をめぐる言説に影響を受け、大衆向けの娯楽としてそれを再生産したものである。

そのなかでも、『あまとりあ』は、当時性科学者として有名だった高橋鐵(一九〇七―一九七一)の編集によるもので、ポルノグラフィー的要素と性科学的要素が混在した雑誌であった。同誌においても、当初、同性愛は「逸脱」や「変態」として一方的に分析的に語られる存在でしかなかった。それは、「性科学的パラダイム」をひき継いでいる。だが同誌では、しだいに読者からの相談コーナーに同性愛者の悩みが掲載されるようになり、そして、男性同性愛者の座談会が開かれるに至り、また、ゲイバーのルポルタージュ記事も地図つきで掲載されるようになる。

それは同性愛者自身の経験が語られることの始まりであった。その声からは、「性科学パラダイム」に収まらない、より肯定的な声の存在が明らかになっていく。たとえば座談会では、「先生」である高橋が、専門家として参加者に対してアドバイスをおこなっているのだが、かならずしも話は彼の思いどおりには進んでおらず、当事者の抵抗がみてとれる会話となっている。

たとえば、「まず両性愛へ持っていこうと」することを勧める高橋に対し、参加者のひとりであるAは、「私は治そうという気持ちが起きないんですよ。いまのままのほうがいい（後略）」「私は世間に少し何とかいわれてもこのまま（独身を）通そうと思う」と語り、また、結婚したことを後悔しているという別の参加者Bは、そのAに「独りでいたほうがいいと思いますね。（中略）あなたもお独りでいられて適当に同性のほうへ性欲を求められてお暮らしになったほうが安心できると思います」と、なるべく結婚へ向かわせようとする高橋と逆のアドバイスをしている。また、Bは、高橋が同性愛を「趣味」と表現したのに対し、「趣味という言葉の表現はまづいかも知れませんが」とさりげなく高橋の同性愛観を否定している［高橋ほか 1952：162-163］。

ここには、性科学の「先生」と当事者意識のずれの存在と、「権威ある」専門家に対する当事者からの抵抗が生じている様子がみてとれる。性科学的分析や好事家的言説の合間から洩れ聞こえてくるような当事者の言葉に、自らと同じ経験や思いを見出す人は少なくなかったにちがいない。

こうして、『あまとりあ』などのカストリ誌は、しだいに男性同性愛者たちの声を流通させる役割も担っていく。当事者とも思われる書き手によるルポルタージュでは、地図つきでゲイバーに関する記事が書かれており、それまで基本的に口コミでしか得られなかったゲイバーの情報がメディアをとおして知れわたるきっかけを与えた。また、『あまとりあ』刊行開始の翌年に『アドニス』という名の同人誌が誕生するが、それは『あまとりあ』のネットワークから派生したもののようである（『アドニス』は一〇年ほど続いたのちに休刊し、それから二年後に『薔薇』という新たな同人誌が創刊されている）。

●ゲイ雑誌の誕生

そして、さらにメディアをとおして経験を共有し情報を提供するかたちを確立し、大量に流通させるきっかけが、一九七一年のゲイ向けの商業誌『薔薇族』（第二書房）の創刊であり、それにひき続く他の商業誌の登場であった（三年後の一九七四年に『アドン』〈砦出版〉や『さぶ』〈サン出版〉の出版があり、約一〇年後の一九八二年に『サムソン』〈海鳴館〉が出版されている）。

日本初の商業的ゲイ雑誌『薔薇族』を出版する三年前、第二書房は『ホモテクニック』という単行本を出版しているが、当時のことを、同誌の編集長・伊藤文学は、つぎのように書き記している。

> まだそのころは、ホモは一種のタブーとされていた。映画にも、週刊誌にも出てはこなかった。そんな時代に出すのだから、それなりに勇気を必要とした。本の取次店の仕入れにもっていったら、〝こんなものは売れない〟と、ケンもホロロのありさまだった。（中略）ところがである。それが売れたのだ。とぶように、である。それから版を重ねて、もう数万部はでているだろう。
>
> ［伊藤 1971：5］

この本が売れたことをきっかけに、第二書房はゲイ向けの単行本を続けて出版し、それらの安定した売れ行きと当事者からの大反響が、日本で初めてのゲイ向け商業雑誌を創刊させることにつながった。単行本も同性愛に関する情報を当事者のもとに届ける役割を果たしたと思われるが、定期刊行される雑誌には、単行本とは大きく異なる性質があった。それは、読者の参加性の高さである。

伊藤は、創刊号で「この雑誌は、みんなが作る雑誌である。悩みや、仲間を求める訴えでもいい、いいたいことをぶっつけあう雑誌にしたい」〔伊藤 1971：7〕と書き記している。そして、実際に、出会いを求める人がそのための募集文を投稿する「通信欄」が設けられ、読者の意見が掲載されるコーナーにも多くのページが割かれるなど、読者の書き記した文章が重要な位置を占める雑誌となった。そのスタイルは、その後現在に至るまで、ゲイ雑誌の定型となっている。

もともと、伊藤が『ホモテクニック』を出版するきっかけとなったのは、その数年前に出版した性に関する本を読んだ人たちからの手紙だったという。その本はとくに同性愛をとりあげた本ではなかったにもかかわらず、読者からの便りのなかに、同性を性対象とする男性からのものが含まれており、そのときに初めて、伊藤はゲイの存在を意識し、「こういう同性愛の人たちに向けて本を出したら」と思ったという〔伊藤 2001：18-19〕。このエピソードは、このときにはすでに、自らの性を語りたいと欲望するゲイたちが多く存在していたことを表している。語る場の与えられていなかった彼らは、思いを手紙に綴るという行為で、その欲望を実現したのである。そして、一般書店で入手可能となったゲイ雑誌は、さらに多くの人の語ることへの欲望を実現するメディアとしてゲイに広く浸透していった。

その結果、誌面を通じて経験が共有され、ゲイのあいだの「われわれ」意識が強化され、その範囲が拡大されていく。また、ゲイ雑誌によって、ゲイバーやハッテン場についての情報が継続的に掲載されることにより、これまで口コミで伝達されていた情報が安定して供給され、その流通範囲が一気に拡大することとなった。ゲイバーなどの広告がゲイ雑誌に掲載されるようになったのは、創刊してからしばらくのちのことであったが、当初、一般の雑誌と同じように雑誌全体に分散されるかたちで掲載されていた広告は、雑誌の後半のページにすべてまとめて掲載されるかたちへと変化している。雑誌には珍しいこのページ構成は、雑誌読者が広告を貴重な情報源としていることを想定してつくられたものである。その後、バーの広告などが地域別に分けられ、広告のインデックスがつけられているようになっていることが、それを明示している。

こうして、雑誌に書き込まれた声を通じての経験の共有、雑誌の文通欄によるゲイ同士が知り合う機会の増大、情報の流通によるバーの利用者層の拡大などが、ゲイの関係性のあり方と意識に大きな変化をもたらしていったことは疑う余地がない。

さらに、一九八〇年代の後半から一九九〇年代にかけてゲイ雑誌には大きな変化が生じ、多くのゲイに影響を与えた。まず、『アドン』の編集長であった南定四郎（日本初の性的マイノリティのパレードの実現者でもある）が、一九八四年に国際的な性的マイノリティの解放運動団体に属すかたちで、「ＩＧＡ（International Gay Association）日本」（のちのＩＬＧＡ〈International Lesbian & Gay Association〉日本）という団体を立ちあげたことから、ゲイリブ（ゲイ解放運動）に関する国際的な情報と日本での活動の様子が掲載されるようになった（ここでは、ゲイとの関係性に関する考察であることからゲイリブという語をおもに用いる）。それまでゲイ雑誌は、文通欄というゲイ同士の出会いの場や、写真／イラストや小説（のちに漫画）などによる性的な娯楽、投書欄をとおして経験や意見を共有する機会を提供するメディアであったが、性的な意味あいが強く、いわゆる「エロ雑誌」の一種であった。よって、『アドン』に掲載されるようになったゲイリブに関する情報は、それまではほとんどなかった。おそらく、一九九〇年代初めに音楽サークルなどが誕生していく流れの背景に、『アドン』を通じた、性的なものだけではないゲイの情報が掲載され流されつづけたことがあっただろう。

そして、『アドン』のゲイリブ情報の掲載とは異なる流れが、一九九〇年代に始まる。一九九三年創刊の『バディ』（テラ出版）と一九九五年創刊の『G-men』（ジープロジェクト、現在は古川書房）の登場である。両誌とも、性的な表現を主としながらも、ゲイであることを積極的に肯定する「ゲイポジティブ」な姿勢が強いことが特徴的であった。とくに、一九九〇年代後半に向けて発行を重ねるにつれ、そのときどきの編集長の方向性の影響を受けながら、ゲイに関係するアート作品や映画の紹介、執筆者の顔写真つきのコラム、ゲイを中心とした人物紹介などが目立つようになり、ゲイのサークルの紹介や、HIV／AIDSに関係する情報も増えていった。コーナーとしてはそれ以前の雑誌にもあったものでも、執筆者の顔写真が登場するなどの違いがあった。

また、両誌とも、二丁目やゲイイベントなどで声をかけたゲイを顔写真つきで誌面におおぜい登場させる企画を立てるようになり、「特別な」ゲイではない人たちの顔が見えるきっかけをつくった。そのような写真が多く掲載されるようになったゲイ雑誌をゲイメンズバーで見ながら、四〇代の客が「こんなふうに勢いで顔出して、あとで後悔しないのかな」と語っているのを耳にしたことがあるが、その言葉は、この時期がゲイのおかれている社会状況とゲイの意識が大きく変化している時期であったことを示している。

声が書き残されることのなかったゲイが、一方的に語られ描かれるようになる時代を経て、ゲイ向けのメディアで自分たちの経験を語り共有し、そして、顔を出して見える存在へと至ったのである。ゲイ雑誌のなかで顔を出すことをうながす役割を果たした『バディ』『G-men』の両誌が、二〇〇〇年のパレードを支援し、ブースやフロートを出すなどのかたちで参加したことも象徴的なことであった。

そして、このメディアの変化と相互に影響を与えあいながら、対面的な関係を築く場が多様化していくのだが、それは、ゲイメンズバーにおける共同性の体感と異なった流れとして、コミュニティ感を醸成していくことになる。

3 コミュニティ感の醸成

●対面的場の増加と合流

一九八〇年代には、先ほどふれた「ＩＬＧＡ日本」（一九八四年設立）、「動くゲイとレズビアンの会（通称・アカー）」（一九八六年設立）などのゲイリブ団体が結成されているが、じつはそれ以前、一九七〇年代後半にいくつもの小さな団体が誕生していた。一九七六年には、「日本同性愛解放連合」が、翌年には「フロントランナーズ」という団体が発足し、「プラトニカ」というグループもミニコミ誌を発行していた。また、大塚隆史が中心となった「アワーズ・ワーク・コミュニティ」という団体も発足している。しかし、どれも長くは続いていない。その理由を大塚は、「問題は何をしたらいいかわからない状態だった。恋人ができると来なくなる。そこを入り口に二丁目へ行くようになり、もっと来なくなる。どうすべきかと話しているうちにエネルギーが無くなっていった」と語っている。おそらく、活動が維持されるほどには集団意識や権利意識をもつ層は厚くなかったのだろう。

しかし、一九八〇年代に活動を開始した「ＩＬＧＡ日本」は一〇年以上活動を続け、「動くゲイとレズビアンの会」は「ＮＰＯ法人アカー」として現在も活動を続けている。また、「ＩＬＧＡ日本」内の一つのグループとして始まった「札幌ミーティング」は、のちに一九九六年の札幌での性的マイノリティのパレードを実現し、一九八〇年代に大阪で活動を始めた「上方ＤＪ倶楽部」もその後、他団体と合流するかたちで現在の「G-Front 関西」にひき継がれている。これらの団体の活動の展開や継続は、それ以前に比べ、団体を継続する土台がゲイのネットワークのなかにできていたことを示している。

さらに、一九九〇年代に入ると、ゲイリブとは別のかたちの、対面的な関係を築くことができる活動が活発化した。現在も活動を続け、定期演奏会をおこなっているゲイの吹奏楽団が一九九一年に、合唱団が一九九二年に東京で活動を始め、その後もいくつもの吹奏楽団や合唱団ができている。また、一九九二年には、早稲田大学にＧＬＯＷというサークルが誕生した。これは、正式に発足したものとしては、大学で初めての性的マイノリティのサークルである。ＨＩＶ／ＡＩＤＳの問題と関係した分野などで、ゲイを中心としたソーシャルサービスをおこなうボランティア団体も、同じ一九九〇年代に誕生している。医療・福祉・教育関係者の団体であるＡＧＰが一九九四年に結成され、また同年に、私も長らくかかわったＨＩＶ／ＡＩＤＳ関係のサポートグループ「ぷれいす東京」▼50が発足している。「ぷれいす東京」は、ゲイの団体ではないが、そのなかにゲイグループ「Gay Friend for AIDS」をもつかたちで始まっており、全体としてもゲイのスタッフが活発に活動に参加しているＮＰＯ法人である。これらのソーシャルサービス提供中心の団体は、社会問題に対する関心を共有し成り立っているという意味では、ゲイリブ活動と近いが、差別への抗議など対決姿勢とみられがちな活動を回避する傾向がある点で性質が異なる。ゲイリブが、社会変革を第一に志向しているという意味で社会構造への意識が強いとするなら、ソーシャルサービス提供の活動は、行政などとの連携を図りながら、ゲイの抱えている問題を直接的な当事者へのサービスの提供によって解決することを第一の目的とするという点で、個人とネットワークへ重きをおく性質をもっているといえるだろう。その性質はサークル活動にも近い面があり、よってこのような団体は、ちょうどゲイリブとサークルの中間的な役割を担い、直接的な解放運動を避けつつも社会問題にかかわりたい層を吸収する存在となった（もちろん、ゲイリブ団体も個人へのサポートはおこなっているが、ここでは活動における比重について説明している）。

そして、これらのサークルやボランティア団体の増加は、それまで対面的な出会いの場がおもにバーかハッテン場、あるいはゲイリブ活動という、多くの当事者にとっては両極に見えたであろう選択肢しかなかったゲイに、新たな出会いのきっかけと関係性を築く場を提供した。

私がおこなったインタビュー調査で、澤田信康は、一九九〇年代の中頃に、ゲイを中心としたあるボランティア団体に一〇代で参加したときの経験を語るなかで、「昼から集まれる、本名を名乗れる関係がよいなと思った」と話している。当然、彼自身が、「同年代では稀だけれども」と断っているように、それがその年代の典型といえるわけではない。しかし、「都市部においては」という限定がつくとはいえ、一九九〇年代にそのような経験が可能な時代に入ったことが重要だ。

そのようなグループには、当初、ゲイリブ団体の者たちの「コミュニティをつくろう」という意志を伴ったコミュニティ意識はなかっただろう。しかし、これらのサークルやボランティア活動において、ゲイが体感した集団における親密感は、コミュニティ意識の広がりにおいて重要だったはずだ。これらの活動は、メディアをとおした想像的なつながりとは異なる、対面的な直接的つながりを提供した。もちろん、すでに見たような、そのようなつながりはゲイメンズバーでも形成されるわけだが、これらの活動は、バーにおける関係とは異なってメンバーシップがより明確であり、集団意識を保持しやすい。さらに、セクシュアリティ以外にも、活動そのものを共有する関係性のなかで、結びつきを強めることができる。そして、それぞれのグループにおいて関係性を深めていくことが、自分たちのつながりや、さらに広い関係性をコミュニティと意識する流れとなった。先の章でふれたように、「ゲイ・コミュニティ」という用語が『薔薇族』のなかで大々的に使われたのはサークル紹介記事であったことが、その証左ともいえるだろう。

さらにもう一つ、これらの活動ともバーとも異なる対面的な場を提供しながら、より多くの「仲間」との共同性を体感する機会を提供したものとして、「大バコ」でのゲイナイトも挙げておきたい。「大バコ」とは、大人数が収容できるディスコ（現在いうところの「クラブ」）のことである。それまでも、二丁目にも数十人が踊れるような小規模なディスコがあったが、そこはゲイだけではなく、異性愛の男女も踊りにくるような場所であった。そんななか、一九八九年、ゲイを対象としたイベント

▼50……「ぷれいす東京」は、「HIVと人権・情報センター東京支部」（一九八九年設立）から分裂するかたちで結成された。「HIVと人権・情報センター東京支部」では、一九九三年に「ゲイプロジェクト」というゲイグループが誕生しており、「ぷれいす東京」の「Gay Friends for AIDS」はそれをひき継ぐかたちで始まっている。

「THE PRIVATE PARTY」が、数百人が入れるディスコ「ミロス・ガレージ」でおこなわれている。ゲイだけが何百人も集まり踊るこのようなイベントは、まさに身体をとおして共同性を「体感」するものとなった。そのイベントの意義についてゲイ雑誌のなかでつぎのように表現されている。

一九八九年五月に始まった、日本のゲイナイトの元祖にして最大級のイベント「THE PRIVATE PARTY」が、二〇〇三年一二月六日、ついにその幕を閉じた。（中略）旬の大バコをメンオンリーで楽しませてくれた回数、実に二五〇回以上。（中略）これらのイベントが日本のゲイシーンに与えた影響は計り知れない。ゲイの共通言語としてのサウンドやファッション、ゲイ・タレントとしてのGO-GOボーイやドラァグクィーン……ゲイ・カルチャーと呼ばれるものの多くがここで生まれ、日本のゲイの隅々にまでそれは拡がっていったのだ。（中略）信じられないような数の「仲間」たちを目の当たりにし、同じ好みの音やファッションに包まれながら、一体感を味わった初めての夜。あれこそが多くのゲイが本当にゲイになった瞬間だったのでは？［斎藤靖紀「ありがとう！THE PRIVATE PARTY!!」『バディ 2004.3.』No.131：70］

このように、一九九〇年前後にゲイが対面的な関係において共同性を経験する場として、ゲイバーのほかに、強い権利運動意識と集団意識に裏打ちされたゲイリブ団体、音楽やスポーツなど共通の趣味を介在しつつ集うサークル、ＨＩＶ／ＡＩＤＳを代表とする社会問題にかかわるソーシャルサービス型ボランティア団体、そして、かつてないほどに多くのゲイが一度に集合するクラブイベントと、ゲイが互いにかかわりあいをもつ場がいくつもできあがっていった。しかし、それらの場に参加する人たちは、まったく異なるネットワークを形成していたわけではなく、それぞれに重なりあってもいた。そして、一九九〇年代の後半からゲイのあいだでますます深刻化していったＨＩＶ／ＡＩＤＳの問題は、それらの結びつきを強める役割も果たす。

●ＨＩＶ／ＡＩＤＳと社会における可視化

ＨＩＶ感染が拡大するにつれ、ＨＩＶを活動のテーマとしていたボランティア団体は、その問題に関心のない人へもアクセスするために、ゲイバーやクラブイベントとの結びつきを強めていった。「ぷれいす東京」では、一九九五年に作成したＨＩＶ予防啓発のパンフレット「Safer Sex Guide Book」を二丁目のゲイバー四七店舗に配布している。また、「AIDS Care Project」は、一九九六年から新宿二丁目で定期的にクラブイベントを開催するようになった。また、「動くゲイとレズビアンの会」のようなゲイリブ団体も、ＨＩＶ／ＡＩＤＳの啓発活動に乗り出すなかでしだいにゲイバーとの協力関係を築くようになる。さらに、二丁目のゲイバーでも、店によっては、ＨＩＶに感染した客がそのことをマスターに相談することも増えるなかで、マスターが自主的にコンドームを店で配布する動きも始まった。

「ぷれいす東京」が一九九八年に始めたＨＩＶ予防のための啓発イベントには、一九九〇年代初期に活動を始めた吹奏楽団、合唱団が参加し、クラブイベントで活躍するドラァグ・クィーンのショーも織り込まれるなど、ＨＩＶ／ＡＩＤＳの問題をきっかけに、いくつもの活動が合流した典型例となった。また、二〇〇〇年の「東京レズビアン&ゲイパレード」と「東京レインボー祭り」の同時開催も、このようなＨＩＶ／ＡＩＤＳを一つのきっかけとしてさまざまな活動が合流した流れのなかにあるとみることができる。

ここで、対面的な活動の場を増やし、さまざまな活動を合流させたＨＩＶ／ＡＩＤＳの問題について詳述する必要があるだろう。現在、ゲイの活動について語るさいには、ＨＩＶ／ＡＩＤＳの影響について言及せずに話を進めることはできない。この病気は一九八一年に米国において初めて報告されたが、そのときこの病気に罹患していたのがゲイたちであり、まず欧米のゲイを中心に感染拡大が確認されたことから、ゲイをはじめとする男性と性行為をおこなう男性が最初に重大な影響を受けることになった。ここでいう「重大な影響」とは、各地で多くのゲイたちの命が失われていったことはもちろんのこと、そのことへの対応によって生じた社会的変化やＡＩＤＳをめぐる表象との関係も含んでいる。日本ではまず、この病気の登場により、ゲイという存在が顕在化することになった。それまで「ゲイ」や「同性愛」という言葉すらほとんど書き記すことのなかった日本の大新聞などのマスメディアが、その言葉だけではなく、ゲイの姿や生活についての記事を掲載するようになった。[51] まず、欧米のゲイの話として、そして、しだいに日本にいるゲイの話としてだ。

米国でＡＩＤＳが報告されてから三年後の一九八四年に書かれたＡＩＤＳに関する新聞記事では、厚生省職員の「日本には米国のような特殊な風俗習慣はないので」という言葉が、とくに否定されることもなく掲載されている［朝日新聞一九八四年九月一八日朝刊「解説」欄］。この「特殊な風俗習慣」とは文脈から同性愛を指している。しかし、その後、ゲイを対象とした疫学調査がおこなわれ、また、ＨＩＶ感染に不安を覚えるゲイが検査を受けるなかで、日本におけるゲイの存在が明らかになっていった。先の記事の二年後の新聞記事では、都立病院の医師が、「ウイルスの拡大を防ぐため、とくに二〇万人以上という日本の男性同性愛者を、何としてでも検査に引っ張り出さなければ……」と、根拠が不明確な人数を示しながら、ゲイが多数いることを示唆する言葉が掲載されている［朝日新聞一九八六年四月二七日朝刊］。

そして、ちょうどそのころ誕生したゲイリブ団体「ＩＬＧＡ日本」や「動くゲイとレズビアンの会（アカー）」が、ＡＩＤＳとゲイを結びつける動きにいち早く反応し、一般メディアにその団体名を登場させることになった。おそらく日本の全国紙で初めて同性愛者の団体の存在が書き記されたのは、一九八八年に、社会防衛的色あいが強く感染者の人権侵害につながる可能性の高かった「エイズ予防法案」の廃止を求めて、「動くゲイとレズビアンの会」が厚生省に要請をおこなったことを紹介する記事である［朝日新聞一九八八年四月一九日朝刊］。それは、一般メディアをとおして当事者の声が外へ向かって投げかけられる、つまり自らを可視化していく動きの始まりであった。それは、ＡＩＤＳとゲイを同一視するまなざしや、ＨＩＶ陽性者を管理の対象としようとする施策への抵抗として生まれたものであった。

まずは米国におけるゲイの病気としてＡＩＤＳは紹介され、そのニュースを通じて、ゲイという存在が外国のものと位置づけられながらも提示された。そしてその後、日本のゲイたちの存在が

▼51……一九八〇年代、朝日新聞でもっとも多く「同性愛」という言葉が記事検索にかかるのは、一九八七年の七四件だが、そのうちの六四件はエイズ関係の記事である。

ＡＩＤＳのニュースと結びつけられるかたちでとりあげられ、一方的なまなざしに曝されることになる。そして、そのような社会からの一方的なまなざしは、それが向けられていることを意識する者の権利意識を強化していった。また、ＡＩＤＳは、ゲイリブのなかで、病いそのものとしても、それをめぐる差別としても、共有できる／すべき問題としての意味を担うことになり、集団意識を高める役割を果たした。

●HIV／AIDSとコミュニティ

「動くゲイとレズビアンの会（アカー）」は、日本で初めてゲイの人権をめぐって裁判を起こした団体であり、南の「ＩＬＧＡ日本」とともに、日本のゲイリブの歴史を語るうえで特筆すべき存在である。そのアカーのメンバーの一人は、「活動史」を振り返るなかでつぎのように語っている。

> アカーは、同性愛者の団体を含んだ、草の根の市民団体と協力して、エイズ予防法に対し反対を表明した。結果から言えば、エイズ予防法は成立してしまった。その意味では運動は成功をみなかったが、この出来事は、アカーにひとつの経験をもたらしたと言える。予防法の反対集会において、みずから同性愛者の団体であることを周囲に告げ、またそのように自己を規定するという経験は、同性愛者の団体としてのアカーのアイデンティティを、ひいてはそこに属する会員個人こじんの、同性愛者としてのアイデンティティを作り上げる、その転機となったのである。そしてその経験は、いわゆる府中事件に収れんされた、と言えるだろう。［古野 1994：26］

一方的なまなざしへの抵抗として生じたゲイリブにおける可視化への動きは、そのような権利意識（平等な権利を獲得していく意識）と集団意識を土台にしたものであった。

そして、メンバー自身が語るように、ＡＩＤＳが触媒的な役割を果たすことで強化されていった権利意識と集団意識や可視化への動きが結実したできごとが、一九九一年の「府中青年の家事件」裁判である。これは、アカーが、ゲイの団体であることを明らかにして「府中青年の家」を利用したさいに、他の利用団体からいやがらせを受けたことに端を発した裁判である。そのいやがらせの改善を求め施設側と交渉した結果、逆にアカーがそれ以降の宿泊利用を拒否されることになり、その宿泊利用拒否をめぐって東京都を相手に争われた。この裁判は、一審でアカー側勝訴の判決がくだされ、東京都が控訴を断念したことから一九九七年にアカー側の勝訴が確定している。それまでは（そしておそらくいまでも）、ゲイグループが、そのような施設を利用するさいにゲイであることを明らかにすることはほとんどなく、ましてや、ゲイとして裁判を闘うことなど考えもつかないことであった。これは、日本でゲイがゲイとして闘った初めての裁判である。このように裁判を起こし社会へ向けて訴えるという運動手法をとるに至る背景に、ＨＩＶ／ＡＩＤＳの問題を通じて、ゲイリブにかかわる人の権利意識や集団意識が完成され、可視化することへの流れができていった。

そして、これらのゲイリブにかかわる者たちのあいだで、権利意識と接合したかたちの集団意識が強まり、それがコミュニティという言葉をひき寄せていった。アカーでは、一九九二年の総会で「アカー・ゲイ・コミュニティ・プラン（ＯＧＣＰ）ガイドライン」という、コミュニティをつくるための方針を提起し採択し［動くゲイとレズビアンの会 1995a］、一九九一年からサンフランシスコなどの欧米の都市をメンバーが訪れ、それに「レズビアン＆ゲイ・コミュニティ視察」という名称をつけている［動くゲイとレズビアンの会 1994, 1995b, 1997］。しかし当時、彼らがイメージするコミュニティとは、意識的に形成していくべきものであり、よって、二丁目のような盛り場に対する反発も含みもったものであった。「OGCPガイドライン九三年版」がスタートしてから二年後の年間総会報告集には、つぎのように書き記されている。


九三年版ガイドラインには、三つの目標が掲げられました。

第一点は、「中野区に、より多くの同性愛者が居住する」です。これは、みずからの生を「夜の繁華街」のみに限定されることをこばみ、同性愛者としての別の（オルタナティブな）生き方を模索する意志を表明したものでした。

「集住する同性愛者の力を背景に、区内各領域への参入をはかる」が、二つめの目標でした。同性愛者自身の訴えかけによる社会変革の志向を言明したものです。

そして第三点として、こうした活動をとおして「同性愛者への具体的な利益誘致を図る」ことがめざされました。［動くゲイとレズビアンの会 1995a：35］

ここでイメージされているコミュニティが、二丁目のあり方や趣味を共有するゲイ・サークルと大きな距離があることは言うまでもないだろう。しかし、その後、「ゲイ・コミュニティ」という語は広がりを見せていった。おそらく多くのゲイは意識はしていないだろうが、彼らが積極的にコミュニティという語を使用していたことも、ゲイのあいだでその語が使われるようになる土台を形成しただろう。

二〇〇〇年代に入り、ゲイ関係の多くの活動にHIV／AIDSと関連して厚生労働省の科学研究費が投入されるようになっており、ますますこの問題とゲイの活動は切り離せなくなっている。東京のパレードに次ぐ大きなゲイ関係のイベントとして、二〇〇〇年に大阪で始まった「SWITCH」（のちのPLuS+）、二〇〇一年に名古屋で始まった「NLGR」をあげることができるが、いずれもHIV予防啓発のために厚労省の研究費などが投入され、HIV抗体検査が実施されたりしている。また、新宿二丁目にできたaktaと呼ばれるスペースは、厚生労働省系の資金によってHIV予防啓発のためにつくられたものだが、「コミュニティセンター」と呼ばれ、幅広い活動に使用されている。また同様なスペースが、仙台・大阪・名古屋・福岡・沖縄にもできている。

4 概念枠組みの変化と多面性／多層性

●三つの概念枠組み

これまで述べてきた歴史的状況と現状は、社会全体におけるセクシュアリティの位置づけ、婚姻制度などセクシュアリティと絡む制度のあり方も大きく異なる以上、単純に比較したり並べたりすることはできない。しかし、これらのなかから、男性同性間のセクシュアリティをめぐって登場してきたいくつかの概念枠組みを抽出することは可能だ。ここでは、先にふれたフルーグフェルダーが提示しているパラダイムや、明治時代の鶏姦法の制定と廃止に関する古川誠の分析を参考にしながら［古川 2001］、歴史的に蓄積され現在もなお再生産されている支配的言説やそれに対する抵抗を、三つのフレームとして整理し、その以降と多層化について述べておく。

戦国時代から江戸時代にかけて男色と呼ばれ、多くの言説が書き残されている男性同性間のセクシュアリティが、現在とはまったく異質なものであることの理由として、まず第一に、男性同性間だけの問題ではなく男女間も含めたセクシュアリティ全体の枠組みがいまの時代と異なっていることをあげることができる。佐伯順子は、男女関係も含め、当時のそのような関係性は「色」という概念でとらえられていたものであり、明治以降に導入された「愛」と大きく異なることを指摘している［佐伯 1998］。

しかし現在でも、同性間のセクシュアリティに関しては、この「色」に近い概念でとらえる人が多く存在する。そのような人はゲイにも存在するが、私自身がゲイとしてゲイのネットワークのなかで関係を築き、また性的マイノリティに関連する活動を展開する一方で、授業や講演でセクシュアリティに関連した話をする機会をもってきた経験から言うならば、同性間のセクシュアリティを「色」としてとらえる人は、性的マイノリティではない人が多い。それが、「当事者」の感覚とそうではない人のイメージのあいだに横たわる最大のギャップとなっている。ただし、現代では、その概念は「色」という名で語られるのではなく、それと近接した概念である「趣味」や「嗜好」という言葉で表現される。ゲイやレズビアンであることを否定するときに使われる「自分にはその趣味はないから」という言葉や、ゲイやレズビアンであることをカミングアウトしたときに聞かれる「人それぞれ趣味はあるから」という返答、あるいは、同性愛を「性的嗜好」と書き記すことは、そのフレームの典型である。そのような同性愛観は、〈色—趣味フレーム〉と呼ぶことができるだろう。異性愛の関係に関しては、確実に「色」から近代的「愛」に移行したのに対し、男性同性間の関係に関しては、いまなお「色」フレームが支配的言説として力をもっている。男女の関係が、社会的変動の影響を受けやすい婚姻という制度のなかにあったことや、当事者の吐露を含めてつねに書き記され語られるものであったのに対して、同性間のセクシュアリティは、近代以降、社会制度外の存在であり、言説空間に当事者の語りが登場したのはここ六〇年くらいのことであったということが、その違いをもたらしてきたのかもしれない。

また、性科学とともに導入された、同性愛を「変態性欲」とみる〈病理フレーム〉といえる同性愛観も、〈色—趣味フレーム〉同様に現代においても堅持されている。欧米では、〈病理フレーム〉とともに〈犯罪フレーム〉とも呼べる位置づけが、同性愛を抑圧する大きな役割を果たしてきたが、日本ではこれまで〈犯罪フレーム〉が定着することはなかった。日本でもいったん、一八七二年に鶏姦法が制定されているものの、八年後には廃止されている。古川は、その成立と廃止の背景を詳細に分析し、「明治以降の社会の変容の中で、同性愛的な現象をいかに制御するのか、という課題がくりかえし存在した」が、「法的概念装置による制御の試みが失敗に終わった」ことを明らかにしている［古川 2001］。

そして、これらの同性愛観に抵抗するかたちで提示されてきたのが、当事者による〈性的指向フレーム〉である。Sexual Orientationという英語の訳としてこの語をあてることを推し進めてきた「動くゲイとレズビアンの会（アカー）」は、おもにマスコミ関係者に配布することを目的に作成した冊子のなかで、つぎのように説明している。

その人の性的意識が、同性、異性、いずれに向かうかを表す概念。日本では、ほとんど知られていない。／性的指向は、皮膚の色などと同様、本人の意志では選択できない。主体的に選択したり、転換することが不可能なorientationを、「性的志向」「性的嗜好」と訳することは、誤りである。［動くゲイとレズビアンの会 1993：4］

この説明から、彼らが〈色―趣味フレーム〉を強く意識し、それに抵抗していることがはっきりとうかがえる。性的指向という言葉は、他のフレームのように異性愛者を「普通」としてゲイやレズビアンだけを徴づけるものではなく、並列化する概念であるという意味において、先の二つと根本的に異なるものである。こうして、選択も変更もできないものとしつつ異性愛と同等に明確に位置づけることで、〈色―趣味フレーム〉でも〈病理フレーム〉でもない、〈性的指向フレーム〉が明確に打ち出されることとなった。しかし、このように明確に言語化され、言葉を与えられた概念は、一九八〇年代の終わりごろから一九九〇年代にかけてゲイリブにかかわる人、あるいはそれに共感をする人のあいだで共有されるようになったもので、当初は、多くのゲイには知られるものではなかった。

だが、このフレームが、「選択や変更ができない『自然』なものである」「異性愛と並列に置かれるべきものである」という意味を含むものであるとするならば、その意識は、それ以前からも存在していた。第2節であげた戦後のカストリ誌の一つ『あまとりあ』の座談会で、司会の性科学者が同性愛を「趣味」と表現したのに対し、参加者の一人が「趣味という言葉の表現はまづいかも知れませんが」と否定したことは、少なくとも〈色―趣味フレーム〉に対する抵抗意識がすでに存在していたことを表している。

「性的指向」という言葉は、その意識に名を与えることで、広がっていった。いまや、その言葉を直接知らずとも、異性愛と同性愛は根本的には性的な対象が異なるだけであり、異性とつきあったり結婚することによって変更される類のものではない、という意識は当事者のあいだにはかなり広がっている。

そして、この〈性的指向フレーム〉の広がりが、ゲイのあいだにコミュニティ意識が生じるためには必要であった。なぜなら、〈色―趣味フレーム〉では、異性愛結婚をおこないながらも、それと矛盾せずに同性間のパートナー関係を築くことが可能であり、それは、異性愛結婚を社会生活の基盤としながら、同性間の関係をきわめて個人的で副次的な存在と位置づけるものだからだ。また、〈病理フレーム〉においては、異性愛結婚は、むしろそれを「治療」するものとして奨励される存在となる。それらのフレームが圧倒的に支配的であるならば、コミュニティ意識が登場するのは難しい。なぜなら、次章で議論するように、コミュニティ意識とパートナー関係というものは、密接に結びついているからである。〈性的指向フレーム〉は、異性愛と同性愛を並置することにより、異性愛的結婚と同性間のパートナーシップを等価なものとして見る価値観を生む。また、〈性的指向フレーム〉のもつ「生まれついてのもの」という非選択感は、ちょうど血縁・地縁において非選択感がある種の運命共同体的な感覚を生じさせるのと同じように、仲間意識を強化させるのにつながっている。

よって、この〈性的指向フレーム〉の拡大が、ゲイ・コミュニティ意識を生む一つの土台となったといっても過言ではない。しかし、〈性的指向フレーム〉が深化しつつ広がるためには、まず、〈色—趣味フレーム〉や〈病理フレーム〉に支配されていた言説空間へ、当事者の声が登場しなければならなかった。当事者の声が登場し、流通していくなかで、ゲイは共同性を発見してきたのである。

そして、この〈性的指向フレーム〉とともに広がったのが「ゲイ」という呼称である。その言葉をゲイリブが率先して広めてきた背景には、「ホモ」という言葉が、それまでの〈色—趣味フレーム〉や〈病理フレーム〉のイメージを色濃く残してきたことがある。「ゲイ」という言葉の使用はそのイメージからの離脱を図ろうとするものであった。そこにはきわめて意識的な実践があった。

●自称の変化

まず、「ホモ」からゲイという言葉への移行に先立ち、「逸脱的」とみられていた性のなかから男性の同性愛者が独立していく段階があった。それが形としてはっきり現れたのが、ゲイ雑誌の登場である。このとき、それまでの性科学の分類でもカストリ誌のなかでも、「男性同性愛」に含まれる傾向にあった、現在で言うところのＭｔＦ（Male to Female Trans-Gender：男性から女性への）、トランスジェンダーで男性に性的指向の向く人は、当時、男性同性愛者を指す言葉として使われていた「ホモ」という言葉から分離されている。

「女装家」という肩書きで当事者の立場から発言し、トランスジェンダーなどの性的マイノリティの歴史を研究している三橋順子は、一九五〇―六〇年代的な「『ゲイ』世界」を「男性同性愛の世界と女装の世界が未分化な混沌とした状況」ととらえている〔三橋 2005：21〕。これは、ゲイ雑誌が登場する以前の言説状況を的確に表現している。しかし、たしかにそれらは、言説上では同じ概念でくくられ、カストリ誌などでは同じ種類のものとして位置づけられてはいるが、当事者が実際にも未分化なものとして経験していたかどうかは定かではない。もし、実際の生活において未分化であったなら、一九七一年に刊行が始まった『薔薇族』の初期にはトランスジェンダーとしての立場からの表現が混在してもおかしくないはずだが、そのようなものは見られない。少なくとも、ゲイ雑誌が登場するときにはすでに、トランスジェンダーとそうではないゲイは当事者意識においては分化していた可能性が高い。いずれにせよ、ゲイ雑誌の登場により、言説上においても「ホモ」は単独性を増し、「ホモ」として語られる者の境界線が明示され強化されることになった。

また、「同性愛」という枠で考えるならば、レズビアンとゲイがアイデンティティを共有できる可能性もあったはずだが、『薔薇族』とその後出版されたゲイ雑誌に、一時期、レズビアンの読者からのコーナーが設けられることもあったものの、基本的にレズビアンは読者として想定されていない。それは、当時から、ゲイとレズビアンのあいだに仲間意識がなかったことの反映と思われるが、ゲイ雑誌が、その区分を再生産し強化しつづけてきた。そのためか、現在も、日本のゲイとレズビアンは、アクティビズムの場をのぞくと接点が少ない。それは、米国において、ゲイとレズビアンが同じバーに集うことが珍しくなく、雑誌もゲイ／レズビアンを対象としてつくられていることとの大きな違いとなっている。英語においては、ゲイという言葉自体がレズビアンを含むにもかかわらず、日本語では男性だけを指すものとして使用されているということも示唆的だ。

そして、「ホモ」として境界がつけられたあとに、もう一度起こる属性に関係する大きな転換が、「ゲイ」という言葉への変化であった。「ホモ」という言葉は、現在も一般メディアにおいて頻繁に用いられ、当事者も自分自身を指すものとして使用することは多いが、この言葉は一九九〇年代からしだいに「ゲイ」という言葉にとってかわられていく。ゲイ雑誌でも、一九九四年から発行されている『バディ』やその翌年から続く『G-men』においては、すでに「ゲイ」という言葉が主流となっている。そして、このように、「ホモ」という言葉から「ゲイ」という言葉へと変わった背景には、この言葉を広めようとしたゲイリブの流れがある。

一九八四年に設立された「ＩＬＧＡ（International Lesbian & Gay Association）日本」や一九八六年に設立された「動くゲイとレズビアンの会（アカー）」は、その会の名に「ゲイ」という言葉を掲げた。しかし、一九九一年に、伏見憲明がゲイとして初めて本名を出し写真を掲載して『プライベート・ゲイ・ライフ』（学陽書房）を上梓したころも、のちに彼が「その頃バーでは全然ゲイという言葉は使われてなかった」と語っているように、当事者のあいだでも「ホモ」という言葉が主流であった。それでも、ゲイリブに問題意識をもつ者たちが積極的に「ゲイ」という言葉を使用しつづけたのは、「ホモ」という言葉が、過去の歴史のなかで否定的に色づけられていた一方、「ゲイ」という言葉は、「ゲイリベレーション」という言葉とのつながりもあり、また、米国でゲイたちが自称する言葉として使われていたことから、肯定的な意味とイメージが含まれていたからである。

大塚隆史はのちに、「ゲイ」という言葉についてつぎのように述べている。

実は、「ゲイ」はアメリカのゲイリブの歴史の中で、作り上げられた新しい概念でもある。（中略）ゲイリブがゲイと言う時には、自分の性的欲望を人生に全面的に関わらせていこうとする意志を持った同性愛者が想定されている。

もちろんそこには、ストレート（ノンケ）も自分の性的欲望を人生に全面的に関わらせているという前提がある。そして、その考え方の底には、ゲイとかストレートに関わらず、人間は性的欲望を人生に全面的に関わらせたい欲求を持つという認識がある。その点で、性的欲望を非常に重視した、ある意味で非常にアメリカ的な考え方なのだ。［大塚 1995：210］

これは、新しい言葉とその背景にある概念を意識的に取り込もうとする動きだ。文化人類学のセクシュアリティ研究では、非欧米地域におけるセクシュアリティの「民俗モデル」が、ゲイという語の導入によって変化していることが指摘されてきた。しかしそれらは、その言葉によりトランスジェンダーとホモセクシュアリティが分離し、ゲイとしてアイデンティティ化していく様子を示すことが多い。一方、日本においては、「ホモ（セクシュアル）」という語によって、すでにそのような分離は定着しており、ゲイという語は、否定的なイメージを肯定的なものへと転換する役割を果たしている。だが、ここで単純に欧米の概念が導入されたことによって変化が生じたと考えるのは早計だろう。

「非常にアメリカ的」と言いつつも、それを取り込もうとしていた大塚に、すでにその概念に対する理解と共感が存在していたことに着目する必要がある。外からまったく新しい概念が入り、新しい思考が形成されたのではなく、それを理解し取り込めるイメージがすでに存在しており、ゲイという語を導入することによってすでに存在していたそのイメージが明確になり強化されていったと考えるべきではないだろうか。

また、その後、ゲイという言葉がしだいに広く用いられるようになっているが、一方で、当事者のあいだでも「ホモ」という言葉を使う人が多いことにも目を向けなければならない。ゲイ／ホモという言葉はそれぞれに微妙に異なるニュアンスを保ちながら混在しており、新しい概念が既存の概念を駆逐するのではなく並存する様子を示している。

だが、このようにそれまでの否定的なイメージの残る「ホモ」という語から、新しい「ゲイ」という言葉へ転換していくなかで、ある種の肯定感を獲得しつつ、多くの当事者が肯定的に内面化することが可能となっていった。そのことと「ゲイ・コミュニティ」という言葉が使用されるようになった流れは強く結びついている。

●多面性と社会変化

ゲイという言葉や性的指向のもととなった概念は英語圏由来のものであるため、一見すると、海外から輸入されたものによって、その言葉と結びついている変化がもたらされたように見えなくもない。それはちょうど、江戸時代においては男色に寛容だった日本が、明治期になり西洋の価値観が入ったことによって非寛容的な社会に変化したとする見方と同型である。そのような言説は現在もなお、くり返し再生産されている。

このような見方は、社会のなにものかに対する態度や価値観を単一化し、一枚岩的な社会観を想定しているといえるだろう。そして、そのような一枚岩的な見方ゆえに、のちの変化が、「西洋の価値観が入ることによって」という、「外部」からの力により起こるものとして——しかも、またしても一枚岩的な社会への移行というかたちで——とらえるという社会変化観を形成している。そして、そのような社会変化観は、日本の同性間のセクシュアリティ研究によくみられるものだ。

ゲイリー・リュープは、おもに徳川時代の男色を研究した書のなかで、日本の社会がホモセクシュアリティに対して寛容（tolerant）であったことを強調し、徳川時代の日本はバイセクシュアルが基本であったと語る▼52［Leupp 1995：4］。彼は、同性間の性行為を否定的にみる言説の存在も随所で指摘しつつも、それらをたんに例外的なものと位置づけてしまう。

たとえば、否定的な言説として、一六七六年に俳人・北村季吟が、男女の関係こそが古来から自然であるとし、男性同性間の関係を間違った通常ならぬものと書き記していることや、『田夫物語』においても同様の発言をする人物が登場すること、『根無し草』にも夫と妻の関係が陰陽の自然であると書き記されることがあげられている。しかしすぐに、北村季吟のその記述が「ホモエロティックな歌」の前書きとして書かれていること、『田夫物語』の発言は男色を肯定する発言への反論として述

▼52……江戸時代の人に「バイセクシュアル」という語を使用することについては、フルーグフェルダーが批判している［Pflugfelder 1999］。

べられていること、『根無し草』を書いた平賀源内自身が男性の役者と恋に落ちていることから、それらの記述は「本心ではない」と、その内容を無化してしまう。

さらに、『色道きんぴしょ』(一八三四年)において、男性同性間の挿入行為は健康上の問題があると指摘されている例をあげても、「健康と衛生に関する議論は、男性同士の性行為においては顕著ではない」と例外化する。また、男性同性間の性関係を、社会秩序を壊すものとしてみなす批判言説や、幕府が陰間茶屋などに対しておこなった厳しい措置については、その根本に、階層が混じりあうことで厳しい階層社会が脅かされることを防ぐ目的があったことを示し、男色そのものが問題とされていたわけではないと解釈している[Leupp 1995 : 150-158]。

たしかに、他の男色研究も示しているように、徳川時代の言説においては、男色に言及しているもののなかではそれを明確に否定することなく描いているものが多く、場合によっては、積極的にその価値を擁護するものも少なくない。しかし、それを理由にこれらの男色を否定的に語る言説をただ例外的な位置におき、十分にその存在意味を考察しないことは、男色から同性愛へ、そして、社会的規範の変化の歴史を考えるうえで重要な点を見逃してしまう。

リュープが例示している男色に対する否定言説は、自然性をめぐるもの、健康・衛生に関係するもの、社会秩序に関するもの、である。これらがどれほど支配的な規範/価値観であったかどうかはさておき、こうした言説が存在していたことは看過できない。なぜなら、この否定言説のあり方は、明治期の男色、同性愛の否定構造とつながり、そして、現在の反同性愛的な語りとも通じているからである。

先にもふれたが、明治期の日本において、同性間の性行為を法律による取り締まりの対象として位置づけることには成功せず、病理としての位置づけが成功したといわれている［古川 2001］。そのさい、病理という位置づけに大きな力をもったのは、輸入された性科学であった。このことが、「西洋の価値観により……」という言説を強化しているわけだが、しかし、ここで示したように、それ以前から、日本においてもそれらと親和性の高い言説が存在していた。それまで空白だった場所に「西洋の価値観」が入ってきたわけでも、既存の規範に「西洋の価値観」が一方的に影響を与えたわけでもない。自然性や健康、衛生に関連した否定言説に、性科学の概念と枠組みを取り込み、接続し、その結果、再編成がおこなわれたと考えるべきではないだろうか。そして、そのような取り込みのなかで否定言説がより大きな力を得て支配的な規範となっていった。つまり、近代以前にも男色に対して「寛容でない」思想は存在していたのである。

このことを強調するのは、多様な価値観や概念が混在することが、変化を生みだす土壌となっていること、ゲイ・コミュニティという語りが生まれるまでの男性同性間をめぐる変化も、そのような土壌のなかから生起してきたと考えられるからだ。混在する価値観やそれらを反映する言説のなかから、そのときどきの社会状況によって、支配的な力をもつ規範や浮上する言説が異なっていくのだろう。

これは、シェリー・オートナーが、レイモンド・ウィリアムズ経由でグラムシのヘゲモニー概念を参照しながら、男性優位の普遍性をめぐって人類学で起こった議論を乗り越えるために提起した考え方とつながる。彼女は、どんな社会／文化でも、男性が権威をもつ軸、女性が権威をもつ軸、両性が平等である軸が複数あり、さらに、ジェンダーと関係のない権威軸もあることを指摘し、矛盾のない社会／文化はないと主張する。よって、どのようなケースにおいても、ロジックや言説、実践は複数的であり、あるものはドミナント（優勢／支配的）であり、別のものは反ヘゲモニック（転覆的・挑戦的）であり、また他のものは、ただ異なるものとして存在していたりすると語る。そして、それらの関係性へ分析的問いを投げかけることの重要性を指摘している［Ortner 1996 : 146］。

また、変化する以前から多様な価値観や概念が存在しているということは、逆に、新しい概念や言葉が取り込まれることによって、ある規範や志向性が言説空間において支配的な存在になったとしても、それ以前と同様、それらがその社会や文化全面を覆うわけではないことを意味している。この章では、ゲイ雑誌の登場により共同性が発見され構築されてきたこと、対面的場の増加と合流のなかで創造的ではない共同性がつくられてきたこと、「ホモ」から「ゲイ」へと自称する言葉が変化するなかで〈性的指向フレーム〉も広がり、異性愛と並列化する考え方が定着してきたことをあげた。そして、それらが「ゲイ・コミュニティ」意識という心性とつながっていることを指摘してきた。

しかし、これらの変化をすべてのゲイすべてが体験しているわけではない。むしろ、少数者かもしれない。「男性と性行為をする男性」▼53として考えた場合には、なおさらそうであろう。男性に性的指向が向く者でも、女性と結婚するべきだと考える人もいる。あるいは、男性とのあいだの関係は「趣味」のようなものとして認識する人もいる。冒頭で、しだいにゲイであることを受容しやすくなっているものの、抑圧される面もあると書いた状況も、社会の多面的、多層的を表している。だが、〈性的指向フレーム〉と一体化した「ゲイ」という言葉を内面化する流れが大きくなっていることは確かだ。

小結

沈黙の歴史からコミュニティ意識へ

現在の日本のゲイは、大きな抑圧を受けてもいるが、大都市という条件のもとでは、ゲイとしての日々の生活を謳歌できる環境は整っているといえるだろう。

しかし、男性同性間のセクシュアリティをめぐる歴史は、長らく沈黙の歴史であった。男性同性間において性行為をおこなうことが個人の属性となり、また、個人の内面性が書き記されるようになった時代になっても、そのような経験が書き記されることは稀であった。その状況が大きく変わるきっかけが、戦後のカストリ誌の登場である。『あまとりあ』などの雑誌では、ゲイ自身の言葉が書き記され、座談会などにも当事者が登場するようになる。

そしてさらに、一九七一年に登場したゲイ向け商業誌は、ゲイに大きな影響をもたらす。まずそれは、経験を共有することによって共同性が発見され強化されていく、そして、それまで口コミでしか伝わらなかった情報が広く流通した。そのとき、カストリ誌においては「逸脱的な」性のあり方の一つとして括られていた「ホモ」が、独立した存在となり、境界づけられた。さらにその後、「ホモ」という言葉は、並存しつつも、より肯定的なイメージのある「ゲイ」という言葉へと変わりつつある。

▼53……一九九〇年代以降、HIV／AIDSの分野で国際的に、MSM（Men who have Sex with Men）という表現が頻繁に用いられるようになっている。これは、ゲイやバイセクシュアルとして自分を意識しない人のなかにも、男性と性行為をする男性が少なからずいることへの意識から使用されるようになった言葉である。

一九八〇年代の後半から一九九〇年代にかけて、対面的関係をもてる場の種類が増大した。一九八〇年代後半にはゲイリブ団体が登場し、九〇年代にはさまざまな趣味サークルやＨＩＶ／ＡＩＤＳに対応するボランティア団体もできる。またクラブと呼ばれる、大勢のゲイが集まって共同性を文字どおり体感するような場もできた。そして、ＨＩＶ／ＡＩＤＳが深刻化していくなかで、これらの団体が接点を持ち合流していく。このような流れのなかで、「ゲイ・コミュニティ」意識が誕生し、二丁目にもその言葉が用いられるようになった。二〇〇〇年の「東京レズビアン&ゲイパレード」や「東京レインボー祭り」は、その一つの象徴ともいえる。

男性同性間のセクシュアリティをめぐる古い歴史から現代のゲイの変化までを、三つのフレームによって整理した。それは、〈色―趣味フレーム〉〈病理フレーム〉〈性的指向フレーム〉である。これらのフレームはつねに混在しせめぎあっている。しかし、〈性的指向フレーム〉の登場が、「ゲイ・コミュニティ」意識の登場に大きな役割を果たした。それは、異性愛と同性愛を並列にするものだからだ。パートナーシップはコミュニティ意識と密接に結びついている。このパートナーシップとコミュニティ意識との関連について、次章で考察する。

III

セクシュアリティとコミュニティ

第6章

セクシュアリティ再考

新宿二丁目、とくにそのなかにあるゲイメンズバーは、マスメディアをとおしてきわめて性的な空間として表象されることが多い。しかし、当事者にとってゲイメンズバーが、「相互扶助組織」とすら表現されることもあるような、非性的な面での親密性を体感する空間となっていることは、これまで示してきたとおりである。私は、フィールドワークの初期に書いた論文ではその面を強調してきたが、ゲイメンズバーがメディアが表現するのとは別の意味で性的な空間となっていることも、その空間を土台にしてゲイ・コミュニティ意識が形成されるうえで重要なのではないかと考えるようになった。この章では、ゲイメンズバーにおけるセクシュアリティについて分析すると同時に、これまで積み重ねた議論もあわせて、人と人とが結合する基本的なあり方から、自身のこれまでのセクシュアリティの定義の再考を図る。また、セクシュアリティとコミュニティ感との関連についても考察を進める。

1　新宿二丁目とセクシュアリティ

●これまでの考察

セクシュアリティは、ときに「無定義概念である」、「人々が『セクシュアリティ』だと見なしているものの意にほかならない」［上野 1996：6, 10-11］ともいわれる。上野千鶴子が指摘するとおり、「セクシュアリティ研究は、セクシュアリティという概念そのものの成り立ちへの問いを含む自己言及的な研究」［上野 1996：5］でもあるが、セクシュアリティとして意識されるものを学問的な対象とするならば、研究による構築性を意識しながらも、定義を試みることは免れえない。そのような問題意識から、私は修士論文においてセクシュアリティの定義を図った［砂川 1999a］。

セクシュアリティの定義へ向けて思考するきっかけとなったのは、ゲイメンズバーにおいてセクシュアリティに関する話題が客の会話のなかで頻繁に登場することと、その空間において親密な関係性が築かれていることとの関連についての考察であった。

ゲイバーでの会話では、性行為に関する話題の占める割合は高く、セックスの相手や恋愛／パートナー関係をそこで見つけることへの期待を表明する言葉が客の口から出されることはひじょうに多い。また実際に、そのような関係に至ることもなくはない。しかしその一方で、ゲイメンズバーへ行く目的を複数回答で尋ねた質問紙調査▼54［砂川ほか 1997］では、性的な相手を求めてゲイメンズバーへ行くと回答している者は、「友達をつくる」四七・八パーセント、「友達に会う」四三・九パーセント、「お店

▼54……この質問紙調査は、約三〇〇〇人の会員を抱えていた「パソコン通信サービス」を利用して一九九七年二月一日から三月一日のあいだ実施された。三三七人から有効回答を得た。回答者の属性は、年代では、二五―二九歳（三七・七パーセント）、二〇―二四歳（二八・五パーセント）、三〇―三四歳（二三・二パーセント）。学歴では、大学・短大在学／卒業以上が六四・三パーセントを占める。なお性的指向によるアイデンティティは、同性愛者（七七・五パーセント）、両性愛者（一六・〇パーセント）、わからない＋定義したくない（六・二パーセント）、異性愛者（〇・三パーセント）となっている（しかし、有効回答は恋愛、セックスの対象が「女性のみ」の回答者は削除している）。居住地域は、東京都内（三七・七パーセント）、関東地区各市内（三二・九パーセント）［砂川ほか 1997］。ちなみに当時は、パソコン通信からインターネットへと移行する時期であり、両方のサービスが混在していた。

の人と話をする」三三・二パーセントといった回答に比べて少なく、「恋人を見つける」で二八・二パーセント、「セックスの相手を探す」は九・五パーセントとなっている。そのうちの「セックスの相手を探す」の九・五パーセントは、「行ったことがない」八・九パーセントや「その他」三・九パーセントをのぞくと、選択肢のなかでもっとも少ない回答である。また、実際に、自身のゲイメンズバーでのフィールドワークにおける見聞からも、そのような関係が頻繁には生じていないことは明らかであった。

ではなぜ、ゲイメンズバーにおいて、セックス相手や恋愛／パートナー関係を見つけることを期待していることを表明する言葉や、セックスにまつわる話題が中心となるのか。その理由について、ゲイメンズバーのマスターであり、ゲイリブの先駆者でもある大塚隆史は、つぎのように説明している。

二丁目はゲイの集まる街だ。ということは、この街で唯一全員が共有できるものといったらセックスとセックスにまつわるものだ、という意味でもある。そこで、どの店でもセックスが話題の中心となりやすい。逆に、それが一番無難な話題とも言えるのだ。［大塚 1995：90］

たしかに、ゲイメンズバーでセックスが中心的な話題となるのは、全員がそれを「唯一共有できる」という前提があるが、それは、大塚が言うように「無難」であるというよりも、もっと積極的な意味と効果をもっていることを、私は修士論文のなかで指摘した。セクシュアリティが、現代のわれわれの社会において、もっとも私的なものとして意識されていること、その内容が具体的であればあるほど私的なものとされているということ、そして、私的なものを表明することが親密性の表現となっているということを肯定するならば、ゲイバーで客から頻繁に聞かれる「彼氏がほしい」「セックスがしたい」といった語りは、親密な絆を構成するための手段として用いられていると考えられる。逆に言えば、つねにセクシュアリティに関する話題を「共有」するゲイメンズバーは、親密な空間として意識されやすく、その空間における関係を親密なものにしやすいのである。

またそのように、客同士や客と店のスタッフの関係において、セクシュアリティという「私的性（プライベート性）」を共有することによって親密さが生じていることに加え、店同士の関係でも、客が重なることなどにより、経営者が違っていても「系列」と呼ばれるような縦横に広がる関係性が見られることにより、二丁目のゲイメンズバーが、たんに商業的関係とは言いがたい社会的結合関係を実現させていることも修士論文で論じた。さらに、自らと「同じ」存在をそこに発見することによって、二丁目という空間が、ゲイという「アイデンティティ」を生産する場となっている様子も示した。

セクシュアリティを共有することによって関係性を築くことは、異性愛社会においては日常的におこなわれていることであり、ゲイメンズバーにおいてのみ見られるものではない。ゲイメンズバーは、異性社会におけるそのような行為や関係性から排除されているゲイが、それを凝縮するかたちで再現しているのである。そのことを意識しながら、セクシュアリティという語に「性現象」という日本語訳を充てた社会学者である橋爪大三郎の定義を土台にして、セクシュアリティに対する定義づけを図った。橋爪の定義は、「性現象（の領域）とは、人間が互いに身体として出逢い、互いを身体として問題にし、互いの身体に照準しつつ行為するような社会関係の水準（領域）をいう」［橋爪 1993：281］というものだが、セクシュアリティと社会関係を構成する役割に注視するために、私は「接近する」ことを強調した。また語られることで意味を発生させることも考慮し、さらに、セクシュアリティが、語られ共有されることにより人間関係において絆をつくるものとしてつねに公的な場も含めたそここに遍在している、という認識から、つぎの三段階をもつ定義とした。

①…　快感や快楽を得ること、与えることを目的として、他者の身体あるいは物体へ接近／接触する、させる行為。その行為の他目的への利用。（この接近／接触はかならずしも物理的な意味だけに限定されない。）

②…　①をめぐる欲望、イマジネーション、意味づけ、解釈。

③…　②を他者と、共有すること。

そして、このセクシュアリティの対象が、同じジェンダーに属する者に向かう行為がホモセクシュアル、異なるジェンダーに属する者に向かう行為がヘテロセクシュアルとして分割されると考え、「セクシュアリティをこのように拡大した形で定義することにより、セクシュアリティがジェンダーを軸としてホモセクシュアル／ヘテロセクシュアルと分割されるだけではなく、友情／恋愛、日常／非日常などといった様々な分割がどのようになされているかといった分析を可能にする」と述べた。

しかし、その後、二丁目におけるフィールド調査を続けるなかで、セクシュアリティとゲイメンズバーとの関係に関して新しい視点をもつようになり、それとともに、この定義を再考する必要性を感じるようになった。そしてそれは、コミュニティ性やコミュニティ感とセクシュアリティとのつながりを考えることへとつながっている。まず、ゲイメンズバーや二丁目という空間とセクシュアリティとの関係について検討し、セクシュアリティがいかに人と人とを結びつけているのかについて、考察を加えていきたい。

●「性的な空間」としての二丁目

修士論文では、マスメディアなどでゲイバーが集中する街としての新宿二丁目を「性的（セクシュアル）な空間」として描写されることについて否定的な見解を示し、むしろ、ゲイが体験する新宿二丁目という空間は、直接的に性的であることによってではなく、セクシュアリティという「プライベートなもの」として意味づけられているものを共有することで親密さを形成していることを強調した。「性的な空間」という表現が、「セックスの相手を探すことが主たる目的となっている」「そこで性行為がおこなわれる」といった意味で使用されているとするならば、現在もそれを否定する立場は変わらない。[55] しかし、その後もフィールドワークを続けるなかで、「性的な空間」としての側面もあるということが、コミュニティ意識の形成において重要な意味があるのではないかと考えなおすようになった。

ここでいう「性的な」という言葉には、二つの意味がある。一つには、ゲイメンズバーにおいては、

▼55……しかし、修士論文においてもふれたが、実際にセックスがおこなわれるゲイメンズバーも存在する。ただし、そのようなバーはひじょうに例外的なものとして、当事者のあいだでは位置づけられている。

たんに性的なことが会話で共有されるだけではなく、「性的」と一般的には意味づけられるような行動も稀にだが生じること、そして二つめに、パートナーを得る可能性の場としてゲイメンズバーが存在していることである。

たとえば、ゲイメンズバー「Takumi」では、マスターは客に対して性器を見せるようにうながす冗談を頻繁に口にする。それに対して、ほとんどの客は冗談で返すなどして適当にあしらうのだが、遅い時間にはマスターの冗談に乗る客もおり、ときには自ら脱ぎだす者もいる。ゲイメンズバーの「Frontier」では、週末の深夜になると、ゲームをおこない、負けると罰ゲームとして全裸になることもある。また、別のゲイメンズバーのマスターは、「うちに来るお客さんで、でかいのを持っている人がいて、このまま出させて勃たせたのよー」と笑う。バーによっては、そのようなことを下品なこととして嫌がる店も少なくない。だが、笑い話として語られる程度のことではあっても、強く非難されるほど逸脱した行為でもない。

これらは、ゲイメンズバーにかぎらず飲み屋などでも酔客がおこないがちな行為であり、またそうでなくとも、とくに男性同士の集団のなかで時折生じる悪ふざけと変わらないようにも見える。おそらく、後者の関係性において裸体をさらすことは、ゲイメンズバーにおいてセクシュアリティを会話によって共有することと同じように、プライベート性を共有することによって親密性を高めるという行為の一つである。ゲイメンズバーで見られる同様な行為も、同じ効果をもっている。しかし、性的対象とならない（という前提の）者のあいだでおこなわれる場合には、仮にそこに女性がいたとしても、ジェンダー区分によって付与される意味が異なるゆえに、その行為をめぐる男性同士の関係に取り込まれることはなく、基本的に、外部化されている。

一方のゲイメンズバーでは、あくまで記号的にだが、互いに性的対象となりうる関係性のなかでおこなわれることになり、それにより、異性愛社会の男性同性間の行為において生じる関係性とは異なる関係性が構造として生じることになる。それは、誤解を恐れずに単純化して言うならば、「友情」として意識されがちな親密性と、セクシュアルな意味をもつ親密性の可能性が重複する関係性である。そのような関係性のあり方に注視することは、人と人とのつながりのあり方の基本的な構造と、その区分のされ方についての検討へとつながると同時に、逆に「友情関係／セクシュアルな関係」が明確に二分されるものとして意識されている異性愛社会におけるセクシュアリティ観そのものを問い直すものだ。セクシュアリティの定義もからみ複雑な議論となるため、第3節で論じたい。

そして、もう一つの「性的」な面としてあげた、ゲイメンズバーのパートナーを得る可能性の場としての意味だが、私はそのこともコミュニティ感と重要な関係があると考えている。ちなみに、ここではパートナーという言葉は、一時的なセックスの相手「カジュアル・セックスパートナー」としてではなく、異性愛者における配偶者に近い意味をもつものとして使用している。

これまで日本においては、同性に性的指向が向く者も異性と結婚することが当然のこととしてあり、そのため、結婚相手とは別に（あるいは結婚するまでのあいだ）付き合っている同性の相手は、その関係が長期間にわたり継続している場合でも、当事者の意識においても、「恋人」としてしか位置づけられないことが多かった。しかし、近年、とくに都市で生活するゲイにおいては、異性と結婚をしないまま人生を送ろうと考える人が増加している。そして、同性間パートナーシップの保護を求める声が当事者のあいだから起こりはじめていることが物語っているように、[56] これまでたんに「恋人」だった相手を、人生をともに歩むパートナーと考える意識が少しずつ広がっている。あるいは、そこまでの明確な意識をもたないまでも、異性との結婚を選択をしない場合の「恋人」が、異性間の結婚生活を前提としている場合の「恋人」よりも重要性を増していくことは間違いないだろう。

そのようにパートナーとしての関係性を意識するようになるということは、異性愛者のパートナーシップ、すなわち婚姻を基本形とする関係と同じように、その集団内部では強い社会的意味をもちはじめることになる。そして、パートナーシップに関する当事者の意識の変化と社会性の獲得は、ゲイメンズバーにおける出会いの意味と、その可能性があるゲイメンズバーの役割を変えることへとつながっている。

2 パートナーシップとコミュニティ

●パートナーシップ志向への変化

一九八〇年代、あるいはそれ以前のゲイメンズバーを知っている者の口からは、いまのゲイメンズバーが当時に比べて「できなくなっている」という言葉をよく耳にする。ここでの「できる／できない」という言葉は、結果として恋人やパートナーになる可能性があるにしても、そのような「付き合い」的側面よりも、性行為の面が強調された表現である。そして、そのような意味で、ゲイメンズバーが「できない」空間になってきた背景には、一九九〇年代中頃から急増した商業的施設としての「ハッテン場」の定着、その前後に起こった伝言ダイヤルやインターネットなどのメディアの発達があると考えて間違いない。ハッテン場とは、そこで性行為をおこなうことを主たる目的として集まる場所のことである。日常生活において出会う機会が得られず、また身分を知られることを怖れるゲイにとって、夜の公園や公衆トイレなどがそのような出会いの場となってきた。また、そのための商業的施設として、一九六〇年代から旅館やサウナなどが登場したが、一九八〇年代の終わりごろにビルの一部などを改装したものが登場し、九〇年代に急増した。

一方、メディアを通じた出会いでは、ハッテン場急増に先立つかたちで、一九八六年にNTTが開始した「伝言ダイヤル」[57]という電話サービスや、民間企業が情報料を課金できる「ダイヤルQ2《キューツー》」と呼ばれるシステムを使った「パーティーライン」(同時に何人も会話できるシステム)などが流行した。一九九〇年前後のゲイ雑誌では、この「ダイヤルQ2」の広告が多数掲載されており、記事でも何度も特集が組まれている。さらに、一九九〇年代後期にインターネットが普及することによって、ゲイ

▼56……二〇〇四年に『同性パートナー――同性婚・DP法を知るために』(赤杉ほか、社会批評社)、二〇〇七年に『パートナーシップ・生活と制度――結婚、事実婚、同性婚』(杉浦ほか、緑風出版)が、ゲイ/レズビアンの当事者を中心として執筆者によって出された。また、二〇〇六年にも訳書『同性婚――ゲイの権利をめぐるアメリカ現代史』(チョーンシー、明石書房)が出版されている。

▼57……特定の番号に電話をすると、それぞれの地域の音声データベースにアクセスできるシステムで、登録番号・暗証番号を入力することによってメッセージを録音・再生できるものである。ゲイのあいだでは、〇一〇五(オトコ)などの語呂合わせの番号が使われ、おもに口コミで広がったが、ゲイ雑誌などでも紹介されることで利用層が拡大した。

の出会いの主流はインターネット空間へと移動した。それ以前から、ゲイ雑誌には「文通欄」という、恋人や友人などを募集するメッセージが掲載されているコーナーがあり、出会いのための媒体となっていたが、編集部経由で手紙を出すシステムであることもあり、時間のかかる手段であった。それに比べれば、バーのほうが「手っ取り早い」出会いだったといえるだろう。

しかし、伝言ダイヤルやインターネットの登場は、メディアを媒介する出会いとバーでの出会いの「手っ取り早さ」の順位を逆転させることになった。「手っ取り早さ」は、セックスが焦点となっている出会いを吸収しやすい。先にあげた質問紙調査は一九九七年におこなったものであり、インターネットの利用がまだ広がっておらず伝言ダイヤルが盛んに使われていたころのものである。その結果では、伝言ダイヤルの利用目的を尋ねた質問の回答(複数回答)の上位二つは、「セックスの相手を見つける」(四五・五パーセント)、「ただなんとなく」(二八・六パーセント)となっている。これは、当時まだ数百人のメッセージが掲載されていた雑誌の文通欄の利用目的が、「恋人を見つける」六七・五パーセント、「友達をつくる」五〇・八パーセントとなっているのと対照的である。ちなみにハッテン場は、「セックスの相手を探す」八一・八パーセント、「恋人をみつける」二一・二パーセントである。

そして、匿名的な出会いの場を提供しながら、必要に応じて画像交換などができるインターネットの影響は大きく、その発達によって「ゲイバーにお客が来なくなった」と嘆く声がバー経営者から聞かれることが多い。出会いの機会を得られる手段が増え、簡便化するなかで、ゲイメンズバーにおいてはその役割が縮小したと考えられる。

しかし、そのことは、ゲイメンズバーへ足を向ける者から、性的な関係性との出会いへの予測や期待が完全になくなったことを意味しない。たしかに先に質問紙調査の結果を引用して示したように、「セックスの相手を探す」ことを目的としてあげる人はきわめて少ない。しかし、別の意味で性的な関係である「恋人を見つけること」を選択した人は、「友達と会う」「友達をつくる」「店の人と話をする」には及ばないものの、三割弱存在している。また、月に一、二回ゲイメンズバーを訪れる客Kにインタビューしたさい、ゲイメンズバーに行くことに関して「とくに出会いを求めてはいない」と答えつつも、「出会いがあればそれはそれでいい」と語る言葉が聞かれたが、この言葉に表されるように、ゲイメンズバーは、それを目的とはしなくとも、つねに恋人やセックスの相手との出会いの可能性に開かれている空間であることは間違いないだろう。だが、ハッテン場やインターネットという空間が、少ないコミュニケーションでセックスの相手を簡単に見つけられるものとして台頭し定着することによって、それらよりもコミュニケーションが多く生じるゲイメンズバーで期待される性的な関係性は、一時的なセックスの相手というよりも、恋人またはパートナーというより安定したものへと重心が移動した。また近年では、先にふれたように、ゲイのあいだでしだいにパートナーシップへの志向が強まっており、その面からもしだいにパートナーとの出会いの可能性という意味が強くなりつつある。

●パートナーシップの承認

異性愛者にとって、パートナーとの出会いの可能性は日常的な空間のさまざまな場に存在している。だが、自らがゲイやレズビアンであることをオープンにすることが困難な社会では、ゲイやレズビアンは、ひじょうに限られた状況以外には、日常的にはパートナーとなる相手との出会いの可能性は実質的に閉ざされており、その意味において、異性愛者とゲイ／レズビアンは、同じ社会に生きていても、セクシュアリティという観点からみるならば同じ空間を共有していない。また、異性愛者のように、性的な欲望やそれにもとづいた関係性を全体社会において表出することもままならず、その表出により親密性を深めている社会において、同じ場面にいてもときに異なる経験をしている。そのような異性愛的空間によって構成される全体社会を意識しながら、ゲイは、ゲイのネットワークや関係性、それが築かれる場を総じて、「こっちの世界」と呼んできた。これは、性的指向によって、異性愛者側からは意識されない区分線によって生活世界が分割されている（とゲイが意識してきた）ことを示している。

人類学は、婚姻規則やそれと密接に結びついている親族体系が、いかに集団と集団の関係をつくりあげ世界観を構築しているか、また、それぞれの社会構造の中核をなしているかを分析してきた。それは、婚姻が、人の再生産だけでなく、社会構造の再生産をおこなうシステムであり、社会の枠組みをつくりあげる根幹であることを示している。そのことから考えるならば、婚姻の可能性が開かれている関係性と空間が、集団性の構成においてきわめて重要な意味をもつことは否定しえないだろう。ゆえに、ゲイにとっては数少ないパートナーシップの可能性が存在する空間であるゲイメンズバーは、ゲイの集団を社会化し、その構造を再生産する空間となっているのであり、コミュニティ意識を形成する一つの土台を提供することになる。そして、ゲイメンズバーなどのゲイバーをつなぐかたちで成立している、ゲイにとっての二丁目という空間は、これまでふれてきた物理的な構造も手伝って、ゲイ・コミュニティを投影できる存在となっているのだ。
また、社会を構成し再生産するという観点から考えるならば、パートナーシップは、たんに個人と個人が関係を結ぶだけでは完結しない。周囲からの認知と承認を得ることによってこそ、パートナーシップは社会性をもつことになる。異性愛者は、婚姻という制度に入ると自動的に、制度によって正式なかたちでその関係性が保証され、相互の親族関係に組み込まれる。さらに、友人知人だけでなく会社などの関係においても、それは承認されるだけではなく祝福される関係となっている。仮に法的な婚姻制度に入らなくとも、大部分の異性間のパートナーシップは、親しい友人関係はもとより、日常的空間においてカップルとして認知されることが可能である。

しかし、多くのゲイやレズビアンは、自らのパートナーシップをひじょうに限られた関係の友人にしか明らかにせず、親やきょうだいなど親族に紹介することなどは、現在の日本では稀なことである。仮に、自分のパートナーを友人などに紹介したとしても、それは個々の関係における紹介でしかなく、パートナーシップをオープンできる空間は、自分たちの仲間が集まるバーやイベントなどが主となる。よって、ゲイメンズバーなどが、同性同士のパートナーシップという、外の世界とはまったく異なる姻族的関係を共有する貴重な空間となりうるのである。また、店の外でも、二丁目という空間においては、同性カップル同士が手をつなぎ、抱擁する姿を目にすることがあるが、その行為もたんにお互いのスキンシップを得るだけでなく、他者に対してお互いの関係を主張し承認させるものとしての意味も含まれるであろう。

とくに、日本においては、同性間のパートナーシップが法的に認められることも保護されることもないため、周囲からの認知の意味あいはより重要性を増す。そのため、ゲイメンズバー、そして二丁目は、異性愛を前提とした全体社会と異なった社会が現前する空間となっているのである。しかし、それは全体社会の反転という意味で同型でもある。だが、ゲイメンズバーにおけるもう一方の性的な面は、異性愛社会におけるセクシュアリティ観を問いなおす、異なる構造を示している。

3 ゲイメンズバーから考えるセクシュアリティ

●直引関係と介在関係

ゲイメンズバーにおける客の性的な振る舞いのもつ意味についての考察は、セクシュアリティや「友情」と呼ばれる親密な絆のあり方について再考をうながすものである。

私は長らく、ゲイメンズバーで時折生じる性的振る舞いを、ある種例外的なものとして、あるいは異性愛社会においても起こる酔客の悪ふざけと等質のものとして見ていた。だが、そのような性的な振る舞いが、異性愛者の集まりであることを前提とした空間でおこなわれることと、ゲイが集まったところでおこなわれることのあいだに漠然とした差異を感じていたことも確かであった。そして、その差異をより意識しながらゲイメンズバーにおける親密な絆について再考することにより、ゲイメンズバーにおいては、異性愛空間とは異なった面ももちながら絆が築かれる面があり、それがよりいっそう親密性を高めている側面があることに気がついた。

そのことを指摘するためには、まわり道となるが、親密な絆の形成の基本的なところにたち返り、一見、素朴な論から始めなければならない。

その論の根本をなす考え方とは、親密な絆には互いの存在に直接的に惹かれあうことで繋がる関係と、第三項を介在することで繋がる関係の二つがあるという単純なことだ。ここではわかりやすく論を進めるために、互いの存在に直接的に惹かれあうことで繋がる関係を直引関係、第三項を介在することで繋がる関係を介在関係と呼ぶことにする。このように区分した場合、直接的に惹かれあう直引関係が、恋愛も含めた意味で「性的なもの」として意味づけられている関係性の中心にある。そして、それがより高揚した感情や、密接な身体接触をともなえばともなうほど、性的なものと意識される。私の修士論文におけるセクシュアリティの定義も、そのように互いに引きあうことを定義の土台として入れたうえで、それを共有することまで含めたものであった。それでは、もう一方の介在関係とはどのようなものか。

その代表的なあり方として、異性愛男性がときに記号的に、ときに実質的に、「女」という存在を介在して絆を結びあってきた／結びあっていることがある。男同士が社会構造的に女を交換し関係を築きあげていることを最初に理論化したのは、レヴィ＝ストロースである。レヴィ＝ストロースは、インセスト・タブーや交叉イトコ婚などの婚姻制度が、女を交換し他の集団とつながる構造となっていることを指摘した［レヴィ＝ストロース 2000（1949）］。また近年では、イヴ・K・セジウィックが発展させた「ホモソーシャル連続体」という概念が、女を介在した男同士の絆を表す概念として使われることが多い。

このセジウィックの「ホモソーシャル連続体」とは、ルネ・ジラールがヨーロッパ文学を分析するなかで提示した「三角形的欲望」という概念を「焦点を変えて論じなおし」たものである［セジウィック 2001（1985）］。セジウィックは、ジラールの「三角形的欲望」を、「性愛上の対立がいかなるものであれ、ライヴァル二人の絆は、愛の対象とふたりをそれぞれ結びつける絆と同程度に激しく強い」と解釈しており、その解釈がホモソーシャルという言葉とともに広く流通している。そのため、一見、そのジラールの提示した「三角形的欲望」という概念がここでいう介在関係と同じものであると思われるかもしれない。しかし、両者は似た構図をもちながらも視点が大きく異なる。そこで、ここで私が介在関係として語っているものがいかなるものを指すのかを明確にするために、まずジラールの「三角形的欲望」との違いについて説明しておきたい。

ジラールは、欲望の対象と欲望の主体のあいだに、主体に欲望を起こさせる手本（モデル）となる他者の存在を指摘し、それを「（欲望の）媒体」と呼んでいる。たとえば、恋愛を例にとるとするなら、ある男性（主体）が、自分に影響力のある第三者（媒体）が女性（対象）への思いをもっていることを知ることにより、その女性（対象）を欲望することになるというものだ。主体は、その媒体の欲望を模倣することで対象へと欲望を向け、その結果、主体と媒体は競合する同型の欲望をもつ。その三角形的欲望のなかでは、「対象物は、媒体に追いつく手段」であり、「欲望が目ざす相手は、あの媒体の存在そのものである」。しかしそれは、「媒体そのものに成りたい」欲望であり、ジラールはそれを、「媒体から、その完全な騎士的存在を奪いさり、あらがうことのできないあの誘惑者としての存在を奪いたいとのぞむ」欲望と表現している。たしかに、ジラールはこれらの欲望を説明するなかで、主体と媒体のあいだにみられる情熱について語っているが、それは「媒体を飲みつくそうとする」欲望の生成と変化というダイナミクスを分析しているのであって、セジウィックの言う「ホモソーシャル連続体」とも、あるいは私が説明しようとする介在関係とも着眼点が異なっている。欲望の生成そのものを思考するジラールにとっては、対象物に対する主体の欲望を起こさせる手本こそが「媒体」になるが、「絆」の形成である介在関係においては、欲望の対象物が「媒体」となる。

じつは、ジラールの三角形的欲望は、媒体であるライバルが主体の手本（モデル）であるというところから論が始まっていることを考えると、その両者のあいだにある種の共同性がすでに存在している。ある存在が手本となるためには、その存在がアイデンティフィケーションの対象となっていることが前提となり、それは共同性が成立していなければ生じないないからだ。そしてそのなかで、媒体から主体へ「伝染する」と表現される欲望の典型例が女性に向けられる欲望であるということは、すでに共同性の重要な要素として、記号としての女性を共有する異性愛性がある。すなわち、すでにそこには介在関係が成り立っているということだ。ジラールの三角形的欲望は、異性愛性を介在関係としたうえでの、特定の対象をめぐって起こる欲望の生起についての論である。

ジラールが欲望の生起について思考するさいに、共同性を所与のものとして始めなければならなかったことからもわかるように、女を介在して結びつく関係は異性愛社会においては根底に潜んでいる土台であり、レヴィ＝ストロースの理論が明らかにしたように、社会編成をうながす構造といっても過言ではない。

しかし当然ながら、人はジェンダー区分にもとづき性的対象を介在させるだけでなく、さまざまな欲望の対象や関心事によっても関係を築く。そのわかりやすい例として、人類学の古典的な知見であるニューギニア島南東域周辺の諸群島でみられる「クラ」をあげることができるだろう。クラは神話を織り込みながら儀礼をともなっておこなわれる財物の交換であるが、財物を介在し、また交換行為を通じて、クラ仲間という絆が結ばれる［マリノフスキー 1980（1922）］。交換や交易が人類学において大きなテーマとなってきたのは、それが人間社会の成立の根幹を成すものだからである。介在関係とは社会の始まりにほかならない。

産業化した現代社会においては、男同士の関係を象徴的に介在してきたものとしてスポーツを、また、日本社会においては会社をあげることができるだろう。それらを介在してつながる男同士の絆は、強固なものとして強調され、美化されてきた。フィクション、ノンフィクションにかかわらず、スポーツを含めた男同士の戦いを題材にした友情物語がくり返し生産され、また、しだいに後退しつつあるとはいえ、会社が社会人男性同士の関係の最大の結節点となりつづけている。

逆に言うならば、男同士が親密な関係を築くためには、ある意味でこのような介在物が「必要」とされる。それは、実際に介在物がなければ結びつくことができないという意味ではなく、何かに介在された関係こそが、男同士の親密な関係のあるべき姿として理想化されるという意味である。介在関係のみが理想的な男同士の関係として提示されたり、男同士では、直接惹かれるもの（直引関係）として表象されることが回避され、介在関係として解釈しなおされる力がつねに働いている。そこには男同士が直接的に惹きあうことに対する禁忌が存在している。そして、その禁忌こそがホモフォビア（同性愛嫌悪）である。ホモフォビアとは、同性同士が異性愛カップルと同じように互いを欲望しあい関係性を築くことに対する禁忌であり、その禁忌が内面化されたものである。よって、ホモフォビアが強い社会であればあるほど、男同士の関係において、性的対象も含む介在者／物をともに欲望し共有することによって築かれる親密性のみが社会的に承認され、それが友情と位置づけられる。

●介在関係とホモソーシャル

このような、男同士の絆とホモフォビアの関係を分析した人物として有名なのが、先にもあげたセジウィックである。彼女の論理の特徴は、基本的なかたちとしてホモソーシャルとホモセクシュアルを連続的にとらえている点だ。彼女は、「(ホモソーシャルの)行為の特徴は、私たちの社会と同じく強烈なホモフォビア、つまり同性愛に対する恐怖と嫌悪と言えるかもしれない」と述べながらも、しかし、「ホモソーシャルなものを今一度『欲望』という潜在的に官能的なものの軌道に乗せてやること」によって、「ホモソーシャルとホモセクシュアルとが潜在的に切れ目のない連続体を形成しているという仮説を立てる」。そして、そのような「途切れのない連続体」を「男性のホモソーシャル欲望」と名づけ、場面によっては「ホモソーシャル連続体」と呼んでいる。よって、彼女のホモソーシャル概念は、直接互いに欲望しあう直引関係も女性を介在してつながる介在関係も含むものとして位置づけられることになる。

そのうえで、「私たちの社会では男性の連続体は徹底的に切断されており、連続しているように見えない」ことを意識しながら、「一九世紀および二〇世紀のヨーロッパ文化においては、男性のホモソーシャル連続体がホモフォビアによって切断され操られるようになった」と位置づけ、その切断の変化を具体的に文学作品のなかに見出している。そしてさらに、彼女は、「ホモフォビアによって男性ホモソーシャル連続体上に生じる裂け目」が補強され強化されることで、ホモセクシュアル・パニックが中産階級の英米の男性に広がり、彼らが政治や権力を行使する推進力となったとする。また、その一方で、「男性ホモソーシャル連続体の禁止された方の側にほぼ固定された男性たち（すなわちゲイ）は、禁止によって強力に結束し、差異を主張し生産しようと努めるようになった」と分析する。その結果が、「男性のホモソーシャルな欲望についての議論が全体として、（中略）男性のホモセクシュアリティ対ホモフォビアという議論へ変わって」いく変化である［セジウィック 2001（1985）：308-309］。

セジウィックの分析と論理における最大の問題は、男性同士が絆を結ぶという構造だけに注視し、男性同士が互いに直接的に惹きあう欲望と、男性が女性を介在して他の男性と結びつく関係を連続的なものとしてみなし、その構造の違いも動因も無視してしまっている点だろう。彼女がそのようにホモセクシュアルとホモソーシャルを連続的なものとして意識する背景には、彼女がふれているように、古代ギリシャにおいては、支配的な男性同性間の関係のなかに同性間の性愛も含まれていたということや、分析対象としている作品の一つであるシェイクスピアの「ソネット」が、男性女性両方への愛を詠っていることがあると思われる。そのため、現在のホモフォビックな異性愛男性が中心化された社会への変化を説明するためには、「男性ホモソーシャル連続体」がホモフォビアによって切断されたとしたうえで、ゲイの側にセクシュアルなかたちでの「ホモソーシャルな欲望」による結合を、異性愛男性の側に非セクシュアルでホモフォビックな「ホモソーシャルな欲望」による結合を分離し配置せざるをえない。

しかしこのように、もともと「ホモソーシャル連続体」はホモセクシュアルな感情とそうではない男同士の絆が連続したものであるとみなしたうえで、それが切断されたと位置づけてしまうと、ゲイ集団がコミュニティ感を感じている集団には、セクシュアルな欲望による絆か、彼女が指摘する被差別性による結束かのいずれしかないことになり、その集団のなかに存在する非セクシュアルで親密な絆は十分には説明できない。そのような視点からは、先のゲイバーにおける性的な振る舞いも、たんに互いを欲望しあう関係として読まなくてはいけなくなるだろう。さらに、異性愛社会における女性と男性との結びつきが、すべて男性同士の絆のための手段として位置づけられる可能性があるだけなく、女性の主体性の存在を否定せざるをえない。もし、そうではない男女間の結びつきがあったとしても、手段として利用される男女間の結びつきと論理的に区別することはできない。

これらの問題を解決するためには、そして社会分析に応用するためには、「ホモソーシャル」概念をセジウィックの言うところの「連続体」から外し、第三項を介在した結果の同性間の関係と位置づけなおすことが有効であろう。つまり、ホモソーシャルとは同性間（とくに権力を握ることの多い男性同性間）において成立した介在関係である。そしてそのようにホモソーシャルを考える場合、先に述べたとおり、性的対象以外の存在も二者を結びつける役割を果たし、ホモソーシャルを形成するということを前提としている。[58] そう定義づけなおすことにより、男女間の直引関係を、手段としてつねに

▼58……しかし、忘れてはならないのは、異性愛の同性同士は性的対象以外の結びつき以前にまず性的対象を介在して結びついており、それが異性愛社会の土台を形成しているということだ。よって、異性愛社会においては、強弱はあるとはいえ、基本的には同性同士の関係にはつねに異性を介在する間接的な結びつきが想定されているといえる。

位置づけることを避け（しかしときに手段となるが）、男性同性間の絆をもたらすものとして位置づけることができる。そして、それと同時に、他の介在を通じて築かれる絆も同時に射程に入れることが可能となる。また、異性愛（という前提の）男性集団とは異なる面があるとはいえ、ゲイ集団の絆の形成のあり方にも応用できる概念となる。さらに、当然ながら同じ構図で男女が介在関係を形成することがあることを考慮に入れることで、ホモソーシャルな関係とソーシャルな関係を架橋することができるだろう。

そのように欲望の対象、関心の対象を介在させて結びつくホモソーシャル関係は、同じ性的対象を共有するゲイのあいだにも存在している。しかし、ゲイ男性同士の関係が異性愛男性同士の関係と大きく異なる点は、ゲイにおいては、互いを直接欲望する対象とすることが禁忌ではなく、その可能性が記号的な意味においてはつねに存在しているということだ。つまり、ゲイのあいだでは、欲望する対象が介在することで生じるつながりと、直接的に互いに惹きあう可能性とが記号上重複する。そのため、先に述べたような、ゲイメンズバーで見られる裸になるといった性的な悪ふざけは、異性愛の男性同性間でおこなわれるものと異なり、性的な対象によって介在された関係と、直接的に惹きあう可能性のある関係の二つの結びつきによって、つながっていることが確認され強化される行為となるのである。その意味において、この行為はゲイ集団に二つの絆による親密性が同時に存在しうることを表象しながら、その関係を再生産しているものといえるだろう。むしろこのような関係が、結果としては、セジウィックのイメージするセクシュアルな関係も含むホモソーシャルなイメージに近い。しかしここでは、それは、あくまで二つの異なる構造をもつ関係性が重複することによる結果であることを強調しておく必要がある。

その関係のあり方は、ゲイ同士の関係においては、友情関係とセクシュアルな関係が単純に混在しているように見えてしまう面がある。実際に、ときにゲイ自身が「ゲイのあいだでは友だちと恋人の線引きがあいまい」と批判的に語るのを耳にする。それは、異性愛社会においては、先ほど述べたように、同性関係においては介在関係としてのホモソーシャルなあり方が「友情」の理念的な、承認されるかたちとして流通しており、その一方で、異性間における直接的に惹きあう関係が性的関係というイメージと結びつき、それらはまったく違うものとして位置づけられていることと関係している。しかし果たして、もともと、異性愛社会においても、友情関係とセクシュアルな関係は、明確に違うものとして存在しているのだろうか。

この問いへの答えを導きだしていくことは、人と人との絆の築かれ方を整理するなかで「友情」「恋愛」という言葉で語られるものの定義を再考し、さらにそれらの絆とコミュニティとの関係についての考察へとつながっていく。

●友情とセクシュアルな関係

ここまで、人と人とのあいだに築かれる親密な絆として、欲望や関心を抱く対象を介在して築かれるかたちと直接惹かれあうかたちという二つのあり方が存在していることを確認してきた。▼59 そして、それらは一見、友情関係／セクシュアルな関係という区分と対応しているようにみえる。実際に、これまでくり返し指摘してきたように、異性愛社会ではホモフォビアが強ければ強いほど、介在関係こそが友情として支配的言説空間においては表象され、承認されるものとなっている。また、友情と恋愛を含んだ性的関係は明確に区別されるものと意味づけられることが多い。しかし、「友情」として意味づけられるものは時代や文化によって異なる。人類学者のロバート・ブレインは、民族／文化によって友情がいかに異なる感情表現をともない、あるいは異なる制度に組み込まれ、西洋社会とは違った様相をもつかを民族誌をもとに指摘しており、その報告は、友情と性的関係の区分を揺るがすものとなっている［ブレイン 1983（1976）］。

たとえば、グァテマラのチノートゥレコ族の「カマラディア」と呼ばれる友情は、「形成される時も破棄される時も、男女の婚約とほぼ同じ手続きと形式とを必要」とし、その関係は、「恋人たちの情熱の方に似ている」という。ブレインは、ある二人の青年のカマラディア関係をルーベン・レイナの民族誌から引用しているが、そこにはつぎのような様子が描かれている。

ファンとペドロはあい変わらずいっしょにパーティーに出かけた。手を取り合ってとめどもないおしゃべりをし、踊ったり飲んだりして、最後には、あまり酔ってない方が片方を家に連れ帰って寝床に入れてやるのだった。（中略）抱き合ったり冗談を言ったり戯れのキスをしたりして、どちらかが女だったら結婚するほど愛していると言い合ったものだ。これらは皆、チノートゥレコの男たちの愛と友情の表現方法であった。当時あるいはそれ以前は、村人の誰もがそんな友達を持っていて、そっくり同じことをやっていたのである。［ブレイン 1983（1976）：42］

ブレインは、「友情関係」として語られながらも恋愛関係と区別しがたいような激情を抱きあう関係や、濃密な身体的接触をともなう関係が認められている社会についてふれながら、では何が友情と呼びうるかという問いを立ててつぎのように論じている。

> 友情を人間社会普遍の特性とするなら、親愛の情は別として、その基本的要素はいったい何なのだろうか？　自由選択もその本質的要素ではなく、儀礼や法によって飾り固めることさえ可能だとすれば？　実は対等性――一対の魂、「もう一人の自分《アルター・エゴ》」という観念――こそ友情の本質的要素なのだ。アフリカでは、双子は友人同士の一体性と対等性を象徴する。パトロンと被護者《クライエント》という不釣合いな間柄でさえ使われる「友人」という言葉は、地位の異なる人々を引き寄せて関係を対等化しようとする試みを少なくとも含んでいる。相補性もしくは互酬性という観念もこの対等性に近い。友人たちは品物や意見を交換する。ある社会では、友情は暗黙のうちに商売と結びつけられている。これは、交易と友情の双方に交換の概念が存在しているからである。トロブリアンド島民は交易するが故に「恋に落ちる」。妻に夜伽をさせてきたエスキ

▼59……当事者同士の意志とは関係なく第三者によって、あるいは制度的に、つながりが決定されることがある。婚姻がそのような決定によっておこなわれることが珍しくないことは、これまでの人類学の研究の蓄積が明らかにしているが、婚姻にかぎらず友人関係も同様に、契約的に結ばれる社会があることを人類学者のロバート・ブレインは報告している［ブレイン 1983（1976）］。そのように制度的決定により個人が婚姻関係や友人関係に入ることは、それをとおして別のレベルの集団や個人がつながるための手段であり、二番目にあげた第三項を介在して結合するパターンともいえる。

モーの例もある。夫が妻と寝た男からその代償を受け取ると、商売上はささいな取り引きにすぎないこの交換を通じて、二人の男は最愛の友となる。彼らの考えによると、既に一つの交易が行われたからである。［ブレイン 1983（1976）: 15-16］

彼はこの引用文の前半において、対等性を「友情の本質的要素」として定義づけながらも、「交易と友情の双方に交換の概念が存在している」と語っているように、友情が交換と不可分の関係にあることを示している。交換とは、すなわち、第三項によってもたらされる介在関係である。さらに、ブレインは、クラを「交易や同盟と友情の必要性の間には密接な連関がある」例証としてとりあげるなど［ブレイン 1983（1976）: 183］、交換を友情の重要な要素とみなしている。しかし、それぞれの文化において「友情」として語られているものに共通する普遍的な要素を抽出しようとするなかで、先の引用にみられるように「対等性」や「相補性」をあげたり、「性愛も友情も、別個の存在が一つに解け合おうとする努力」［ブレイン 1983（1976）: 141］と語ったりするなど揺れをみせる。また、「情誼に基づく二者の絆を維持するためには、何らかの交換が必要とされる。その交換が性的なものでない場合には、クリスマスカードや誕生祝いを贈り合い電話をかけ合うといった具合である」［ブレイン 1983（1976）: 171］と、交換を基本的にすでに関係を結んだ二者間の絆を維持するための手段としてみなしており、さらには「性愛」と同じものとしてとらえられている。

そのようにブレインの友情論が、ときに揺れつつ、「性愛」つまりセクシュアリティと重なりあうのは、まさに「友情」として語られるものが介在関係を中心としながらも、じつは直引関係をも含みもっているからであろう。直引関係は、分析的にはセクシュアルな関係といっていい。まさに、ブレインが多様な友情のあり方の一例として引用しているような、調査者には「性的」と見えた身体接触のともなう関係や、同性間で直接的に惹かれあいつつも異性間のものとは違うと意味づけることによって受容されている関係は、私がセクシュアリティとして定義した「快感や快楽を得ること、与えることを目的として、他者の身体あるいは物体へ接近／接触する、させる行為」に含まれる。しかし社会通念では、セクシュアルなものか否かを区分するさいに身体接触の程度やジェンダーの組み合わせが強く作用しているために、そこで築かれている関係の本質や構造が見えにくくなっているのである。

つまり友情と呼ばれているものは、同性間のセクシュアルな関係を含みながらも、異性愛規範や同性愛嫌悪によって隠蔽されているのである。同性愛をめぐる忌避や抑圧、差別は、激しければ激しいほど、恐れと結びついている。それは、異性愛社会における性別による友情とセクシュアリティの線引きが仮構であり、じつは明確に区分できないものであることを同性愛が突きつけるからかもしれない。

さて、ここであらためて、介在するものがなく直接に惹かれる直引関係、セクシュアリティについて（友情と語られるものにも含まれているということを前提としたうえで）、説明を加えておきたい。直接惹かれるということは、互いの存在そのものから「快」を得るということである。その「快」とは、かならずしも身体的なものにかぎらない。ともにいることだけで快感を得ることができるならば、それは互いの存在そのものに惹かれているということになるであろう。しかし、互いの存在に直接惹かれることと、何かを介在することはときに判別がつきにくい面もある。会話をするなかで快適な感覚を得られる場合、それが、共通の話題で共通の価値観ゆえにそうであるならば、それはやはり話題と価値観という第三項を共有しそれを介在させて結びついていると考えられるからだ。しかし、その相手の声を耳にするだけで惹かれるとするなら、それは直接的に惹かれていることになるだろう。ゆえに、橋爪がセクシュアリティの定義において「身体に照準しつつ」[橋爪 1993：281]と述べるように、セクシュアリティは身体的なものと強く結びつくことになる。相手の身体そのものから快感を得ること、また、自らの身体そのもので相手にそれを与えることは、もっとも明確な直接的関係だからだ。

ここでは、人間同士の関係を例としてあげたが、むろん、物質そのものに、人間に対するのと同様に直接的に惹かれるものもセクシュアリティである。モノに性的に惹かれることをフェティシズムというが、それが表象性と不可分であることが明らかであるように、直接的に惹かれるとはいっても、そこに存在するのは物質性だけではない。それは、人間の身体も同様である。身体も意味の付与なく存在することはできない。だからこそ、セクシュアリティは社会や文化から切り離しては考えられない。

このような視点から、この章の最初でレビューした自身のセクシュアリティの定義を再考したい。まず、快感や快楽を得られることによって築かれる関係性も含めた。また、以前の定義では、共有することもセクシュアリティに含んでいたが、それは、セクシュアリティそのものと、それが果たす機能が混在するため除外する。結果、以下のような定義とした。

人や物質に直接的に惹かれ、その存在から快感や快楽を得ること、与えることを目的の一つとして、接近／接触する行為（接近／接触はかならずしも物理的な意味だけに限定されない）であり、そのことによって築かれる関係性。それをめぐる欲望、イマジネーション、意味づけ、解釈、利用。

しかし、この定義はあくまで学問的な分析のためにおこなったものであることから、一般的に使われているセクシュアリティという言葉が指し示す範囲とは異なってくる。とくに、先に説明したように、通常、友情という言葉で指し示され、セクシュアリティとは違う領域にあると思われる関係性のなかにも、セクシュアリティは含まれているのである。

●二つの関係の重なり

これまでの議論をふまえて、ゲイメンズバーにおけるセクシュアリティを異性愛社会でのあり方と比較して考えるならば、つぎのように整理することができるだろう。

もともと異性愛社会においても、友情と位置づけられているものとセクシュアルな関係は、排他的な関係にある別ものではない。第三項を介在させて成立する介在関係が友情の根幹ではあるが、友情と呼ばれるもののなかには、直接惹かれ接近することによる快楽としてのセクシュアルな関係も含まれている。しかし、同性間のセクシュアリティが禁忌となっている社会においては、その関係性の内実や性質とは関係なくジェンダーの区分によって、同性間の親密な関係が友情、異性間の親密な関係がセクシュアルな関係と意味づけられ、かつその同性間の友情が介在関係として表象されるために、そのなかにみられるセクシュアルな関係は見えない。テレビや雑誌などにおいて、時折「男女間で友情は成り立つか?」というテーマで議論がおこなわれることがよくあるが、その設問自体が異性間の親密な関係は基本的にセクシュアルなものであると考えられていることを示している。

逆の論じ方をすると、同性間のセクシュアルな関係を禁忌とし異性愛を前提とすることは、直引関係を結ぶ可能性のある相手と介在関係を結ぶ可能性のある相手が、理念的にはまず性別で区別される。その一方で、ゲイの関係においては、記号的には同性がその両方の可能性をもつため、その意味においては異性愛社会とは関係性の構造が異なる。おそらくこの構造が、性別で区別している構造からみると理解しづらく、ゲイはだれもが性的に奔放であるかのようなステレオタイプ化ともつながっている。

しかし、誤解のないように強調しておかなければならないことは、この分析は、ジェンダーを基軸としてセクシュアリティが編成されることを前提にしており、かつ理念的な分析であるということだ。ジェンダーがもっとも強力なイデオロギーとしてセクシュアリティに影響を及ぼしていることから、ジェンダー区分をもとにした関係性が基底に存在すると考えられるが、当然、ジェンダー区分の意味が低下していけば、その関係性は変わっていく。実際に、そのようなジェンダー区分が後景に退く関係性や集団性、あるいは場面もあるにちがいない。さらに、ジェンダーがセクシュアリティにもっとも影響を及ぼすイデオロギーであったとしても、それだけで人のセクシュアリティが方向づけられているわけではない。

また、異性愛男性同士の関係において、互いに直接的に惹かれあうことが禁忌とされているがゆえに、なにものかを介在したかたちでしか結びあえないという位置づけも、支配的なセクシュアリティ観ではという意味であって、実際には直接的に惹かれる関係は少なくなく、また「異性愛とは違うものである」ということを言明するなどして強調するかぎり受容されもする。当然、異性間の性的な関係においても、直接的な結びつきよりも介在するものによって結びつくということはあり、当初は互いに直接的に惹かれあっていたものが、介在するものを通じて結びつく関係に移行するということは、よく耳にする話である。しかし、このように、支配的な概念枠組みと実際に人と人とが結びあうかたちにずれがあるからこそ、直接的に惹きあう関係と第三項を介在して結びあう関係という基本的な二つの関係にもとづいて、セクシュアリティや友情として語られるものを分析することに意味があるものと考えている。

小結　新たな視点からのセクシュアリティ論

この章では、ゲイメンズバーの性的な側面に注目して、その空間で親密な関係性が築かれ、またコミュニティ意識が生まれていることとの関連を論じた。

まず最初に指摘したのは、ゲイメンズバーが、パートナーシップを見つけられる可能性のある空間として、あるいはパートナーシップが承認される場所として機能することが、コミュニティ観と結びついている可能性についてである。婚姻規則や親族体系がいかに集団と集団との関係を築き上げ、社会を構築するか、これまで人類学は明らかにしてきた。これは、セクシュアリティを含む婚姻が集団性の根幹にあることを示している。ゲイにとって婚姻にかわるものはパートナーシップである。その重要性を考えるならば、ゲイメンズバーがパートナーシップを見つけたり、承認されたりする数少ない空間であるということが、ゲイメンズバーとそれが集中する新宿二丁目に「ゲイ・コミュニティ」というイメージを投影する背景の一つを構成していると考えられる。

そして、つぎに論じたのは、ゲイメンズバーにおいては、直引関係と介在関係が重なる関係性が記号的に存在していることである。ここでは、相手に直接惹かれ築かれる絆を直引関係、第三項を共有することによってつながりができることを介在関係と呼んだが、セクシュアリティをジェンダー区分にもとづいて考えると、ゲイではその二つの関係が同じ相手とのあいだに生じる可能性がある。よって、ゲイメンズバーにおいて時折見受けられる性的な悪ふざけは、その重なりあう関係性を確認しながら強化する行為である。

このような構造から、ゲイにおいては、友情とセクシュアリティの区分が不明瞭であると当事者からも批判的に語られることがあるが、もともと、「友情」と呼ばれるものが介在関係を核にしながらも、セクシュアルな関係を含みもつものであることを指摘した。異性愛社会では、ジェンダーの組み合わせによって、友情とセクシュアリティが分けられることで、もともと「友情」が介在関係と直引関係（つまりセクシュアリティ）にまたがるものとなっていることが見えづらくなっている。

そのような議論をふまえたうえで、再度、セクシュアリティをつぎのように新しく定義した。「人や物質に直接的に惹かれ、その存在から快感や快楽を得ること、そして／あるいは、与えることを目的の一つとして、接近／接触する行為（接近／接触はかならずしも物理的な意味だけに限定されない）であり、そのことによって築かれる関係性。そして、それをめぐる欲望、イマジネーション、意味づけ、解釈、利用。」

また、介在関係と直引関係について説明するなかで、セジウィックの「ホモソーシャル連続体」という概念を検討し、男性同性間のホモセクシュアルとホモソーシャルを連続的な存在と位置づけることを批判し、ホモソーシャルという概念を、ここでいうところの介在関係に限定することを提案した。

ここで展開したセクシュアリティ論は、異性愛を前提とした性別間の関係のみをもとにした視点から離れることを試みたものであった。そのことにより、支配的なセクシュアリティ論とは違った視点で考察する端緒となればと考えている。

終章

〈コミュニティ化〉する新宿二丁目

本書では、新宿二丁目を一つの舞台として形成されているゲイのネットワークがゲイ・コミュニティとして語られるようになった背景にあるさまざまな条件性を分析してきた。また、ゲイメンズバーで築かれている関係性に着目し、そこでおこなわれている、パートナーを見つけ承認を受けるということも含めた性にかかわる行為を考察することから、人びとが親密な関係性を築くあり方の基本的形態を抽出し、セクシュアリティや「友情」と呼ばれる関係性と照らしあわせることで、セクシュアリティの再定義を図った。

これらは、二丁目における「ゲイ・コミュニティ」を描こうとする民族誌的記述である。しかし、そこから到達しようとしていたものは、その「ゲイ・コミュニティ」を都市的なコミュニティが生成する一つのパターンとして位置づけることと、コミュニティ感や社会的結合、親密な絆がセクシュアリティとどう関係しているのかを考察することにあった。ここまで、さまざまな観点から、二丁目における「ゲイ・コミュニティ」の背景を記述し、説明してきたこともあり、一見つながりのないものに見えたかもしれない。この結章では、「社会空間」「抵抗的実践」「コモンズ」という三つの概念を用いてそれらを結びつける作業をおこない、そして、「コミュニティとは」という問いに対する自身なりの答えを提示していきたい。

1 社会的空間としての二丁目

●都市環境との相互作用

村落など自然環境が色濃く残る地域で、その地に住む民族集団を対象として記述し分析する古典的な民族誌《エスノグラフィー》では、その民族が居住する土地の自然環境も重要な考察対象とし、そこに生きる人びとがいかにその自然環境に制限を受け、同時に、それにどのように働きかけ活用しながら生活しているかを描くことが当然のこととしてあった。それらは、それぞれの自然環境を含めた場所性と結びつきながら存在する、人びとの生活を包括する共同体を調査するうえでは有効な視座であった。

一方、近年は、境界が明確で固定的な共同体というとらえ方への反省と、人やモノあるいは表象などあらゆるもののグローバルな流通／移動がより盛んになっていることから、単独の場所と結びつかないネットワークを注視する民族誌が増えている。とくに、人口移動の激しい都市における人びとの生活を研究するさいには、そのような視点をもっておこなわれ、その舞台となる場所のもつ独自性や特質ともいえる場所性は民族誌のなかで後景に退く傾向にある。そのように場所性が問われない背景の一つには、おそらく、調査対象となるネットワークの構成者が住んでいる都市が、場所性を失い均質な空間へと変化しつつあるという認識も少なからず存在しているだろう。

本書で、二丁目という街を土台としながら「ゲイ・コミュニティ」という語りが登場する様子を描くなかで意識したことの一つに、まさに、自然環境に規定されるとともにそれを変更しながら生活している様子を描くように、都市環境のなかでそれに影響を受けると同時にそれに働きかけながらコミュニティ意識を形成している様子を描くことがあった。

しかし、それは、古い共同体イメージを重ね合わせるかたちで、ゲイ・コミュニティを実体化するものではない。当然ながら、二丁目という盛り場を舞台とし、そこにかかわる人びとがおもな対象である以上、そこには内と外をはっきりと区別し線引きできる社会があるわけでも、メンバーシップがはっきりしている集団が存在しているわけでもなく、古い共同体イメージとはほど遠い。そこでみられる相互作用とは、複雑に入り組みながら形成されているネットワークと、二つの形態で築かれる親密な関係性と都市環境とのあいだに生じているものであった。しかも、そのネットワークとは、親族や同郷を機縁とするものとは違った、土地などの権利を細かく分割することによって生じる構造や、「なじみ」という身体化された感覚、また、ゲイ同士においては経験や解釈を共有することによって成立する共同性にもとづいて形成される、多元的なものであった。

おそらく、「なじみ」という身体化や、経験や解釈の共有は、古い共同体の形成や維持とも通じるものだが、土地をめぐる権利の細分化のされ方は都市的であり、またゲイが共同性を発見し強化するきっかけとなった雑誌メディアの登場とその流通は現代的なものである。そのように考えるなら、コミュニティとして語られるものには、古い共同体的な要素も、都市的・現代的な要素も混在していると言うことができるだろう。

また、「行為者をとりまく環境」と同様に表現しても、自然環境と都市環境は大きく異なることは言うまでもない。それはなにより、マテリアリティ（物理性）が、社会制度などを背景にしつつ人為的に形成されるということによる。しかし、その人為的側面は、かならずしもその場所を利用する人が直接関与する（できる）ものではなく、多くの関係者にとっては外在化されたものとして、自然環境と同じように所与のものとして姿を現しながら、行為者の働きかけや意味づけの対象となる。

このような視点から都市を見ることは、西井涼子の説明する「社会空間」という概念と重なる。西井は、「社会空間」をめぐってつぎのように述べている。

社会空間論は、個人の行為の外に構造を措定して、個人と構造を考えるといった二項対立的な思考からまず決別する。社会空間とは、人々が日常的実践の現場において、重層する関係性や行為を生きているアクチュアリティにそって、異質な個人や関係性を共有する場であると考える。そうした場は、身体を基点とするマテリアリティへの視点と主体生成への視点を接合する場でもある。そこでは他者とともに行為する主体が社会空間を生成するプロセスと、また逆に、そこにおいて主体が生成されるという二重のプロセスがみられる。［西井 2006：9-10］

本書でも、二丁目とゲイがそれぞれに変動しながら交差し、その相互作用のなかで、ゲイ・コミュニティという意味づけが誕生してきた様子を追ってきた。そのさいに私が注目したのは、新宿および新宿二丁目の場所性であった。「場所」という概念は、「空間」という概念と相反するものとして使われる傾向があり、そのため、場所性に注目しながら社会空間としてとらえるという表現は矛盾しているように聞こえなくもない。しかし、西井が「場所の主観的ポジションに対して、空間を非主観的ポジションとみなすのではなく、人間が生活実践する場とする。つまり空間を主観と客観のどちらかに振りわけるのではなく、その両義性においてとらえる」［西井 2006：7］と語るように、本書でも、社会空間を場所性によって影響を受ける存在として位置づけたい。

●街の歴史と再編成

しかし、グローバル化する社会のなかで、都市研究では都市が場所性を失いつつあることが指摘されることが少なくない。「スーパーモダニティ」という概念で現代社会の特徴を把握しようとするマルク・オジェは、「アイデンティティも、他者との関係も、歴史も象徴化されていない空間」を「非―場所」と呼び、「ある種の人々にとっては場所であるものが、他の人々にとっては非―場所であるということはありうる」としながらも、「こんにちの同時代世界を特徴づけているのは、経験的な意味での非―場所が増殖していることにほかならない」［オジェ 2002（1994）：245］と論じる。たしかに、東京全体を見わたしてみると、それぞれの地域が（再）開発されることによって、同じような姿と役割を担う繁華街やオフィス街、あるいは郊外へと変化している。また、世界の大都市においては、どこでも同様な空間が形成されているという語りも多い。しかし、場所によっては、歴史性やイメージが再生産されることで、場所性が更新されたり、（再）構築されたりしている。

ゲイメンズバーも、それが置かれている街のイメージと無縁ではない。ゲイメンズバーが多く集中する地域として、東京では、二丁目のほか、上野、浅草、新橋があげられるが、二丁目が「若い、開放的な街」とされる一方で、上野はより年齢層が高く、洗練されたイメージではなく、浅草は上野よりもさらに年齢層が高く、祭り好きの客も多く集まるイメージがもたれている。また、新橋はスーツ着用のサラリーマンが多数を占めるものとして語られる。これらは、街のイメージにゲイが影響を受け、あるいは流用しつつ差異化が図られ、その街のイメージをそのなかでも再生産している様子を示している。

さらに、同じ街でも細かい区分ができ、地域の歴史的背景や立地条件により、異なったイメージや意味、役割が付与されることもある。なかでも新宿は、そのような分化が明確な街の一つである。同じ新宿内の盛り場でも、新宿二丁目とゴールデン街、そして歌舞伎町は異なったイメージを維持している。ゴールデン街は、戦後の闇市が移動し、売春防止法が施行されるまでは「青線」として、新宿二丁目と同様に性的なイメージが強い場所であった。しかし、売春防止法成立後は、作家やマスコミ関係者、学生運動や労働運動にかかわる者が出入りする親密さと文化性を併せもつ場所として意識されるようになった。

また近年では、当時の建物がそのまま残っていることによって醸しだされる独自の雰囲気がマスコミで紹介されるなどして人気を得て、若い人たちも集まる場としてメディアにとりあげられている。一方、歌舞伎町は、一九七〇年代以降、日本でもっとも性風俗と結びつけられてきた街であった。そして二丁目は、マスメディアにおいても、「ゲイのメッカ」「ゲイ・タウン」として語られる場所である。

これらの様相を見るかぎり、都市空間が場所性を失いつつ均質化していくとは単純には言いきれない。まさに、グローバリゼーションとともにローカリゼーションが生起しているのと同じように、均質空間化と同時に場所性が維持され、再編成され強化されている。

そして、ときに改変されつつも、街が蓄積してきた歴史は、その街のあり方を方向づける力をもっており、新宿は、歴史の影響力が見えやすい場所である。新宿はくり返し語られているように宿場として開かれた土地であり、当時の宿場が性と結びついていたことから、性的なイメージが付与されることになった。その歴史を土台に、周縁的な意味をもつ街として存在しつづけた新宿だが、なかでも、現在の新宿二丁目付近は、大正時代に「遊女屋」が一括して移転させられた場所であり、もっとも性的意味の強い場所であった。そのように性的なイメージを重要な核としてもっていた新宿は、東京一の繁華街といわれるようになってもなお周縁性を含みもつことになり、戦後から高度経済成長期にもある種の「アジール（避難所／聖域）」を生みだすことになった。この性質が「一九六〇年代にこの地が若者文化のメッカとなっていく際の基盤をかたちづくっていった」［吉見 1987：266-267］。

また、その歴史のなかで培われた、吉見の言う〈新宿的なるもの〉、すなわち「あらゆる種類のヒトやモノを無差別に受け入れ」ることや「先取り性」などを特徴としながら、「濃密なコミュニケーションを媒体に一種の共同性の交感とでも呼ぶべきもの」を生みだしてきたという性質が、ゲイバーのあり方と親和性が高かったことが、新宿にゲイバー街を生みだす土台の一つを提供したと考えられる。

さらに、一九五九年の売春防止法の施行以降、赤線の代名詞のような存在であった新宿二丁目が空洞化したことが、ゲイバーが集中する大きなきっかけとなった。そのさいに、性風俗を新たに吸収する歌舞伎町という空間があったことが、そのことをより促進した。

しかし、新宿二丁目にゲイバーが集まっていく背景には、これまでも指摘されてきた「新宿二丁目の空洞化」だけではない要因があった可能性を、本書では示唆した。空洞化をプル要因だとするならば、ゲイバーをそこへ追いやっていくプッシュ要因も存在していたのではないか。それは、まず第一に、新宿に流入する人口が増えることで、駅周辺に「健全な空間」が拡大し、それ以前は新宿二丁目よりも新宿駅に近いところへ存在していたゲイバーが、より新宿駅より遠いところへ行く必要性が生じてきたことがあげられる。

そしてもう一つ、新宿御苑寄りの地域が都市計画により「整備」されることで、そこにあったゲイバーを含めた小さな飲み屋が移動しなければならなかったことも、新宿二丁目にゲイバーが集まる背景の一つとなった。都市における「再開発」や「整備」が、往々にして「いかがわしい」あるいは「雑然としている」と当局によって判断される地域が対象となり、「健全で整然とした」空間をつくりあげることを目的としていることを考えるならば、この整備が、そこに存在していたアジール的空間の解体をもたらす結果となったことは、おそらく偶然ではなかっただろう。

このような変化は、街がその場所性を更新させる一方、複数の領域でさまざまなレベルの意志が働くことで新しく再編成されつづける空間であることを示している。新宿もめまぐるしく再編成されつづけてきた。新宿が内藤新宿という宿場街として開設されて以来、その中心はいまの新宿二丁目付近にあったが、移動手段が変化するにつれ、現在のＪＲ新宿駅東口付近が中心化されていった。そして、現在西口と呼ばれるエリアにあった淀橋浄水場が一九五六年に移転が決定し、その跡地に高層ビルができるようになり、巨大なオフィス街が誕生。さらに一九九一年に都庁が移転することによって、オフィス街としての西口が完成した。また、一九九八年には、南口に新しいショッピングエリアが登場することによって、繁華街としての新宿はいっそう巨大化した。

そして、この巨大化しつづけてきた新宿を支えたのは、東京圏の西へと広がりつづけた郊外の人口であった。新宿が日本最大の繁華街といわれるようになった背景には、西部地区への郊外の拡大があった。そのことは、新宿二丁目が日本最大のゲイ・タウンとなったことと、背後に大人口を抱えるエリアが存在することと無縁ではないことを示している。

●制度を反映するマテリアリティ

街のもつマテリアリティの変化も、街の歴史の重要な一部であり、マテリアリティのあり方は、街の性質を規定すると同時に、意味を付与される存在でもある。

新宿二丁目は、広い道路で囲まれることによってリンチの言う〈ディストリクト〉を形成しやすい物理的条件があった。道路は広ければ〈エッジ〉としての役割が強くなる。新宿二丁目でゲイバーが集中しているエリアは、広い道路に面した高い建物に囲まれているが、その内側は比較的狭い通りが通っている。狭い通りが親密な空間を成立させやすいことは、コミュニティ開発を意識して都市計画にかかわっている者から指摘されている。しかし、逆に裏路地のような狭すぎる通りでは、パブリックなエリアとしての感覚が失われることもあり、居住する者の利用には適していても、そこを訪れる者が友人と談笑したり、たたずんだりすることは難しくなるだろう。そのような意味で、新宿二丁目の内部の通りの幅は、そこにある建物を完全に分断することなく、しかし、そこを訪れた者がたたずむことを可能にする距離である。

さらに、新宿二丁目は、高い建物に囲まれることにより周囲との区分が意識されやすい構造になっているが、このようなマテリアリティは、都市計画や法制度によって規定されていく面が大きい。一九六三年の建築基準法改正で、建築物の絶対高さ制限が廃止され、容積率を制限する容積地区制度が導入されたことによって、広い道路に面した場所では、より高い建物を建築することが可能になった。そのため、新宿二丁目でも、より高いビルがその周囲に建築されている。

東京で、二丁目についでゲイバーが多いエリアといわれる上野であるが、そこが、二丁目のように「ゲイ・タウン」と呼ばれることはほとんどない。その理由として、二丁目ほど一つのエリアに集中していないことが第一にあげられる。さらに比較的集中しているエリアでも、そのマテリアルな状況が「ゲイ・タウン」化しづらい環境をつくりだしている。上野でゲイバーが比較的集中しているエリアは、やはり新宿二丁目と同じように広い道路や大きな塀をともなう建築物などに囲まれおり、〈ディストリクト〉化する要素の一つを備えているものの、広い道路によって囲まれている敷地が細長い。そのため内的空間が小さく、かつ大きなビルが大半を占めるかたちとなり、そのなかにわずかに混在する小規模なビルのなかに、ゲイバーが入っている。もっともゲイバーが集まっているビルが共有する通りは、幅が二、三メートルほどの狭い路地のため、私有地のような空間であり、人がそこでたたずむことは難しい。

当事者に聞くと、上野に「ゲイ・タウン」が形成されなかった理由として、その場所にあるゲイバーの店主や客はクローゼット（自分がゲイであることを日常生活において言わない、知られないようにする）

志向が高いということがあげられる。しかしそれは、ゲイ・エリアとして顕在化しづらい場所であったからこそ、クローゼット志向の店や客が集まったという面もあるだろう。

大阪にもゲイバーが集中する地域が大きく分けて二つ存在するが、ゲイバーなどのゲイ向け施設がもっとも多く集まっている地域は〈エッジ〉となるような道路や建物がなく、ゆるやかな面的広がりをもち、〈ディストリクト〉化するのが難しい。さらに、その地域では、異性愛者向けの性風俗店も多く集まっていることから、街のなかで客引きがおこなわれており、異性愛者の性空間という印象も強い。そして、もう一つの地域は、大きな道路に囲まれている比較的小さくまとまった地域だが、交通の便がいいことから、一般客を多く集客する施設がいくつも存在しており、他方の地域と同じように「ゲイ・タウン」が形成されにくい条件となっている。

また、法律や制度がマテリアリティに影響をもたらすのは、ビルの高さなどの外観だけではない。風営法は、性風俗店の配置に限界をもたらす法律であるがゆえに、街の性質に大きく作用する。性風俗と判断される業種が学校などの公的建築物の周辺には建てられないため、性風俗関連の店が同じエリアに集中するようになり、街の性質を分化させることになる。

そして、風営法は店内の物理的な構成にも影響を与える。風俗店として位置づけられる店とそうではない店の境界は、「接待」の有無にあり、よって風俗店として警察の許認可の対象となることを避けるためには、「接待」が生じる店のつくりを避けなければならない。ゲイメンズバーに、バーカウンターのみの小規模な店が多いのは、「接待」のない店を可能にするためとも考えられ、その小さな空間が親密性を育むことにつながっている。

つまり、街の歴史的蓄積やマテリアリティが、その街に住む人、利用する人、訪れる人の、利用のあり方へ大きな影響をもたらしているのである。また、その街に組み込まれている店舗も法律に規定されることで、一定の形態をもち、人びとのイメージや行為をある種方向づけていく。そのなかで、人びとの行為や意味づけが生まれていく。

●盛り場における社会的結合の構造

また、このようにそれぞれの街の場所性を土台にしながらも、盛り場の社会的結合のあり方には、共通性も存在する。それは、その街に関係する行為者の関与が多層的であること、しかしそれが一部重なることで結節点ができあがっていることである。

多層的であるというのは、居住する者、店舗などを所有する者、店舗などで労働する者、そしてたんに客として訪れる者が存在していることを意味している。そのようなあり方が、すべてを包括する古典的な共同体と大きく異なっている点といえるだろう。そして、部分的なかかわり方が、盛り場を「群集的な結びつき」〔服部・清水 1970：135〕の空間と位置づける見方へとつながっている。

しかし、盛り場は、一見バラバラな行為者によって構成されるように見えるが、それぞれの所有者、居住者、店舗経営者といった行為者が土地に関する権利で少しずつ重なることによって、社会的結合が成立している。

また、権利をもたないがゆえにその構造に組み込まれていないように見える盛り場の利用客は、なじみの店をもつことによって、社会的結合を形成する。とくに小規模のバーなどは、「都市空間における近隣関係をもたない集団ネットワークの居所となっている」［ポンス 1992（1988）：238］と指摘されるように、盛り場の一つの結節点となっている。

なじみとは、地縁・血縁的紐帯のように強固な拘束ではない、しかし、まったくの他者でもなく、契約的関係でもない関係性である。また、所属意識やアイデンティティのように、自己省察の結果生じるものではない、より身体的な感覚を表す言葉である。地縁・血縁関係が支配的な関係では、なじみという感覚は、それらの関係のなかに埋め込まれている。しかし、それらの関係性から解放され盛り場を訪問するものにとっては、なじみそのものが、空間にその者を接合させ、そこで人とつながっていく感覚となる。そして、なじみが、親密性を体感させ、社会的結合を生みだし、盛り場を商業的、契約的関係だけではない空間につくりあげ、人びとの足を盛り場へ向けさせる重要な動因となっている。

しかしそれだけでは、新しい参加者が来ることのない、閉じられた空間となってしまう。高田公理が、（盛り場とは）「あらゆる〝関係あらざるものとの出会い〟の機会を人工的に創出することによって、〝祭と旅〟という人間にとって最大にして最高の遊びのふたつの典型を、時間的・空間的に凝縮して演出する空間（である）」［高田 1988：156］と言うように、盛り場にとって、「出会い」を求める欲望はもう一つの重要な動因である。

よって、盛り場は、「なじみ」と「出会い」という一見矛盾するような状態と出来事がつねに並存し、そのダイナミクスによって動かされている空間である。また、バーは、なじみの空間となりやすいところながらも、出会いの可能性にも開かれているという意味で、盛り場の本質を体現しているといえるだろう。

2　ゲイの抵抗的実践

●実践とは

当然ながら、歴史的蓄積や制度を反映した物理的条件、その土台にある構造が、盛り場における人びとの行動を決定づけるわけではない。まさに、二丁目をゲイ・コミュニティとして名づけるという行為は、その背景にある条件性に影響を受けながら、行為者が主体的な存在として働きかけをおこなう行為である。社会構造も含めた、行為者にとって所与のものとして立ち現れることで行為者の行為に枠を与え影響をもたらす存在と、行為者のおこなう行為との相互作用を整理し分析をするには、実践という言葉を用いるのが適切であろう。

人類学で用いられる実践という概念は、田辺繁治の説明を借りるなら、「社会的に構成され、慣習的におこなわれている……行為や活動」であり、「人々の行為とその経験が社会関係と分かちがたく結びついていることを表して」いる。その一方で、一般に日本語で使用される「実践」という言葉は、「人間個人が自覚的に明確な意図をもっておこなう行為を指すことが多い」が、このような意味は、古代ギリシャの〈プラークシス（praxis）〉に由来すると田辺は指摘する。しかし、さらにそのうえで、「人類学でいう実践概念においては、そのようなプラークシスの意味はかならずしも排除されない。

むしろ、人類学ではそうした自覚的あるいは意図的な行為さえも、社会的に構成される慣習的な実践と接合していることを明らかにしようとする」と位置づける。〔田辺 2003：11-12〕

今村仁司は、「古代ポリスの自由市民がおこなう『自由な行為』」であるプラクシス（＝プラークシス）とプラクティスとを明確に区分しているが、それでもつぎのように述べる。

> 図式的にいえば、プラクティスは二層に分けて考えることができる。第一層は、「慣習的実践」と名づけることができる行為である。前反省的、無自覚的なオートマティスムの性格をそれはもつ。第二層は、多少の差はあれ、自覚的、反省的な行為である。このレベルでは、一応、「意識＝主体」を想定することができる。〔今村 1989：127〕

このとらえ方のなかでは、「自由」なものではなくとも、自覚的な行為を含むものとされている。私がここで実践と呼ぶ行為は、今村の言う第二層のプラクティスに重きのあるものとして位置づけられるものであり、また、ミッシェル・ド・セルトーの言う「日常的実践」に近いものである。セルトーは、「日常的実践」という言葉で、支配的文化に同化しきることのない大衆文化のあり方に注目し、スペインに占領されていたインディオを例にとりながらこう述べている。

> かれらは支配秩序をメタファーに変え、別の使用域で機能させていた。かれを同化し、外面的にかれらを同化する秩序のただなかにありながら、かれらは他者のままでありつづけていた。

その秩序からはなれることなく、それを横領していたのである。［セルトー 1987（1980）：94］

また、「所有者の権力の監視のもとにおかれながら、なにかの状況が隙をあたえてくれたら、ここぞとばかり、すかさず利用する」あり方を「戦術」と呼び、「弱者の技」と言う［セルトー 1987（1980）：102］。そして、「消費者の日常的実践は戦術的なタイプの実践である」と位置づける［セルトー 1987（1980）：106］。そのような支配的な力に対する実践は、抵抗的実践と呼ぶこともできるだろう。しかし、抵抗的実践のすべてが意識され意図的におこなわれるものではなく、ときに無意識に支配的文化の様式を流用し、そうすることで結果的に意味をずらしながら、自分たちのあり方を立ち上がらせていく。

●実践の場としての二丁目

第1章においては、二丁目で開催されている「東京レインボー祭り」をとりあげ、第4章では、ゲイメンズバーという空間において、全体社会における経験やメディアの情報などをゲイとして再解釈し共有していることを指摘し、そして、第6章においては、ゲイメンズバーにおいて時折見られる性的（な印象を与える）行為と、パートナーシップを見つける可能性がそこに存在することの意味を再考した。これらの実践には、全体社会においては、異性愛を土台におこなわれているものを、ゲイやレズビアンであるということの土台へと移し変えているものもあれば、ゲイメンズバーにおいて特徴的ともいえるようなものもあった。

第1章でとりあげた「東京レインボー祭り」は、一見他愛もないイベントのように見えながらも、

「祭り」の要素を備えていた。その要素の一つは逆転性であるが、レインボー祭りで逆転をもたらしているのは、普段、性的指向を秘匿しているゲイやレズビアンなどが、「ゲイ・タウン」と意味づけられる街で積極的に姿を現すことや、普段あくまで客としてしか来ない者が街を占拠すること、そして、一般的な祭りでは、異性愛が中心化された場であるのに対して、レインボー祭りでは性的マイノリティが中心化するという点である。

しかし、自分たちの「祭り」とするためには、たんなるイベントというかたちでは不十分であり、祭り的なイメージをもつものを内包することが必要となる。それが、本来の意味で「神輿《みこし》」とはいえない、酒樽を乗せた「みこし」の存在であり、沖縄の「伝統的な」踊りであるエイサーである。エイサーのグループが祭りで演舞するようになった背景には、人的ネットワークの偶然性があるが、それが毎年ひき続きおこなわれているのは、「伝統的な祭り」を想起させるからであろう。また、最初のレインボー祭りで配布されたあいさつ文で、当時の新宿2丁目振興会会長が二丁目を「レズビアン&ゲイの故郷」と呼んでいるが、それは、その場所で「よそ者」であった（である）ゲイやレズビアンが、自分たちのものとして表象する語りと言うこともできるかもしれない。そして、それは、自分たちの祭りをその場でおこなうということにより、ひとときながら具現化されている。

二丁目を「レズビアン&ゲイの故郷」と呼ぶことは、新たな意味を付与する再解釈である。（再）解釈を共有するということは、共同性を確認するうえで重要な作業の一つだ。普段からゲイバーのなかでも、再解釈といえる行為がつねにおこなわれている。ゲイメンズバーで異性愛社会とは異なった読み方をおこないながらテレビを観、また会話をおこなうなかで、再解釈をおこない、それを確認し共有している。また、ゲイイベントには必須となっていると言っていいほど、かならず登場するドラァグ・クィーンのパフォーマンスは、録音された歌やセリフを口パクで「再現」しながら、身ぶりを当てることで異なった意味やイメージを付与しているが、そのパフォーマンスは、再解釈の象徴といえるものだ。

しかし、ゲイメンズバーがゲイ・コミュニティという言葉やイメージの受け皿となるのは、そのような解釈共同体的な性質だけによるものではない。パートナーシップを見つける場、承認する場という役割をもつことが、コミュニティ意識において重要である。

以上のことは、普段、全体社会のなかで異性愛社会のコードに沿って生活しているゲイがおこなう抵抗的実践と呼ぶことも可能であろう。しかし、その「抵抗性」は基本的には意識されることはない。なぜなら、これらは、異性愛を土台にして成立している全体社会のなかで習慣的におこなわれている言動の反転として生じており、習慣的におこなわれていることの反転は、やはり習慣的な行為であり、その意味が再帰的にとらえられることが少ないからだ。こうして、異性愛を土台としている全体社会への抵抗として、ゲイメンズバーの実践が生じている以上、全体社会のあり方がその実践をある面では規定していることになる。

それが如実に現れるのが、恋愛も含めた性的な出会いに関する行為においてである。異性愛者にとっては、パートナーとの出会いの可能性は日常的な空間のさまざまな場に遍在しているが、ゲイにとっては、限られた状況以外、日常的な社会生活においては、パートナーとなる相手との出会いの可能性はほとんどない。そのため、ゲイメンズバーで実際にカップルが盛んに誕生するというわけでなくとも、そのような可能性のある場であること、また、パートナーがいた場合にその関係性が承認される場となっていることには、異性愛者にとってのバーでの出会い以上の比重がある。そして、婚姻が社会編成に重要な働きをすることを考えるならば、パートナーシップを見つけ、承認されることも同様の意味を担う。異性愛社会における婚姻の重要性を考えるならば、パートナーシップはコミュニティ意識の重要な要となっていると言っても過言ではないだろう。

とくに、近年、ハッテン場やインターネットなど、性行為が前景化された関係を見つける手段が増えることによって、ゲイメンズバーは、より関係性に焦点の当てられた出会いの場となりつつあり、それも、ゲイメンズバーがそのようなコミュニティ感をもたらす空間へと変容させている一つの要因だろう。そして、ゲイバーが多く集まっており、物理的に独立した空間として意識しやすい二丁目全体にそのコミュニティ感が投影されるようになった。

●背後にあるゲイの変化

ゲイの実践は、二丁目のなかだけで生起し成立しているものではない。より広範なゲイをとりまく環境の変化とそれにともなうゲイの意識や動きの変化のなかにもつねに存在してきた。

同性を好きになるということが内面化され属性化されるようになった時代を迎えたあとも、そのような者が自らについて語る声はほとんど現れなかった。しかし、戦後に流行したカストリ誌で同性の性関係がとりあげられるようになり、そのなかでゲイの声が浮上するようになる。その後、『アドニス』(一九五二―一九六二年)、『薔薇』(一九六四―一九?・?年)、『同好』(一九五九―一九?・?年)といったゲイのミニコミ誌がつくられるようになり、ゲイの体験が語られるメディア空間ができていったが、ゲイの言説空間を大きく変えたのは、一九七一年のゲイ向けの商業誌の誕生である。ゲイ向け商業誌において経験が語られ、出会いの場が提供されるなかで、ベネディクト・アンダーソンの言う「想像の共同体」的な心性でつながる土壌ができた。そして、商業誌の発行は、経験の共有だけではなく、情報の流通もうながした。雑誌のなかにゲイメンズバーの広告が掲載されることで、それまで基本的に口コミでその存在が伝わっていたゲイメンズバーへ、より多くの人がアクセスできるようになったのである。

一方、一九八〇年代後半に入り、ゲイの存在が社会的に顕在化していく。まず、ゲイリブ団体の活動が、一九八〇年代の後期からＨＩＶ／ＡＩＤＳの問題に牽引されるかたちで進み、社会へ一般メディアをとおして姿を現すことになった。ＨＩＶ／ＡＩＤＳは、社会がゲイを意識するきっかけともなり、ゲイリブが社会と対峙しなくてはいけない状況をつくりだした。

そして、ゲイリブの流れのなかで、「ホモ」という言葉から「ゲイ」という言葉への変換が起こり、さらに「性的指向」という異性愛と同性愛を並置する概念も登場し、しだいに広がり定着していった。「性的指向」という言葉の登場は、同性愛を「趣味嗜好」や「病理」としてとらえるフレームへの抵抗であったといえるだろう。そして、ゲイのあいだにコミュニティ意識が生じるためには、この〈性的指向フレーム〉の広がりが必要であった。なぜなら、〈性的指向フレーム〉は、異性愛と同性愛を並置することにより、異性愛的結婚と同性間のパートナーシップを等価なものとして見る価値観を生み、また、〈性的指向フレーム〉のもつ「生まれついてのもの」という非選択感は、ちょうど血縁・

地縁において非選択感がある種の運命共同体的な感覚を生じさせるのと同じように、仲間意識を強化させるのにつながるからだ。

また、ゲイリブ活動は新しい対面的関係を提供する場ともなったが、それ以外にも、一九九〇年代初期から、合唱や吹奏楽といった音楽サークルなどの団体が誕生し、ゲイのネットワークへ参加する方法が多様化していく。また、ＨＩＶの領域を中心にソーシャルサービスをおこなうゲイが中心となったボランティア団体も増えていった。そして、それらの活動の流れが、やはり深刻化するＨＩＶ／ＡＩＤＳへの対応を一つの契機として合流していく。二〇〇〇年に東京で復活した「東京レズビアン&ゲイパレード」は、そのような合流の実質的な反映であると同時に、象徴ともいえるものであった。

さらに、この年のパレードが、東京レインボー祭りという二丁目でゲイバーの店主が中心となって開催した祭りを誘発した。パレードと祭りは開催主体は異なるものの、二〇〇〇年の開催以来、パレードがおこなわれる年には両者の日程を合わせて開催されてきたことから、密接な関係にあるという認識をもたれている。パレードが、「ゲイリブ・ネットワーク」と「サークル・ネットワーク」の合流としてとらえることができるとするなら、この二つのイベントの協働には、さらにそれに、バーが中心となった「二丁目ネットワーク」の接合を見ることができる。

こうしていくつもの異なる流れが合流・接合したことが、本書の冒頭に掲げた、パレードとレインボー祭りの開催に対して伏見憲明が書き記した「ゲイ・コミュニティの誕生」という言葉を生みだしたのである。

3 「コモンズ」と〈コミュニティ化〉

●親密な関係

これらの実践は、ゲイであることが共同性の一つとして発見され構築されたうえで、そのなかから生じるかたちでおこなわれているわけだが、ゲイであるということがこのような実践を生みだす背景には、セクシュアリティが社会的結合に重要な意味をもち、親密な関係を築く動因となっていることがある。

第6章では、親密な関係の構造を根本にたち返るかたちで整理し、それをもとにセクシュアリティや「友情」として語られるものについて考察した。人と人が結びつく親密な関係を単純化するならば、他者に直接惹かれる直引関係と、惹かれるもの、欲望するものを介在することによって結びつく介在関係とに分けられる。よって介在関係は、交換や共有にもとづいて構成される関係ともいえる。前者はセクシュアルな関係として意味づけられるものと基本的に同義である、興奮をもたらす場合にはよりセクシュアルなものとして認識される。一方、後者の関係と「友情」が重ねあわされ表象されることが多くあるが、「友情」と語られるものには、実際にはここでいう直引関係も含まれており、「友情」として語られる関係は、実際にはセクシュアルなものとされる関係と重なりあうものであることを指摘した。

また、介在関係をもたらす最大のものは、記号的な意味も含めたセクシュアルな対象を交換、共有することによるものであり、よって、セクシュアリティは、直接人と人とが結びつける動因であると同時に、間接的に結びつける力ともなっている。ゆえに、セクシュアリティにもとづく関係性は、社会の土台をなしていると言っても過言ではない。

今村は、イデオロギーの向こう側にある、すなわち「想像的関係」ではない「現実的生活」についてふれ、つぎのように述べている。

基本的な関係は、「感情的・情緒的・エステティク」な関係である。諸個人は自己の現実的条件を感情的・エステティクに生きる。この基本過程に介入するのが、想像的表象による分節化である。〔今村 1989：143-144〕

そして、「感情的関係は、身体の物質的・精神的な世界関係の基層」と位置づけ、その例として「親が子供を育てる」ことをあげる〔今村 1989：144〕。今村の言う「感情的関係」は、私が言うところの直引関係に近いものであり、それが「世界関係の基層」を為しているという認識も重なる。しかし、私ならば、直引関係がセクシュアリティの核をなしているという問題意識から、その「世界関係の基層」となっている感情的関係の例としては、親密な感情をともなうがゆえの身体接触をあげるだろう。子どもが誕生し、それを育てるという行為は、ときに「想像的表象による分節化」の作用により「目的」として位置づけられることで生じる「結果」という面をもつ。

人を男／女という項目に分けたうえで役割やイメージを付与し世界観を構築している構造を「ジェ

ンダー秩序」と呼ぶが、セクシュアリティは、そのジェンダー秩序を土台にしながら社会編成を生じさせる装置である。そう考えるならば、直引関係であるセクシュアリティは、コミュニティ感の根幹である。それが、セクシュアリティも含めた何かを交換・共有することによってつながっていく介在関係も、コミュニティ感が誕生していくうえで重要である。

●共有と交換

交換が介在関係をつくる契機ともなる動的関係とするならば、その静的で持続的なかたちであり、よく多くの人を結びつけるかたちが共有である。そして共有は、人と場所、あるいはモノとの関係をとおして、人と人とを結びつけていく。

そのような共有を考えるうえで、本論文では、「コモンズ」という概念を拡大するかたちで用いた。「コモン」や「コモンズ」と呼ばれる概念は、人類学においてはおもに共同体における共有資源を、建築関係では、公的空間と私的空間の中間的な空間を指して用いられている。いずれの場合も、それを共有する人たちが、連帯意識やコミュニティ意識をもつことが指摘されている。したがって、ある意味でコモンズは、先に説明した介在関係の第三項にあたる存在である。

より意識的に形成されるコミュニティでは第三項となるものが拡大され、コミュニティ意識を強化する。米国のヴァージニア州ルイザ郡に一九六七年に創設されたという「ツイン・オークス・コミュニティ」の「基本ポリシーは、平等、共同（分け合うこと）、非暴力の三本柱」であり、そのため「お金についてもみんなで分け合い、経済的に平等にする」「財布は一つ。それをみんなで平等に遣う」

［金原 2005：63］という。「コミューン」とも呼ばれるこの「インテンショナル・コミュニティ」に共産主義思想があることは明らかであり、極端なかたちといえるかもしれない。しかし、その極端なかたちこそ、あらためてコミュニティと共有することの関係の不可分性を気づかせてくれるものとなっている。

意識的にコミュニティを形成しようとする動きのなかでは、「コモンズ」あるいは共有することが意識的に図られており、人類学で、共同体の存在を先行するものととらえ、コモンズの制度化や動態を分析する視点とは、因果が逆になっている。しかし、いずれの視点をとるにしても、コミュニティとコモンズが切り離せないものとなっていることは間違いないだろう。

清水真木は思想家たちの友情論をたどるなかで、古代ギリシャ語では、友情が「好むこと」一般を示す「フィリア」という言葉の一部であったことを説明したあとで、アリストテレスのフィリア論についてつぎのように整理する。

アリストテレスは、『ニコマコス倫理学』において、フィリアが「共通の」（コイノス）ものにかかわることを主張する。アリストテレスによれば、フィリアは、共通の事柄に関与している者たち、何かを共有している者たちのあいだに成立するものである。［清水 2005：61］

そして清水は、さらに「この共通の（コイノス）ものを介して成立するものが「共同体」（コイノーニア）と呼ばれることになる」［清水 2005：61］と説明している。

「友情」という言葉で語られる関係性が、実際にはセクシュアリティも含まれるものであることはくり返し指摘した。よって、ここでいわれている「友情」は、「共通の事柄に関与している者たち、何かを共有しているものたち」という表現から、介在関係として読み替えたい。そうするならば、介在関係が「共同体」の土台であると指摘されていることがわかる。

この、共有することとコミュニティとの関係をめぐる考察を経て、ふたたび二丁目のコミュニティ感が生じている背景を振り返るならば、新宿二丁目が〈ディストリクト〉として共有感をもてる構造になっていることや、店同士が客を紹介しあうことで共有していることの意味を再確認できる。おそらく、それぞれのバー自体が基本的にカウンターを中心とした小規模な空間となっていることも、そのバー内における共有感を高めることになっており、バーそのものがコミュニティとして意識される理由となっている。また、何度も指摘してきたように、セクシュアリティを共有することが大きな土台となっている。

●「なじみ」という身体化

共有という状態が、物理的な条件性を前提にしながらも、制度的承認や行為者の意識と深く結びついているものだとするならば、より身体的なレベルで場所やモノ、あるいは空間と人とが結びつくこと、そして、同じ空間に存在することで人同士も結びつけるものとして、「なじむ／なじみ」という概念を用いることができるだろう。「なじみ」については、第2章において、店という空間を通じて店主と客とがつながりあうかたちとして指摘した。

「なじむ」とは、慣れることにより身体化することであり、おそらく今村の言う第一層の実践、「前反省的、無自覚的な」慣習的実践とも関連している。ある空間において期待される一つひとつの行為が「前反省的、無自覚的な」慣習的実践としておこなえるようになったとき、その空間はその行為者にとって「なじんだ」場所になったといえるだろう。たとえば、ゲイメンズバーという空間に関して言うならば、そこでは、マスターを中心として会話が進められることが多く、店ごとにその会話進行の雰囲気は異なるが、店によってはマスターや店のスタッフがオネェ言葉を駆使したりしながら客を楽しませ、客もそれぞれのあり方でそこで展開する会話に参加していく。そのコミュニケーションのあり方に「なじむ」ことによって、客は「なじみ」となっていく。

しかし「なじむ」とは、実践という行為だけではなく、空間のあり方そのものが身体の一部となるような経験を含んでいる。慣れた空間に身をおくことによって安心できるという感覚、見慣れた風景が突然変化してしまったことによって感じる違和感は、その身体化の結果である。また、人との関係において「なじむ」ことも実践という側面だけではなく、物理的に存在していることとの関係性もあるだろう。行き慣れたバーがなくなったことにふれ、客の口からは、「体の一部がもがれたよう」という言葉が聞かれたが、それはちょうど最愛の人を亡くしたときに言われる「体の一部を失ったかのよう」という言葉と同じである。それらは、その空間や人の存在そのものがその身体化していたことを示す表現だ。

そして、「なじみ」と先にふれた交換・共有とは密接な関係があり、やはりコミュニティ感と関係が深い。交換は、関係が開始される契機、あるいは維持、強化される行為である。共有は、より安定した関係性を築くことになり、その共有物と人のあいだ、人と人のあいだに「なじみ」をつくりだす。なじみの度合いが増せば増すほど、身体化も深化していく。

また「なじみ」は、もともと互いに直接的に惹かれあった直引関係においても、時が経つにつれ生起してくるものでもある。もともと互いに惹かれあいセクシュアルな関係にあったカップルが、パートナーシップを築き、時間が経過するなかで「家族になった」と表現するのは、介在関係に移行し、「なじんだ」関係になったことを表していると考えられる。そうであるならば、家族における関係性は、なにものかを共有することで介在関係へ移行し、なじみという身体化を親密性の中核としてもつものといえるかもしれない。よって、このような共有や「なじみ」こそが、コミュニティ感を育む土壌である。

●〈コミュニティ化〉

近年、コミュニティ論では、新しいコミュニティのもつ選択性や意志性が強調されるようになっている。本書でとりあげてきたゲイ・コミュニティとして語られているものも、その一つだ。本書で見てきた、ゲイ・コミュニティという語りは、そのような語りそのものによってゲイ・コミュニティが表出されている側面もある。その語りによってなされようとしているものは、自らの存在位置を社会内に確保しようとすることでもある。よって、そのコミュニティはアイデンティティと分けて考えることはできない。

田辺は「人びとは欲望と苦悩の中で他者との権力関係のゲームを演じながら、より良く生きるためのアイデンティティを求めている」と述べる。そして、「権力関係のなかにおいて自らの位置を占有していく営みそのものが、アイデンティティという主体のあり方を創り上げていく」ことであり、その過程である〈アイデンティティ化〉を、ジュディス・バトラーの言葉を追認しながら、「アイデンティティ化はけっして十全に貫徹されるのではなく、むしろ不断につづく再構成であり、反復という不安定な過程である」と位置づける［田辺 2003：234-236］。

まさに、アイデンティティとセットになったコミュニティも、同じ様相をもっている。コミュニティも、「権力関係のなかにおいて自らの位置を占有していく営み」として現れ、「十全に貫徹されるのではなく、むしろ不断につづく再構成であり、反復という不安定な過程である」。よって現代において、コミュニティとは、つねに「コミュニティ化」すること、つまり、〈コミュニタイジング（communitizing）〉という動態であると位置づけなければならない。

アンソニー・P・コーエンは、さまざまなコミュニティの民族誌を再読するなかで、人びとがシンボルを用いてコミュニティの境界を構築しているそのプロセスを示しているが、それも〈コミュニタイジング〉という動態への着目といえる［コーエン 2005（1985）］。〈コミュニタイジング〉とは、集団性を意識しその境界を仮構する動態と定義づけられるが、そう意識されるさいに重要なのは、その集団性が契約的関係や明確な利害関係に拠っていない結びつきであるという感覚だろう。おそらくセクシュアリティはもっともそのような感覚をもたらしやすい。

しかし、そのような動態をとらえるさいに、行為者の意志や意図、意味づけにのみ注視してしまうと、すべてを主体性や主観に帰してしまうことになる。だが本書で分析してきた、二丁目を舞台とした〈コミュニタイジング〉の背景の分析からわかるように、〈コミュニタイジング〉は、たとえばそれが場所を拠点とする場合には、それが生じる場所の歴史や構造、そのなかにおける関係性のあり方などが深くかかわっている。また、〈コミュニタイジング〉としての語りが出現する時点には、すでにコミュニティ感が存在するということもできるのであって、その感覚が成立しえた条件性を見なければ、〈コミュニタイジング〉を把握するうえで重要な始原をとらえそこねることになるだろう。また、同じく〈コミュニタイジング〉という言葉でくくられる動態であっても、その〈コミュニタイジング〉に参与する人びとの紐帯の強度や、生活に影響をもたらす範囲は大きく異なるがゆえに、その〈コミュニタイジング〉の質と動態が生じている社会的文脈も見逃してはならない。

よって、コミュニティと呼ばれるものを対象としていくときには、この〈コミュニタイジング〉という反復される行為とともに、その背後にある条件性や動因、社会的文脈、そしてそれが内包している性質を分析していく必要がある。本書で対象とした新宿二丁目をおもな舞台とするゲイ・コミュニティという〈コミュニタイジング〉は、まだ生起したばかりの動きであったがゆえに、動態性を追いやすい対象だったかもしれない。これからも、この〈コミュニタイジング〉は、全体社会との相互作用のなかで、変動しつづけていく。やはり、開発がどのように街のマテリアリティを変化させるかが影響要因の一つとなるだろう。

4 そして、新宿二丁目のいま

二〇〇六年五月に日本テレビの「アンテナ22」という特集番組枠で、新宿二丁目がとりあげられた。タイトルは「真夜中の新宿二丁目　自由奔放な魅惑の街」。その番組のオープニングの「つかみ」映像はつぎのようなものだった。街の男性カップルがキスしている映像に驚いたようなナレーションがつけられる。さらに、レポーターが「おそるおそる覗いた」あるゲイメンズバーの「競パンデー」の様子が映しだされ、バーカウンターの上で踊る競泳パンツ姿の若い男性に対しておどける客をとらえて、「手を伸ばしたり、顔をうずめたりしているのはやっぱり男性」と強調する。街なかで二丁目について「あなたにとって二丁目とは」と尋ねて返ってきた答えは、「癒しの場所」「純粋に生きられる街」といった言葉だが、その意味が深く探られることはなく、酔客の乱れた姿や奇抜なドラァグ・クィーンの映像に埋もれていく。そして番組は、「禁断の園へご案内しましょう」という言葉とともに始まる。

二〇〇七年七月、レズビアンであることをカミングアウトしていた大阪府議会議員、尾辻かな子が、民主党の公認候補として参議院選挙に比例区で出馬した。彼女は新宿二丁目に事務所を構え、出馬宣言の集会も二丁目のゲイメンズバーで開いた。何度も二丁目の街角に立ち、最終演説も二丁目の真ん中でおこなわれた。彼女はくり返し言った。「新宿二丁目に来たときに、自分が自分のままでいいと思えるようになりました。新宿二丁目は、私たちセクシュアル・マイノリティの故郷です」。

二丁目は、マスコミではいまも「禁断の園」として語られる一方で、ゲイやレズビアンのあいだでは「故郷」やコミュニティという言葉で表現されることも多くなっている。このギャップは、私が二丁目をとりあげて修士論文を書くことに決めた一九九七年当時と変わっていない。

また、二〇〇七年八月の東京レインボー祭りも、二〇〇〇年に初めて開催されたときと同様にたくさんの人が押し寄せ、にぎわった。もはや感動に涙する人はいないが、路上で談笑したり、パフォーマンスを眺めたり、踊ったりしながら楽しんでいる姿は基本的には変わらない。しかし、そのなかで、祭りが開催されたころには見られなかったレズビアンバーのブースが登場するようになったことは、大きな変化として特筆しておく必要があるだろう。もとより二丁目には、ゲイバーだけではなくレズビアンバーやトランスジェンダー向けのバーも存在している。当事者における共同性のイメージの変化や、振興会の構成の変化などによっては、「ゲイ&レズビアン・コミュニティ」、あるいは「性的マイノリティ・コミュニティ」という語りが二丁目においても登場する可能性もあるかもしれない。ただ、二〇〇七年現在では、アクティビズムの流れをのぞき、そのような語りが生まれる意識変化はあまり広がっていないようだ。

一方、本書で注目してきた二丁目のマテリアリティだが、大きなビルが壊された跡が駐車場となり、また二丁目内でいくつか新しいマンションの建設が始まっており、少しずつ変化している。現在駐車場となっている広い跡地には、一般客向けの新しい施設が建てられる可能性もおおいにあり、その施設の種類の種類によっては、街の雰囲気が大きく変化するかもしれない。すでに、二丁目の新宿御苑側には一般向けのコーヒーショップや喫茶店、洗練されたレストランなどが増えはじめ、私が二丁目の調査を始めたころには新宿のなかで周縁的な位置にあったエリアが、新宿駅前エリアに含まれるようになっている。また、二丁目のゲイのあいだでは、以前にも増して、「二丁目に女性やノンケが多く来るようになった」と語られるようになった。これらの移り変わりが、二丁目にどのような影響を与えていくのか予想することは難しい。しかし、マテリアリティを含めた街の構成が変わるとき、ゲイにとっての二丁目も異なった意味をもつようになることは明らかだろう。その変化は、ゲイ・コミュニティという語りや、その語りによってイメージされる関係性をも変えるかもしれない。

だがまた、行為者が一方的に規定される存在でもないことは、本書でも明らかにしてきたつもりだ。きっとこれからも、変わりゆく時代時代の状況のなかで、ゲイや他の性的マイノリティは、全体社会における支配的な価値観に対して意識的・無意識的に抵抗しながら、新しい環境を構築しつづけていくだろう。社会の多層性・多面性を生きながら、そして、さらに社会を多層化・多面化しながら。

あとがき

本書は、クラウドファンディング・サイト「READYFOR?」上のプロジェクト「新宿二丁目のゲイ・コミュニティを研究した博論を出版したい」の成立により、出版が可能になったものだ。多くの方々の資金提供をいただいたおかげで、七年もまえに執筆した博士論文が日の目を見ることとなった。心より感謝申し上げたい。ほんとうにありがとうございました。

クラウドファンディングとは、自分の達成したいプロジェクトへの資金提供を募るもので、「READYFOR?」は目標額に達成した場合にだけ、その資金提供が実施されるというものだが、このプロジェクトは約一週間というひじょうに早いペースで目標額に達成した。多くのメッセージも寄せられ、みんなの期待にとても力づけられつつも、多くの人に支援を受けて出版することの大きなプレッシャーも感じた。しかしその一方で、私の博論の書籍化はこのようなかたちでおこなうことが合っているのかもしれないと思ったりもした。

ここには、その後亡くなってしまった人も含め、私が二丁目でフィールドワークした年月のあいだに出会った人たちの存在が織り込まれている。それはかならずしも、語りを引用したり、描写のなかに登場したりした人たちだけのことではない。また、日々の人びとのかかわりと、その歴史の積み重ねの結果として街がある以上、時代を超えてその街にかかわった想像できないほど多くの人の存在が土台にある。少しオーバーな表現として響くかもしれないが、こうして、街の研究が書籍として残されるということは、その街の歴史に参加することでもあり、それが多くの人の支えにより実現したということは、ともに街を形づくることにかかわったということだ。

しかし、本書は、ゲイとしての立場から、ゲイのネットワークを中心として書き記し分析したものである以上、切り落としてしまった部分が多いことは確かだ。そしてなにより、二丁目でゲイ・コミュニティとして語られる関係性をロマン化しすぎだという批判もあるだろう。二丁目の路上でセックスワーカーとして働いていた経験をもつ、HIV／AIDSやセックスワークの問題にかかわるアクティビストである濱中洋平は、自死していった多くの仲間たちのことを振り返り、おそらくおもに二丁目のことをイメージしながら、「だけれど、この街は、人を見捨てることを止めないし、人を殺す事を止めない、人から搾取する事も、厭わない。新宿という街は、人殺しのまちだ」とツイッター上で書いている（二〇一五年三月二五日）。二丁目で助けられ生き延びたと感じている私自身とは、まったく違う経験をしてきたであろう彼の言葉を、その街にさまざまな関係性があり出来事があることを強調しておくためにも、本人の同意を得てここに残しておきたい。

そして、最後に、この書籍の元となった博士論文を完成させるまでにもいただいた、多くの人の支えへのお礼を。私を支えてくださった方々があまりにも多く、残念ながら、ここで一人ひとりの名前をあげることはできない。ただ、何人もの大切な友人に物心ともに支えられたこと、パートナーにつねに力づけられていたこと、そして、指導教官であった船曳建夫先生の指導に文字どおり導かれたことを感謝を込めて書き記しておきたい。また、クラウドファンディング・サイトや本書での作品の使用を快諾してくださった大塚隆史さん、田口弘樹さん。出版に協力くださりいつも丁寧にやりとりしてくださった太郎次郎社エディタスの北山理子さん、漆谷伸人さんにもあらためてお礼を申し上げたい。

ほんとうにありがとうございました。

二〇一五年五月

砂川秀樹

巻末資料

文献レビュー
引用文献リスト

I　ホモセクシュアリティ、ゲイ／レズビアン研究レビュー

1　人類学における研究

●人類学のホモセクシュアリティ研究の始まり

人類学のホモセクシュアリティ研究が盛んになったのは、1960年代の終わりごろから、米国を中心にゲイ／レズビアン解放運動が活発になりはじめたあとのことである。

1970年に、Edward Evans-Prichard が、アザンデ族における儀礼的なホモセクシュアル行為についての論文を初めて発表したことは、人類学のホモセクシュアル研究にとって象徴的な出来事であった［Evans-Prichard 1970］。さらに、1974年には、アメリカ人類学協会（AAA）による初めてのホモセクシュアルに関するシンポジウムが開催されている。

1970年代に人類学のホモセクシュアル研究が徐々に盛んになるなかで、古くから散発的に報告されていた、ネイティブ・アメリカンの「ベルダーシュ」[▶1]、タヒチのマーフー、インドのヒジュラなどのトランスジェンダー的「ホモセクシュアル」や、ニューギニアなどの調査から報告されている「制度化／儀礼化されたホモセクシュアル行為」[▶2]などについての再考が重ねられていく。

一方、米国内のゲイ／レズビアンへ関心を向ける機運も同時期に生まれていた。David Sonenschein は、人類学が現代の都市的なゲイ／レズビアンを研究対象とすることの必要性を説く論文を1966年に書いており、そのなかで、ベルダーシュなどの非欧米の「ホモセクシュアルのような行動」をホモセクシュアルとして位置づけることを避け、トランスジェンダーとホモセクシュアルも区別するなど［Sonenschein 1966］、すでに、異なる様態の「ホモセ

クシュアル」をひとくくりにしない視点を提示していた。

また同時代に、米国の人類学者 Esther Newton は、バーやクラブで職業として異性装をおこなっているゲイについての調査をおこなっている。彼女は、ゲイであることが「あからさま」であればあるほど、ゲイ・コミュニティのなかでも低くみられる傾向があり、そのため、異性装を職業としているゲイは、コミュニティのヒエラルキーのなかではもっとも低く位置づけられがちであると書き記している。しかし、彼らがパフォーマンスで実現する、「キャンプ（camp）」と呼ばれる、男性的—女性的という不調和を統合する表現方法が、ゲイのサブカルチャーのなかではあらゆるところでみられる重要な要素であると指摘した［Newton 1972］。彼女のこの研究は、ゲイ集団のなかに独自の文化様式とでもいうべき表現が存在していることを示したといえるだろう。

●米国のゲイ／レズビアン研究

こうして Sonenshein や Newton がつくりだした、人類学における自国内のゲイ／レズビアン研究は、細々としたかたちながらも、1980年代に引き継がれていく。そして、「人類学者による、現代アメリカのホモセクシュアリティに関する初めての本」と銘打たれた、ゲイバーを調査した民族誌が Kenneth Read によって

▶1……「ベルダーシュ」について研究された代表的なものとしては、ウィリアムズのものが挙げられる［Williams 1986］。ちなみに、近年、研究者も当事者もともに、「ベルダーシュ」という呼称を嫌がる傾向にあり、「トゥー・スピリット（two spirit）」という名を用いるようになっているという［Lang 1996：104］。

▶2……この研究では、ハートによるものが有名である［Herdt 1981, 1984］。しかし、ニューギニアなどで報告されてきた、少年に精液を与える儀礼を「儀礼化されたホモセクシュアリティ」という言葉で位置づけることに対して、異論も出されている［Elliston 1995］。しかし、また、マレイは、その異論を人類学における脱性化の一つと位置づけ厳しく批判する［Murray 1997］。

発表される。彼は、当時のゲイ／レズビアン運動のなかで打ち出されていた概念である「ホモセクシュアル・コミュニティ」や「ホモセクシュアル・カルチャー」に当てはまるような実体は存在しないとしながらも、ゲイバーが、たんに酒を飲みセックス・パートナーを探す場ではなく、他人と関係を築き、外の世界とは異なる共同性を見つけ経験できる場であると述べている［Read 1980］。また、Denyse Lokard は、合衆国におけるレズビアンの「コミュニティ性」を検討し、コミュニティとしての位置づけを図っている［Lockard 1985］。

そして、人類学において主流である非欧米社会を対象とする研究は、この時代に、一つの明確な研究スタイルを確立していく。それは、非欧米社会におけるホモセクシュアル概念の存在の有無や社会におけるその位置づけを再検討し、欧米社会のセクシュアリティ概念を相対化しようとするものである。そのような研究スタイル誕生の背景には、社会学を中心におこなわれ、人類学も関心を向けはじめていた自国内のゲイ／レズビアンに関する研究と、人類学が蓄積してきた非欧米地域のホモセクシュアリティをめぐる民族誌的知識との対比、そして、性の構築性に関する理論の発展があることは間違いないだろう。

レソトの調査からは、「マミーとベイビー」と呼ばれる、少女と年上の女性とのあいだにみられるひじょうに親密なホモセクシュアル的友情関係が報告され、それがヘテロセクシュアリティと対立することなく築かれていることが指摘されている。そして、それが、「われわれ西洋が固執する、ホモセクシュアリティとヘテロセクシュアリティを両極に配置することをゆさぶる」と、筆者の Judith Gay は述べる［Gay 1985］。

Evelyn Blackwood は、過去の民族誌に記録されているネイティブ・アメリカンのトランスジェンダー女性についての記述から、現代西洋の性別カテゴリーのあり方の相対化を図る。彼女は、西洋では、生物学的な性別をジェンダーやジェンダー役割と結びつ

け二項対立化させるが、ネイティブ・アメリカンでは、肉体的性別は直接的にジェンダーと結びつくわけではなかったことを論証しようとしている［Blackwood 2002（1984）］。

また、Loger Lancasterは、ニカラグアの調査から、女性的で、男性との性関係において受動的な役割を果たすコチョン（cochón）は、ホモセクシュアルの人物を指す英語の言葉とは同じ概念ではないことを示す。欧米とは異なり、コチョンと性行為をおこなう能動側の男性は、「男らしい男」を指す名称で呼ばれ、否定的に意味づけられないことを指摘、さらに、コチョンの構築背景をニカラグアにおけるマチズモ文化や攻撃的で競争的な男性性にみる分析をおこなっている［Lancaster 2002（1988）］。

こうして、1980年代には人類学のホモセクシュアル研究に、「欧米的なゲイ／レズビアンのコミュニティ研究」と「非欧米社会におけるホモセクシュアリティ概念の検討」という大きな二つの流れができていく。そして、1990年代に入り、これらの研究は、これらをより大きな枠組み、文脈に位置づけようとする新しい視点を導入し、さらに発展していった。とくに、前者のゲイ／レズビアン研究では、まず、ゲイ／レズビアンというアイデンティティやゲイ／レズビアン・コミュニティが、社会全体との関係でどのように意識化され、形成されるかという過程を、より大きな文脈のなかで記述する研究となって現れる。

Kath Weston は、「選択した家族」という表現がなぜ米国内のゲイ／レズビアンのあいだで語られるようになっているかという問いをもとに、「ゲイ／レズビアンはファミリーをもたない孤独な存在」という社会的なイメージへの抵抗や、「生得的な」家族へのカミングアウトと「選択した家族」という意識の形成とのかかわりを分析する。また、彼女は、ゲイ／レズビアン・コミュニティが一枚岩でないことが顕在化し意識されるようになったことと、ファミリーという概念が使用されるようになったことの関連性も指摘している［Weston 1991］。

ニューギニアの「儀礼化されたホモセクシュアリティ」の研究で有名な Gilbert Herdt は、1990年代に入り、合衆国におけるゲイ／レズビアンを研究対象にしているが、そのなかで、合衆国においてカミングアウトが「通過儀礼」的な役割を果たしていることを指摘するなど、合衆国にみられるゲイ／レズビアンのあり方を合衆国の文化的文脈に位置づけようとしている［Herdt 1992］。

また、オーラルヒストリーの聞き取りをもとに、コミュニティの歴史を再構成しエスノヒストリーを書き記すことも、より大きな文脈のなかに位置づける作業といえるだろう。Newton は、米国で「最初のゲイ／レズビアン・タウン」として語られる、ファイアー・アイランドにあるチェリーグローブの歴史を書き起こし［Newton 1993］、Elizabeth Kennedy と Davis Madeline は、ニューヨークのバッファローにおけるレズビアンの歴史を、とくに労働階級のブッチ／フェム文化に注目して書き記している［Kennedy and Davis 1993］。これらの研究は、階層や政治性、ジェンダー表現における多様性に注視しながら歴史的変動を記したエスノヒストリーとなっている。

●グローバリゼーションのなかで

非欧米社会におけるホモセクシュアリティ概念の検討を積み重ねてきた研究も、同様に、より広い大きな背景を意識しつつ、その変動をとらえようとする研究に向かっている。その代表的なものは、グローバル化の流れのなかで、ローカルな概念や当事者の意識がどのように変化しているかをとらえようとするものである。

Richard Parke rは、もともとブラジルに古くから存在する民俗モデルにおいては、同性を性行為の対象とすることよりも、その行為において能動であるか受動であるかがより重要であったことを指摘したうえで、1960年代後期から1970年代にかけて、それとは異なる、同性をセクシュアルな対象とすることがより大きな意味をもちはじめる「現代的なモデル」が登場するようになった

と分析している。そして、前者のモデルは村社会や小さな町においてみられ、後者のモデルは都市においてみられるが、後者のモデルも前者のモデルに強く影響を受け変化していると指摘する［Parker 1989］。

同様な分析が、アパルトヘイト時代から解放後に至る南アフリカの都市の黒人文化における変化をとおしておこなわれている。アパルトヘイト時代までは、男性の同性カップルにおける女性的なパートナーは、スタバネ（stabane）という両性具有を意味する語で意識され、セクシュアリティではなく、ジェンダー／セックス（分離されず、かつジェンダーがセックスに優先する）によって区別されていたが、解放運動において欧米の影響を受けるなかで、男性同性カップルはどちらも「ゲイ」として、つまりセクシュアリティによって分類されるようになったという［Donham 1998］。

しかし、このような変化は、新しい概念やモデルが既存のそれにとってかわるという単純なものではない。

Stephan Murray は、男性のホモセクシュアリティのあり方として整理される三つのタイプ――若年の男性が性的に受動的な役割を果たしつつ年長の男性に仕える「年齢階層化されたホモセクシュアリティ」、一方が女性的な役割を果たす「ジェンダー階層化されたホモセクシュアリティ」、どちらも劣位におかれることのない非階層的な「ゲイ、あるいは現代的なホモセクシュアリティ」――が、進化論的に移行するわけではないと、さまざまな地域の変化状況をとりあげて説明する。そして、比較的産業社会化した途上国の近代都市においても、家族が経済や生活の面で中心的役割を果たしていることが、ゲイがゲイであることを明らかにしたり、ゲイどうしが集住したりすることを阻み、それらが、非階層的なゲイという形態へ移行することの「障壁」になっていると分析している［Murray 1992］。

それらは、欧米的概念の取り込みにより、セクシュアリティのモデルや枠組み、言説が多層化していく様子を示しているが、さ

らにいうならば、新しい概念が取り込まれる以前のそれぞれの地域のセクシュアリティ観も一枚岩ではなかった。

タイ社会では、ホモセクシュアリティやトランスジェンダリズムが「受容されている」とみられがちであるが、反ホモセクシュアルな民俗言説も古くから存在していたこと、タイの研究者が選択的に西洋の古い理論を使用することでそれを強化していることが指摘されている。また、モリスによって分析された西洋の四つのセクシュアリティ（女性／男性という区分と同性愛／異性愛という区分の組み合わせ）が、タイ社会に取り込まれるときに変化が加えられ、それにより、もともとタイにあった三つのジェンダー（カトイ〈kathoey〉／女性／男性）も変容しているという報告がなされている。ゲイ／レズビアン・アイデンティティの出現により、古くから中性的な存在として位置づけられていたカトイの定義づけが変化しているという［Jackson 1997］。

さらに、変化をもたらす言説にも複数の層が存在し、その結果として生じるアイデンティティは多面的なものとなる。Blackwood の研究は、西スマトラにおける「男性的な女性」を指すトムボイ（tomboi）という概念とそれにともなうアイデンティティを、ローカル、ナショナル、トランスナショナルという三つのレベルの言説のなかに位置づけるものである。その結果、それらの言説をつうじて、あるいはそれに抵抗して形成されるアイデンティティは、複数的なもので、「女性」や「レズビアン」「トランスジェンダー」といった一つのカテゴリーに割り当てることのできないものであると結論づけている［Blackwood 2005（1998）］。

このようにセクシュアリティの変化に注視して研究がおこなわれる背景には、さまざまな地域で起こっている、ホモセクシュアリティのアイデンティティ化がある▶3。そのわかりやすい動因としては、ブラックウッドによる西スマトラの研究においても示されているように、セクシュアリティに関係する情報やイメージのグローバルな流通との関連が挙げられる。一般に、その流通をもた

らしているものとしてまっさきに名指しされるのはグローバルな経済活動であるが、国境を越え、地域を越えておこなわれているNPO／NGO活動なども、その一つとして挙げることができるだろう。そして、おそらく、研究という営為もその流通とまったく無縁ではない。

みずからもアジア太平洋のHIV／AIDS活動家のネットワークに参加する研究者、Dennis Altman は、ゲイ・アイデンティティの広がりをその活動をとおして調査し、「HIV／AIDSのコントロール、調査、教育における言語体系が『ゲイ・アイデンティティ』を広げ、ゲイ意識を発達させているおもな要素となっていることは明らかだ」［Altman 2000：145］と確信をもって語る。1980年代以降、HIV／AIDSの拡大と対策、それらをめぐる研究が、非欧米地域の概念変化に大きな影響をもたらす一つの重要な要因となっているのだ。

それを傍証するような Timothy Wright の記述は印象的である。彼は、ボリビアでHIV／AIDS対策の専門家として働いたときの経験から、ホモセクシュアリティに関するローカルな概念枠組みや階層やジェンダー・アイデンティティによる差異を示したうえで、みずからが手がけた「ゲイ・センター」の開設が、行政を刺激し、メディア報道を誘発した結果、管理の対象として「ゲイ」が意味づけられるに至る様子を描いている［Wright 2005（2000）］。

また、Michael Tan は、やはりマニラでHIV／AIDSの啓発のためのワークショップをおこない、そのなかで、フィリピンに以

▶3……しかし、これまでのレビューからもわかるように、アイデンティティ化を、「欧米的ゲイ／レズビアン・アイデンティティ」が覆いつくす変化として捉えるのは誤りだろう。マナランサンは、ニューヨークにすむフィリピン人移民の調査のなかで、フィリピンでもともと女性的な男性などを指す「バクラ（bakla)」という概念が、ゲイ・アイデンティティに回収されない様子を示し、性的マイノリティのローカルなあり方が、「普遍的なゲイ／レズビアンの主体」にとって変わられるという見方を強く批判する［Manalansan IV 2003］。

前からある、女性的であるということの意味が強いバクラ(Bakla)という語と、英語のゲイという言葉が並存するだけでなく、その区分に階層や職業が関係していることを分析しているが、その論文は、期せずして、そのような活動がゲイ意識を強化する働きをしていることを、読む者に推察させる記述ともなっている[Tan 1995]。

●日本の人類学におけるセクシュアリティ研究

ここまで、人類学においてもっともセクシュアリティ研究が盛んな米国におけるホモセクシュアリティ研究、ゲイ／レズビアン研究の流れを追ってきたが、日本の人類学的セクシュアリティ研究についても言及しておきたい。

ここでは「日本の人類学的セクシュアリティ研究」を、日本を対象とした研究と日本のアカデミアにポジションをもつ研究者によるセクシュアリティ研究の両方を指す意味で用いるが、残念ながら、どちらの研究もきわめて少ない。

日本を研究対象とし、より広い社会的文脈にセクシュアリティの問題を置く研究として、オランダから日本を訪れ調査をおこなったWim Lunsingのものがある。彼は、結婚することが「常識」となっている日本において、その「常識」に沿わないさまざまな人たちのインタビューをおこない、そのなかで結婚が、日本のゲイやレズビアンにとってもっとも大きな問題であることを示しながらも、オルタナティブなライフスタイルがどのように生きられ、経験されているのかに注目している[Lunsing 2001]。

ベルギー出身で、現在日本の大学で教鞭をとるエリック・ローランは、日本でのゲイ・シーンやさまざまなゲイの世界でのイベントにおける参与観察のほか、静岡と那覇をおもなフィールドとした調査のなかで、両地のゲイバー訪問やインタビュー調査から、日本のゲイの生活世界を広く記述している[ローラン 2002]。

そして、ゲイであることを明示しつつ、そのポジションからセ

クシュアリティ研究をおこなっている砂川秀樹（筆者）は、ゲイバーが多く集まる新宿二丁目の民族誌的調査から、ゲイバーがそこに集う者にとって、アイデンティティの生産の場になっていることを示し、ゲイバー間の関係性について考察をおこない、その研究をとおして、異性愛を中心とする社会全体においてセクシュアリティが重要な意味をもっていることを照射しようとする［砂川 2003a］。また、「東京レズビアン＆ゲイパレード」にかかわるなかから、アイデンティティをめぐる議論をおこない、レズビアン＆ゲイパレードのもつ意味について考察している［砂川 2000, 2003d］。

また、日本の女性のセクシュアリティとジェンダーに関係する研究としては、ジェニファー・ロバートソンが宝塚歌劇団を分析したものが有名である。彼女は、宝塚歌劇団のレズビアン的要素やジェンダー・ロールの越境性が、「アンドロジェニー」（両性具有性）という概念のなかで中和され、受容されてきた過程を、日本におけるアンドロジェニーや女性のセクシュアリティをめぐる言説の歴史を背景にして描き、あいまいさやアンビバレンスさが利用される差異のポリティクスのなかに位置づけている［ロバートソン 2000（1998）］。

一方、日本の文化人類学アカデミアに身を置くものがおこなってきたセクシュアリティ研究は、欧米の研究と異なり、ヘテロセクシュアルに関心を払ったものが圧倒的に多い。欧米の人類学的セクシュアリティ研究が、おもにホモセクシュアリティを対象としてきたのには、アカデミックの世界も含めた社会のなかで、ゲイ／レズビアンという存在が長いあいだ不可視化されてきたという状況に対する、ゲイ／レズビアン研究者による抵抗という側面があった。しかし、宇田川妙子が指摘するように、人類学が、「異性愛を、あまりにも自然なことがらとしてみなすがゆえに、文化社会の問題としてはあつかう必要がないとしてきた」［宇田川 2005：232］という面も見逃せない。

では、異性愛をおもな研究対象としてきた日本の人類学者のセ

クシュアリティ研究はどうだろうか。残念ながら、過去においては、セクシュアリティを異性間の行為や関係に限定して定義する傾向すらあったことを考えると、「異性愛を、あまりにも自然なことがらとして」みなしてきた点には変わりがない。どちらへの偏りも、いわゆる同じコインの両面であった。

このレビューでは、おもに米国のホモセクシュアリティ研究、ゲイ／レズビアン研究の流れを見てきたが、そのなかで印象に残るのは、ゲイ／レズビアンの人類学者たちが、「異文化」のホモセクシュアルの研究と自国のゲイ／レズビアン研究とのなかで、自分たちをとり囲むセクシュアリティの枠組みを再考してきたという点である。

さらに、彼女／彼らは、その研究をとおして、研究者／インフォーマントという位置づけとその関係性のあり方や、自己のアイデンティティや問題意識と調査内容の相互作用、フィールドにおける性的な経験の意味づけなどを、自己省察をとおし考察するようになっている［Lewin and Leap eds. 1996］。その背景に、近年の自己省察的な人類学の流れがあることは確かだが、セクシュアリティというテーマが、自分が強く意識する属性と深く関係した問題であるということも大きく影響していると考えられるのではないだろうか。

しかし、宇田川が看破するように、ゲイ／レズビアン運動が興隆するなかで、ベルダーシュなどがふたたび注目されてきた背景として、「いわゆる白人社会の同性愛者たちが、彼／彼女らを、自分たちとは違って社会に肯定的に認められた理想的な同性愛者として『再発見』する」という「植民地主義的言説」の布置があったことも確かだろう［宇田川 2005：239］。

ここでみてきた人類学のセクシュアリティ研究史には、この功罪が垣間見える。欧米のゲイ／レズビアンの研究者の学問的営為は、さまざまな意識的／無意識的な動機により、植民地主義的な言説を再生産する一方で、結果として、「異文化」のホモセクシ

ュアリティ研究をとおし、自分が属する社会の支配的なホモセクシュアリティ観を相対化するという役割を果たしもしてきたのだ。この功罪に学ぶ点は多い。

2――日本のゲイについての先行研究

●アイデンティティをめぐって

さらにここでは、人類学にかぎらず日本のゲイや男性同性間の性的関係をとりあつかった研究を確認するが、その数はやはり多くはない。しかも、室町時代から江戸時代の文献にみられる男色や衆道についての研究ではなく、近現代的な男性同性間の性的関係について論じた研究となると、その数はさらに減少する。

その数少ない研究のなかで、もっとも目につくのは、1990年代の中頃から発表されるようになった、ゲイがおかれている日本の状況をゲイ・アクティビズムと密接に絡めながら分析する論文である。その多くが、ゲイ解放運動グループの「動くゲイとレズビアンの会」の活動に参加している研究者たちによって書かれたものである。

その一人である風間孝は、同会が東京都を相手どって起こした「府中青年の家裁判」に至るまでの経緯や、その裁判におけるやりとりの分析をもとに、「同性愛者がダブルバインドの現実――性的指向を公言しても、秘密にしても不利に働く現実――の中で生きている」［風間 2001：132］という状況や、その状況でカミングアウトという行為が「権力関係の中で構築されたアイデンティティを用いながら、公／私の区分けが同性愛をそのいずれからも排除することに対して疑問を付していく抵抗行為であること」［風間 2002：361-362］を示すなど、同会の活動を背景に織り込みながら、異性愛中心の社会において日本の同性愛者がアイデンティティを立ち上げることの意味や社会に対する抵抗のあり方をめぐって論じている［風間 1996, 1997, 1998, 2000, 2001, 2002］。

また、やはり同会に所属する河口和也も、「（同性愛であること

を）個人化させられる力に対抗するためには、同性愛者のアイデンティティが必要である」［河口 1997：187］という立場から、アイデンティティやカミングアウトを重視した論考を発表している［河口 1997, 1998, 1999］。

さらに、両者とともに『ゲイ・スタディーズ』を著したキース・ヴィンセントは、エイズをめぐる表象の分析をとおして、日本の社会のホモフォビアの発現を具体的に分析するとともに［ヴィンセント 1996］、異性愛者はアイデンティティとセクシュアリティが公／私に分けられるのに対し、ゲイはすべてが性的で私的なものとしてみなされるといった議論などを展開している［ヴィンセントほか 1997］。

彼らの研究は、明確な問題意識を背景に、「一般社会」における異性愛的価値観への批判を提示するもので、彼らの会が掲げてきた「同性愛は人権の問題」という意識を日本のアカデミックな領域にもちこむというとても重要な役割を果たした。また、欧米でのセクシュアリティに関する理論を検討、導入することによって、日本のゲイ／レズビアンをとりまく状況をアカデミックな言語、枠組みで語ることに成功し、日本におけるゲイ／レズビアン・スタディーズを確立したといえるだろう。

また、彼らが中心的に論じてきた公／私とカミングアウト、またアイデンティティの構築といったテーマは、ゲイ／レズビアンのおかれている状況を分析するうえで、つねに検討しなければならない課題であり、重要な議論であることは確かである。その点、筆者自身とも問題意識は重なる［砂川 2000, 2001］。

しかし、アクティビズムにかかわる者としての経験や会の活動をとおして聞きとったゲイの声から思考される彼らの議論は、日本のゲイのおかれている状況を考察するうえで重要な側面をとらえているはずだが、アクティビズムに参加するわけでもなく、相談などのかたちでその会に接触するわけでもないゲイが日常的に経験しているカミングアウトやホモフォビア（同性愛嫌悪）と、

自身のその経験とのつながりが見えづらい。

たとえば、彼らが闘った裁判をめぐって、内部の者でなければ描きえなかったであろう詳細な記述にもとづいて分析されている論文のなかで、繁華街とゲイの関係については「繁華街は、同性愛者の友達や知り合いがほしいという気持ちを満たし、友情関係を育てる場というよりも、性的な接触を持つことを中心とした場であった」［風間 1996：96］と、具体的な論拠の提示のないまま、一面的な観点から否定してしまう。アクティビズムとそれに直接かかわらないようなゲイの生活世界とをいかに架橋することができるか、そこに、アイデンティティやカミングアウトを巡る思考をより深める可能性が潜んでいるのではないだろうか。

●新たなテーマをもった研究

そして、そのような問題意識をもった研究が、さまざまな学問分野においてみられるようになってきている。心理学や精神医学の分野では、早くからゲイを対象とする研究が存在していたものの、日本では1980年代まで、明治大正時代におもにドイツから導入されたセクソロジーにおける「変態性欲」研究の意識とあまり変わることのない、同性愛そのものを「異常」なものとしてみなしたうえでおこなわれた研究がほとんどであった。しかし、1990年代に入り、ようやくゲイが抱える心理的な問題への対処法を研究するものとして、ゲイであること自体を肯定的にとらえたうえで支援をおこなうという立場の心理学的研究も現れている［堀田 1998］。荻野員也は、米国の研究や精神医学会の同性愛に対する態度の変化と、日本におけるそのような同性愛研究の変化を追い、その変化を「同性愛者からゲイ男性へ：ネガティブからアファーマティブへ」と表現している［荻野 1999］。

小宮明彦は、教育学の立場から、ゲイ雑誌に掲載されている10代のゲイの投稿文を分析し、若いゲイが抱える問題を指摘し［小宮 2000, 2002］、渡辺大輔も、同様にゲイ雑誌の投稿文を引用しなが

らゲイの若者の葛藤や自己肯定への移行を示すとともに、近年のインターネットの普及により、これまでと違うかたちでゲイ・ネットワークに参入する若者の存在を描いている［渡辺 2000］。両者とも、教育学という学問分野を背景に、学校という場においてゲイやほかの性的マイノリティのおかれている困難な状況を具体的な当事者の声を用いて示し、その改善を訴えるもので、その彼らの問題意識と実践は、性的マイノリティに関する性教育を具体的に提案するかたちとしても提示されている［"人間と性" 教育研究所編 2002］。

また、これまで日本の社会学の分野におけるゲイ研究は、先に挙げたようなアイデンティティやカミングアウトといったテーマを中心に論じるものが大部分であったが、小倉康嗣は、エイジング研究の視点から高齢化社会や近代的再帰性というテーマを土台にしながら、ゲイの老後を論じている。そのなかで、彼は、壮年男性中心的社会のライフコースからはずれてきたゲイは、高齢化社会という変化のなかでアドバンテージがあると論じつつ、しかし、老い衰えつつ死に向かうという身体の「ままならなさ」を受容していく〈つながり〉の再構築という課題の存在を指摘している。そして、その課題に応えるための思想や文化をつくりあげていく実践の必要性を説く［小倉 2001］。彼の論文は、より広い社会的問題のなかにゲイを位置づけつつ、しかも異性愛者の生き方を具体的な文脈で相対化する視点をもつという意味で、ゲイ研究の新しいステージを切り開いたといっても過言ではない。また、同様に、より広い社会的文脈にゲイの問題を置く研究として、先ほど人類学の研究でとりあげたLunsingのものも挙げられるだろう［Lunsing 2001］。

歴史的研究では、古川誠の、男色から近代の「同性愛者の登場」に至る歴史を考察した研究［古川 1993］、あるいは、日本に見られた男色を「武士的男色モデル」と「歌舞伎役者的男色モデル」に分類し、それらが、同性愛の二つの類型である「年齢階梯

制度に基づく同性愛」と「ジェンダーをもとにした同性愛」に対応するという指摘をおこなった研究など［古川 1996］が有名である。その後、彼は、明治から大正期の日本社会が同性愛的現象の制御をいかに図ってきたかというテーマを扱い、法的概念装置による制御の試みが失敗に終わり、精神医学的な枠組みが成功を収めたと論じている［古川 2001］。

しかし、戦後のゲイの歴史について書き記されるようになったのは、ごく最近のことである。Gregory Pflugfelder は、1600年から1950年に至る日本の男性間のセクシュアリティの歴史を著している。しかし、330ページを超える同書のなかで戦後に関する記述は10ページほどであり、その内容も断片的なものとなっている［Pflugfelder 1999］。一方、伏見は、一次資料の渉猟だけでなく、聞き取り調査も実施したうえで、これまでまとめられることのなかった戦後のゲイの歴史を記している［伏見 2002］。また、筆者も、ゲイの戦後の歴史として、雑誌メディアをつうじた当事者の声の流通、それによる共通の経験の蓄積、さらに声だけでない姿の顕在化という変化を指摘した［砂川 2003c］。そのほかにも、矢島正見によりライフヒストリーの聞き取り調査もおこなわれているものの、残念ながら語られた歴史からゲイや他の性的マイノリティのおかれてきた社会の変化を読み取るには至っていない［矢島1997］。

ほかにも、インタビューをもとに日本のゲイなどの性的マイノリティの姿を描くものや［Summerhawk 1998］、日本のゲイとバイセクシュアル男性を比較したもの［Harada 2001］がある。また、1990年代後半から顕著になってきた男性同性間でのHIV感染の拡大という深刻な現状を背景に、ゲイやバイセクシュアル男性の性行動や性的環境を考察する調査研究もおこなわれている［砂川ほか1997, 風間ほか2000］。また、Mark McLellandは、現在の日本のゲイのおかれている状況を、メディアの分析やインタビューを用いつつ描いている［McLelland 2000］。

●ゲイバーに関する研究

このように、その数はけっして多くはないとはいえ、さまざまなゲイ研究が日本でもおこなわれるようになっている。しかし、ゲイバーそのものを考察の対象としてとりあげる論文はほとんど存在しない。

人類学研究のなかでとりあげたローランの研究は、先ほど述べたように、静岡と那覇をおもなフィールドとして調査をおこなっているが、新宿二丁目と、パリでゲイ関係の店が集まっている地区との比較を図り、また、日本のゲイの世界のおもな特徴として「類型化」をとりあげるなど、人類学的な比較文化的視点から日本のゲイについて論じてもいる。ほかにも、ゲイバーなどゲイ関係の店舗数とそれぞれの人口のあいだの比率を都市や都道府県別に出すという興味深い試みもおこなっているが、全体的には、日本のゲイについてまったく知らない人を対象に基礎的な知識を提供する内容となっている［ローラン 2002］。

Lunsingは、日本のゲイがよく用いる「この世界」というキーワードをもとに、日本のゲイの世界に「コミュニティ」は存在するのかという問いを立てて論じている。そのなかで、彼は、ゲイバーをとりあげ、その機能を分析したうえで、そこを訪れる人、訪れない人のインタビューから、その場所が人によってさまざまな意味をもっていることを明らかにしている。そして、それらの考察をふまえたうえで、日本のゲイには、米国のゲイ／レズビアンのあいだでよく使われるような「コミュニティ」は存在しないと語り、さらに、日本では、そのような「コミュニティ」は必要ないと考えている当事者が少なからず存在していることを示している。また、彼は、異性愛者の女性が訪れるゲイバーや、ゲイが中心となり性的マイノリティが多く参加しつつも、性的指向や性別などの属性に拠ることのなく形成されているグループをとりあげ、「コミュニティ」ではない、開かれたネットワークのあり方を肯定的にとりあげている［Lunsing 2001］。

ほかにゲイバーを扱った研究としては、先に挙げた石田仁による「ホモバー」の商業行為に注視する論文や［石田 2001］、「ホモバー」の従業員の職業意識をとりあげた論文がある［石田・谷口 2001］。

これらの論文では、ゲイバーを個別に分析する傾向にあり、ゲイバー間の関係などの社会的結合関係や、ゲイバーが集中する地域の地理的な配置や歴史的背景などは研究対象となっておらず、また、その考察からセクシュアリティそのものについて論じるものとはなってない。

ちなみに、米国では、社会科学的な分野でゲイ／レズビアン研究が盛んにおこなわれはじめたころに、ゲイバーを考察した論文が書かれており［Achilles 1998（1967）,Warren 1998（1974）］、人類学者によるゲイバーの民族誌も出版されている［Read 1980］。しかし、その後、ゲイ／レズビアン運動がさらに盛んになり、より包括的な「コミュニティ」が形成されるなかで、研究の関心は、その「コミュニティ」へと向かい、近年の研究でゲイバーそのものを研究対象として扱うものは見当たらない。この日本と米国のゲイの「コミュニティ」形成の差異には、米国のゲイバーが日本に比して大きなスペースとなっていることなど、ゲイバーのあり方の違いも要因の一つではないかと思われる。

同じく「ゲイバー」という名で呼んでいたとしても、全体社会におけるバーの位置づけや、大きさも含めた物理的構造によって、そこでの関係性の築かれ方は大きく異なる。また、ゲイのネットワークのあり方やコミュニティのイメージによって、ゲイバーのコミュニティにおける役割もまったく違うはずだ。逆に言えば、ゲイバーという拠点からも、それぞれの社会の一面が見えてくる。よって、ゲイバーはゲイバーの研究にとどまらない。本書は、そのような意識をもちながら書かれたものだ。

II 都市における社会的結合の研究レビュー

これまで日本の都市研究において、都市性を重要なテーマとしつつ、そのなかで築かれる社会的結合をとりあげてきたものは、おもに都市的な地域型コミュニティや出身地コミュニティがいかに機能し、また再編、再生されているか、あるいは運動のなかでいかに市民社会が形成されていくかという視点からのアプローチが主であった。人類学では、「都市祭礼」と呼ばれる、都市でおこなわれている「伝統的」な祭りに注目することが多い。

和崎春日は、京都の「大文字」のなかで、Abnor Cohen が指摘した都市社会を生き抜くための三つの戦略「創造」「借用」「修正」の三つが複合的にあらわれていると指摘している。「創造」とは、「今までとは異なるまったく新しい社会関係や社会統合を創りあげる」ことであり、「借用」とは「他集団の社会関係を取り込んだりその統合関係に便乗したりする」こと、「修正」とは「伝統的な社会関係による統合のあり方を若干かえて再整理して活用する」ことである。和崎は、Cohen がアフリカの都市におけるエスニシティのなかに見たこれらを、祭りの成員リクルートの原則の変化や行事が複合化されていくなかに見ている［和崎 2003：80-82］。ほかにも、「祇園祭り」を対象した米山俊直の研究や［米山 1974, 1986］、各地の祭りをもとに祭りの構造や機能を分析した森田三郎の研究［森田 1990］などがある。また、祭り以外には、米山が「社縁」と名づけた会社における絆による共同体的関係をとりあげ［米山 1976］、中牧弘允も会社における社会的結合関係へ関心を向けているものの［中牧ほか 2001, 2003］、もともと都市や「自文化」が研究対象となっていなかった学問分野であるがゆえに、都市性を意識しながら社会的結合をテーマとする研究は日本の人類学研究では数少ない。

民俗学も、柳田国男がすでに都市と農村の関係性へ強い関心を

もっていたものの、その学問分野では、概念や方法論が「村落社会の研究の中から、あるいはそれを前提として構成されてきた」ことから、「村落社会を対象として蓄積してきた膨大な研究にくらべて、都市の民俗学的研究は圧倒的に少ない」［上野 1978：257］といわれてきた。しかし、宮田登によると、「いわゆる都市民俗学という領域が1980年代に台頭」し、そのなかで、都市祭礼やそれとも深く結びついているフォークロリズム▶4、あるいは都市伝説などに大きな関心が向けられるようになってきたという［宮田 2006（1999）：3-12］。その都市民俗学では、「伝承母体」という視点から社会的結合を見るという特徴がある。1980年代には、「団地アパート群の生活空間を伝承母体に措定して、そこに展開する生活様式を民俗としてとらえる志向」が指摘されている［宮田 2006（1982）：24-25］。また、小林忠雄は、「都市において民俗が発生し、それが維持されるため」の「伝承母体」として、血縁集団・地縁集団・生業集団・信仰集団・文化集団の五つを挙げ、都市において民俗母体が重層構造をなしていることを指摘している［小林 1990：94-102］。

社会学は、都市を重要な関心テーマとして始まった学問分野であることから、日本の都市における社会的結合をめぐる研究に関しても蓄積がある。佐藤健二は、社会学におけるコミュニティ調査実践の主要な蓄積として、町内会・コミュニティ施策・住民運動の三つの領域を挙げる［佐藤 1993：161］。

▶4……宮田登は、日本のフォークロリズムの例として、「ふるさと創生」の国策のなかで復権してきた、博物館の学芸員などが担いながらおこなわれている町おこしや村おこしを挙げている［宮田 2006（1999）：8］。一方、岩本通弥は、メディアが幻想のなかで生産する過去に対する事実誤認を批判しつつ、フォークロリズムをつぎのように定義する。「人々が民俗文化的要素を『流用』し、表面的部分のみを保存する『書き割り的』な演出や、伝統らしさを自ら振る舞うことで、都市から訪れた観光客などのノスタルジーや欲望を満たすような状況や現象を指すとともに、都市に暮らす現代人が、こうした素朴さになぜ惹かれるのか、その仕組みを問い掛ける分析的枠組み」［岩本 2006：24］。

町内会をめぐっては、1950年代から、「町内会が近代化＝都市化に逆行するものであるという基本認識」にもとづく「町内会にたいする否定的見解」と、「町内会を日常的なコミュニティ活動の安定的で定型的な組織として再評価する立場」である「文化型」論とのあいだでおこなわれ［吉原 2002：164-166］、現在でも「町内会ほど毀誉褒貶評価の分かれる集団は少ない」［倉沢 2002：31］と表現されるものの、日本の都市の地縁コミュニティ研究では代表的なものの一つといえるだろう。

また、コミュニティは、市民の自発性によってのみ形成されるわけではない。コミュニティ施策に関して、「60年代末から70年代初頭にかけて自治省を中心にして、これに他省庁の施策が競合するような形で展開され」たことが、日本にコミュニティという語を広めるきっかけの一つとして指摘されている。しかその結果、「能動型コミュニティ形成の主体として措定された大都市郊外部の新中間層が、（中略）いっそう受益者化し、私化されるといった構図」をつくりあげられた［吉原 2002：169-170］という。

その一方で、住民の自主的な運動に都市的なコミュニティ建設への期待が向けられる。都市社会学者の柴田徳衛らは、1971年に質問紙調査をもとに「人間的ふれあいへの欲求を具体化させるような社会的な仕組みないし慣習が欠けているところに、日本の都市社会の問題がひそんでいる」と当時の都市状況を分析している。そして、「生活上の共同問題をめぐる住民の共同行動が生じ、それがくり返されてゆく過程で、住民に共同の問題が生じたとき、連帯してその解決に当たるという慣習なり態度――コミュニティや市民意識の原型――が形成されてゆく方向が期待される」と述べ、その可能性として、住民運動を挙げている［柴田・石原編 1971：130-135］。

その後、「1970年代中後期にかけて、大都市郊外地の新住民層を担い手とする住民運動の生成と展開過程に、調査テーマの重点が移された」［奥田 1999a：263］ことが指摘されている。そのなかで、

都市社会学は、「運動過程を通じて視界に入ってくる来住層―地付層を交差するかたちで人と人、人と組織、組織と組織の結び合いを問題にし」、「この結びつきの形が（中略）コミュニティ認識にどうつながるか問うた」［奥田 1999a：263］。

そして、1980年代中後期から1990年代に入っては、「世界都市」仮説の構想と提示を象徴的出来事として、都市社会学は、超マクロともいうべき「世界都市」系の「都市」構想と、一方では「地域」系の都市構想とに分極化していく［奥田 1999b：8-9］。

これらの都市研究が対象とする人間関係は、あくまで、血縁関係や地域、職場といった場での社会的属性を前提としていることが多いが、盛り場では、冒頭においてとりあげた定義において属性からの解放が指摘されていることからもわかるように、そのような社会的属性に直接的にはもとづかない関係性が築かれている。そのため、盛り場で新しく築かれる関係性については、文学やエッセイの記述の対象となることはあっても学問的分析の考察の対象となることはきわめて少なかった。

都市のなかの都市ともいえる盛り場において、どのような関係性が築かれているのかを明らかにしていくことは、都市に生きる人びとの生活における経験の重要な面を照らし出していくはずである。

引用文献リスト

＊—日本語文献、英語文献の順に記載

●青木仁［2004］『日本型魅惑都市をつくる』日本経済新聞社
●赤杉康伸・土屋ゆき・筒井真樹子編著［2004］『同性パートナー』社会批評社
●秋道智彌［2004］『コモンズの人類学』人文書院
●朝倉喬司［1985］「新宿盛り場史」『別冊宝島46』JICC出版局
●安宅峯子［2004］『江戸の宿場町新宿』同成社
●阿南透［1997］「伝統的祭りの変貌と新たな祭りの創造」小松和彦編『祭りとイベント』小学館
●アニース編集部［2002］「Girl meets Girl」『anise 2002冬号』
●天野秀二［1985］「万華鏡の街・新宿今昔物語」落合英秋編『世界の新宿』日本地域社会研究所
●綾部恒雄［1987］「地域社会（コミュニティ, community)」祖父江孝男・米山俊直・野口武徳編著『文化人類学事典』ぎょうせい
●綾部恒雄［1988］『クラブの人類学』アカデミア出版会
●石川栄吉［1994］「共同体」石川栄吉ほか『文化人類学事典』弘文堂
●石川栄耀［1944］『皇国都市の建設』常盤書房
●石田仁［2001］「接客・舞台・ママ・ミセコ——商空間としての〈ホモバー〉」『Sociology Today』第12号：56-71
●石田仁［2004］「ジェンダーとセクシュアリティの真空圏——新宿二丁目ホモバーにおける商的相互行為実践」『紀要　社会学科』第14号：81-98
●石田仁・谷口洋幸［2001］「ホモバーに従事する若者たち」矢島正見・耳塚寛明編著『変わる若者と職業世界』学文社
●磯村英一［1989］『磯村英一都市論集2　都市の社会理論』有斐閣
●伊藤悟［1993］『男ふたり暮らし』太郎次郎社
●伊藤文学［1971］「ホモフレンドからの手紙」『薔薇族　創刊号』
●伊藤文学［2001］『編集長「秘話」』文春ネスコ
●今村仁司［1989］「イデオロギーとプラクティス」田辺繁治編著『人類学的認識の冒険』同文館出版
●岩田準一［2002］『本朝男色考　男色文献書志』原書房
●岩本通弥［2006］「都市憧憬とフォークロリズム」新谷尚紀・岩本通弥編『都市とふるさと』吉川弘文館
●ヴィンセント, キース［1996］「敵はどこにいるのだろう？——エイズの「起源」と近代日本のホモフォビア」『現代思想』Vol.24-9：90-105
●ヴィンセント, キース・風間孝・河口和也［1997］『ゲイ・スタディーズ』青土社

●上野和男［1978］「都市民俗学」上野和男・高桑守史・野村純一・福田アジオ・宮田登編『民俗研究ハンドブック』吉川弘文館
●上野千鶴子［1996］「セクシュアリティの社会学・序説」井上俊ほか編『セクシュアリティの社会学』岩波書店
●動くゲイとレズビアンの会編［1992］『ゲイ・リポート』飛鳥新社
●動くゲイとレズビアンの会編［1993］『同性愛報道の手引き』動くゲイとレズビアンの会
●動くゲイとレズビアンの会編［1994］『レズビアン＆ゲイ・コミュニティ視察報告』動くゲイとレズビアンの会
●動くゲイとレズビアンの会編［1995a］『動くゲイとレズビアンの会　第10期年間総会報告書』動くゲイとレズビアンの会
●動くゲイとレズビアンの会編［1995b］『海外視察の報告書』動くゲイとレズビアンの会
●動くゲイとレズビアンの会編［1997］『海外レズビアン＆ゲイ・コミュニティ視察96報告書』動くゲイとレズビアンの会
●氏家幹人［1994］『江戸の少年』平凡社
●氏家幹人［1995］『武士道とエロス』講談社現代新書
●宇田川妙子［2005］「性をゆさぶる——トランスジェンダー」田中雅一・中谷文美編『ジェンダーで学ぶ文化人類学』世界思想社
●NHK「日本人の性」プロジェクト編［2002］『データブック　NHK日本人の性行動・性意識』NHK出版
●オジェ，マルク（森山工訳）［2002（原著1994）］『同時代世界の人類学』藤原書店
●大塚隆史［1995］『二丁目からウロコ』翔泳社
●大塚隆史・小倉東編［1993］『別冊宝島EX　ゲイのおもちゃ箱』JICC出版局
●大塚隆史・小倉東編［1994］『別冊宝島EX　ゲイの学園天国！』宝島社
●大塚隆史・伏見憲明・上田理生編［1992］『別冊宝島159　ゲイの贈り物』JICC出版局
●荻野員也［1999］「男性同性愛者からゲイ男性へ：ネガティブからアファーマティブへ」『成城コミュニケーション学研究』1：29-48
●奥田道大［1993］『都市型社会のコミュニティ』勁草書房
●奥田道大［1999a］「都市コミュニティの再定義」奥田道大編『都市』東京大学出版会
●奥田道大［1999b］「総論　都市と都市社会学にとっての1990年代」奥田道大編『都市』東京大学出版会
●小倉康嗣［2001］「ゲイの老後は悲惨か？　再帰的近代としての高齢化社会とゲイのエイジング」伏見憲明編『Queer Japan』Vol.5
●小田急電鉄株式会社編［2003］『小田急史75年』小田急電鉄株式会社
●恩田守雄［2006］『互助社会論』世界思想社
●海鳴館編［2001］『男街マップ2001年版』海鳴館

●海鳴館編［2003］『男街マップ2003年版』海鳴館
●風間孝［1996］「運動と調査の間——同性愛者運動への参与観察から」佐藤健二編『都市の解読力』勁草書房
●風間孝［1997］「解釈の政治学——同性愛者の歴史と証言」『現代思想』Vol.25-10：276-283
●風間孝［1998］「表象／アイデンティティ／抵抗」風間孝・ヴィンセント，キース・川口和也編『実践するセクシュアリティ』動くゲイとレズビアンの会
●風間孝［2000］「同性愛者の人権とグローバル化——東京都人権指針骨子からの削除をめぐって」『現代思想』Vol.28-11：94-99
●風間孝［2001］「同性愛／異性愛、その関係性の再構築——府中青年の家裁判を事例に」慶應義塾大学経済学部編『家族へのまなざし』弘文堂
●風間孝［2002］「カミングアウトのポリティクス」『社会学評論』第53巻第3号：348-364
●風間孝・河口和也・菅原智雄・市川誠一・木原正博［2000］「男性同性愛者のHIV／エイズについての知識・性行動と社会・文化的要因に関する研究（第一報）——性的空間利用、エイズへの関心、HIV感染者との交流の観点から」『エイズ学会誌』第2巻第1号：13-21
●片山文彦［2000］『花園神社三百五十年誌・下巻』花園神社
●金原義明［2005］『コミュニティ』明鏡舎
●兼松佐知子［1987］『閉じられた履歴書』朝日新聞社
●河口和也［1997］「懸命にゲイになること——主体・抵抗・生の様式」『現代思想』Vol.25 No.3：186-194
●河口和也［1998］「同性愛者の『語り』の政治」風間孝・ヴィンセント，キース・河口和也編『実践するセクシュアリティ』動くゲイとレズビアンの会
●河口和也［1999］「セクシュアリティの『応用問題』」『現代思想』Vol.27 No.1：210-215
●河村茂（勝田三良監修）［1999］『新宿・街づくり物語』鹿島出版会
●神崎宣武［1991］「盛り場の基点と条件——上野広小路界隈の変遷から」『国立歴史民俗博物館研究報告』第33集：25-41
●草間八十雄［1930］「新宿遊郭　その他…」『大新宿』10月号：62-64
●倉沢進［1998］「盛り場とコミュニティ」倉沢進著『コミュニティ論』放送大学教育振興会
●倉沢進［2002］「伝統的地域集団 町内会」倉沢進編著『コミュニティ論』放送大学教育振興会
●コーエン，アンソニー・ポール（吉瀬雄一訳）［2005（原著1985）］『コミュニティは創られる』八千代出版
●児玉幸多［1986］『東京美術選書50　宿場と街道』東京美術
●小林忠雄［1990］『都市民俗学』名著出版

●小宮明彦［2000］「同性愛の子どもの実態に関する覚え書き――ゲイ雑誌のテクスト分析を中心に」『学術研究　教育・社会教育・体育学編』第49号：87-104
●小宮明彦［2002］「性的マイノリティの子どもたちが直面する四つの困難」“人間と性”教育研究所編『同性愛・多様なセクシュアリティ』子どもの未来社
●齊藤広子・中城康彦［2004］『コモンでつくる住まい・まち・人』彰国社
●斎藤靖紀［2001］「二丁目に花火が上がった日」『パレード』ポット出版
●佐伯順子［1998］『「色」と「愛」の比較文化史』岩波書店
●佐藤健二［1993］「コミュニティ調査のなかの『コミュニティ』」蓮見音彦・奥田道大（編）『21世紀日本のネオ・コミュニティ』東京大学出版会
●佐藤慶幸［1994］『アソシエーションの社会学』早稲田大学出版部
●30周年記念誌編集委員会編［2003］『新宿サブナード30年のあゆみ』新宿地下駐車場株式会社
●柴田徳衛・石原舜介編［1971］『都市と市民』日本放送出版協会
●柴山肇［1993a］『江戸男色考　若衆篇』批評社
●柴山肇［1993b］『江戸男色考　色道篇』批評社
●清水馨八郎・服部銈二郎［1970］『都市の魅力』鹿島研究所出版会
●清水真木［2005］『友情を疑う』中公新書
●G-men［2001］「20世紀最後の夏　僕たちの心に残る　この夏のメモリアル」砂川秀樹『パレード』ポット出版
●junchan［2001］「東京レズビアン＆ゲイパレード2000」砂川秀樹『パレード』ポット出版
●ジラール, ルネ（吉田幸男訳）［1971（原著1961）］『欲望の現象学』法政大学出版局
●新宿ウォッチングレポート編集委員会［1988］『新宿ウォッチングレポート』造形社
●新宿区・新宿区地域女性史編纂委員会［1997］『新宿　女たちの十字路』ドメス出版
●新宿区役所編［1955］『新宿区史』新宿区
●新宿区立新宿歴史博物館［1991］『内藤新宿の町並とその歴史』新宿区教育委員会
●陣内秀信［1985］『東京の空間人類学』筑摩書房
●陣内秀信［1991］「迷宮空間としての盛り場」『国立歴史民俗博物館研究報告』第33集：1-23
●陣内秀信・法政大学東京のまち研究会［1989］『江戸東京のみかた調べ方』鹿島出版会
●杉浦郁子・野宮亜紀・大江千束編著［2007］『プロブレムQ&A　パートナーシップ・生活と制度』緑風出版
●鈴木喜兵衛［1955］『歌舞伎町』大我堂（印刷）

●砂川秀樹［1999a］『セクシュアリティの再定義へ向けて』（東京大学大学院総合文化研究科提出修士論文）Vol.1
●砂川秀樹［1999b］「日本のゲイ／レズビアン・スタディーズ」『Queer Japan』
●砂川秀樹［2000］「変動する主体の想像／創造」『現代思想』Vol.28-14
●砂川秀樹［2001］『パレード』ポット出版
●砂川秀樹［2002］「〈性的なもの〉はプライベートなものか」『民博通信』No.99：12-15
●砂川秀樹［2003a］「新宿二丁目が照射する異性愛社会」松園万亀雄編『性の文脈』雄山閣
●砂川秀樹［2003b］「日本のゲイを取り巻く社会状況」伏見憲明編『同性愛入門』ポット出版
●砂川秀樹［2003c］「日本のゲイの歴史」伏見憲明編『同性愛入門』ポット出版
●砂川秀樹［2003d］「レズビアン＆ゲイ・パレードが与える希望」『神奈川大学評論』第45号
●砂川秀樹・池上千寿子・徐淑子・生島嗣・富沢一洋・日高庸晴・斉藤明宏・篠原欣介・土屋仁応［1997］「『ハッテン場』など日本のゲイをとりまく性的環境の調査、分析——アウトリーチ活動をアクション・リサーチとして」『日本＝性研究会会報』第9巻第1号：18-29
●関本照夫［1994］「序論」関本照夫・船曳建夫編『国民文化が生れる時』リブロポート
●セジウィック、イヴ・K（上原早苗・亀澤美由紀訳）［2001（原著1985）］『男同士の絆』名古屋大学出版
●セルトー、ミッシェル・ド（山田登世子訳）［1987（原著1980）］『日常的実践のポイエティーク』国文社
●園田英弘［1988］「『まじめな』盛り場の成立——ターミナル文化の歴史的位置」井上忠司編『都市のフォークロア』ドメス出版
●高田公理［1988］「都市の盛り場——浅草から渋谷まで」井上忠司編『都市のフォークロア』ドメス出版
●高田雅弘［2001］『熟カマがゆく！』廣済堂出版
●高橋鐵ほか［1952］「同性愛の深淵に臨む」『あまとりあ5月号』
●竹井隆人［2005］『集合住宅デモクラシー』世界思想社
●田辺繁治［2003］『生き方の人類学』講談社現代新書
●田村明［1992］『江戸東京まちづくり物語』時事通信社
●チョーンシー、ジョージ（上杉富之・村上隆則訳）［2006（原著2004）］『同性婚』明石書店
●東京都建設局区画整理部計画課［1987］『甦った東京』
●東京都公文書館編［1985］『都史紀要29　内藤新宿』
●東京府豊多摩郡役所編［1978（原著1916）］『東京府豊多摩郡誌（復刻版）』名著出版

●永井良和［2002］『風俗営業取締り』講談社
●中牧弘允ほか［2001］『会社じんるい学』東方出版
●中牧弘允ほか［2003］『会社じんるい学　pt.2』東方出版
●中村孚美［1984］「都市人類学の展望」『都市人類学』至文堂
●西井凉子［2006］「社会空間の人類学――マテリアリティ・主体・モダニティ」西井凉子・田辺繁治編『社会空間の人類』世界思想社
●"人間と性" 教育研究所編［2002］『同性愛・多様なセクシュアリティ』子どもの未来社
●野宮亜紀・針間克己・大島俊之・原科孝雄・虎井まさ衛・内島豊［2003］『プロブレムQ＆A　性同一性障害って何？』緑風出版
●芳賀善次郎［1970］『新宿の今昔』紀伊国屋書店
●橋爪紳也［2002］『集客都市』日本経済新聞社
●橋爪紳也［2003］『モダン都市の誕生』吉川弘文館
●橋爪大三郎［1993］『性空間論』勁草書房
●初田香成［2003］『戦後東京における飲み屋街の形成と展開』（2002年度東京大学都市工学科提出修士論文）
●服部銈二郎・松井秀郎［1982］「浅草の粋モダンな商店街づくり――観光性と盛り場性の共存」『地理』第27巻第8号：91-98
●花咲一男［1992］『江戸のかげま茶屋』三樹書房
●平野広朗［1994］『アンチ・ヘテロセクシズム』パンドラ
●広瀬謙一郎［2006］「新宿二丁目が"赤線"であった頃…」『荷風！』vol.9
●福井憲彦［1988］「アジール」今村仁司編『現代思想を読む事典』講談社現代新書
●福島光生［2000］「扉の向こう側　第五回『こっち側から見たレインボー』」『G-men』No.56：194-195
●フーコー, ミッシェル（渡辺守章訳）［1986（原著1976）］『性の歴史1　知への意志』新潮社
●伏見憲明［1991］『プライベート・ゲイライフ』学陽書房
●伏見憲明［1999］「伏見ゲイ新聞」『バディ』7月号
●伏見憲明［2000］「伏見ゲイ新聞」『バディ』11月号
●伏見憲明［2002］「ゲイの考古学」伏見憲明著『ゲイという［経験］』ポット出版
●伏見憲明ほか［2001］『「オカマ」は差別か』ポット出版
●船曳建夫［1997］「『幕』と『場面』についての試論」青木保ほか編『儀礼とパフォーマンス』岩波書店
●古川誠［1993］「同性愛者の社会史」『別冊宝島176』宝島社
●古川誠［1996］「同性愛の比較社会学――レズビアン／ゲイ・スタディーズの展開と男色概念」井上俊ほか編『セクシュアリティの社会学』岩波書店
●古川誠［2001］「『性』暴力装置としての異性愛社会――日本近代の同性愛をめぐって」『法社会学　法と暴力』第54号：80-93

●古野直［1994］「同性愛者グループ形成――動くゲイとレズビアンの会の活動史から」『Sexual Science』Vol.3 No.6：25-33
●ブレイン, ロバート（木村洋二訳）［1983（原著1976）］「友人たち／恋人たち　友愛の比較人類学」みすず書房
●堀田香織［1998］「男子大学生の同性愛アイデンティティ形成」『学生相談研究』19（1）：13-21
●ポンス, フィリップ（神谷幹夫訳）［1992（原著1988）］『江戸から東京へ』筑摩書房
●増田繁夫［1989］「日記文学の発生　土佐日記の成立まで」日本文学協会編『日記・随筆・記録』大修館書店
●町村敬志・西澤晃彦［2000］『都市の社会学』有斐閣
●松崎憲三［1989］「銀座の時間と空間」岩本通弥・倉石忠彦・小林忠雄編『混沌と生成』雄山閣出版
●松崎天民［1930］「新宿印象記」『大新宿』創刊号（9月号）：35-37
●松沢呉一［2001］「派手で楽しくて面白くてカッコよくて感動的なゲイパレードが東京に復活」砂川秀樹編『パレード』ポット出版
●松田素二［1999］『抵抗する都市』岩波書店
●マリノフスキー、ブロニスラフ（寺田和夫・増田義郎訳）［1980（原著1922）］「西太平洋の遠洋航海者」泉靖一編『マリノフスキー、レヴィ＝ストロース』中央公論社
●三橋順子［2005］「トランスジェンダー・スタディーズの現状と課題」中央大学社会科学研究所「セクシュアリティの歴史と現在」研究チーム『日本におけるセクシュアル・マイノリティ・スタディーズ』
●宮田登［2006］『都市の民俗学』吉川弘文館
●村上隆則［1998］『適応か、アイデンティティか』（国際基督教大学大学院比較文化研究科提出修士論文）
●森田兼吉［1989］「漢文日記の記録性と文学性」日本文学協会編『日記・随筆・記録』大修館書店
●森田三郎［1990］『祭りの文化人類学』世界思想社
●矢島正見［1997］『男性同性愛者のライフヒストリー』学文社
●山口昌男［1986］『文化人類学の視角』岩波書店
●山下晋司［1999］『バリ　観光人類学のレッスン』東京大学出版会
●吉原直樹［2002］『都市とモダニティの理論』東京大学出版会
●吉見俊哉［1987］『都市のドラマトゥルギー』弘文堂
●吉見俊哉［1993］「回線のなかのコミュニティ――情報化社会と電話コミュニケーションの変容」蓮見音彦・奥田道大編『21世紀日本のネオ・コミュニティ』東京大学出版会
●米山俊直［1974］『祇園祭』中公新書
●米山俊直［1976］『日本人の仲間意識』講談社現代新書
●米山俊直［1986］『都市と祭りの人類学』河出書房新社

●リンチ, ケヴィン（丹下健三／富田玲子訳）［1968（原著1960）］『都市のイメージ』岩波書店
●レヴィ＝ストロース, クロード（福井和美訳）［2000（原著1949）］『親族の基本構造』青土社
●ロザルド,レナート（椎名美智訳）［1998（原著1989、1993）］『文化と真実』日本エディタースクール出版部
●ロバートソン,ジェニファー（堀千恵子訳）［2000（原著1998）］『踊る帝国主義』現代書館
●ローラン, エリック［2002］「現在の日本文化における男性同性愛」『岐阜経済大学論集』第35巻第3号：65-89
●和崎春日［2003］「都市に生きる人のための都市人類学——生活処方の政治学」綾部恒雄編著『文化人類学のフロンティア』ミネルヴァ書房
●渡辺大輔［2000］「同性愛の若者とインターネット」『人間と教育』28：144-153

●Achilles, Nancy［1998（1967）］“The Developing of the Homosexual Bar as an Institution”, in P. M. Nardi&B. E. Schneider（eds.), Social Perspectives in Lesbian and Gay Studies, London：Routledge.
●Altman, Dennis［2000］“The Emergence of Gay Identities in Southeast Asia”, in P. Drucker（ed.), Different Rainbows, London：Gay Men’s Press.
●Blackwood, Evelyn［2002（1984）］“Sexuality and Gender in Certain Native American Tribes：The Case of Cross-Gender Females”, in C. L. Williams and A. Stein（eds.), Sexuality and Gender, Malden：Blackwell.
●Blackwood, Evelyn［2005（1998）］“Tombois in West Sumatra：Constructing Masculinity and Erotic Desire”, in J. Robertson（ed.), Same-Sex Cultures and Sexualities：An Anthropological Reader, Malden：Blackwell.
●Chauncey, George［1994］Gay New York：gender, urban culture, and the making of the gay male world, 1890-1940, HarperCollins Publishers.
●Donham, Donald L.［1998］“Freeing South Africa：The Modernization of Male-Male Sexuality in Soweto”, Cultural Anthropology 13（1）：3-21.
●Elliston, Deborah A.［1995］“Erotic Anthropology：‘Ritualized Homosexuality’ in Melanesia and Beyond”, American Ethnologist 22（4）：848-867.
●Evans-Prichard, Edward E.［1970］“Sexual Inversion among the Azande”, American Anthropologist 72（6）：1428-1434.
●Gay, Judith［1985］“‘Mummies and Babies’ and Friends and Lovers in Lesotho” in E. Blackwood（ed.), Anthropology and Homosexual Behavior, New York：The Haworth Press.
●Harada, Masashi［2001］“Japanese Male Gay and Bisexual Identity”, Journal of Homosexuality, Vol.42（2）.
●Herdt, Gilbert［1981］Guardians of the Flutes：Idioms of Masculinity, New

York：McGraw-Hill.
● Herdt, Gilbert [1984] Ritualized Homosexuality in Melanesia, Berkeley：University of California Press.
● Herdt, Gilbert [1992] Gay Culture in America：Essays from the Field, Boston：Beacon Press.
● Jackson, Peter A. [1997] "Thai Research on Male Homosexuality and Transgenderism and the Cultural Limits of Foucaultian Analysis", Journal of the History of Sexuality 8（1）：52-85.
● Kennedy, Elizabeth Lapovsky, and Madeline D. Davis [1993] Boots of Leather, Slippers of Gold：The History of a Lesbian Community, New York：Routledge.
● Krieger, Susan [1998（1983）] "An Identity Community", in P. M. Nardi and B. E. Schneider（eds.）, Social Perspectives in Lesbian and Gay Studies, Routledge.
● Lancaster, Roger N. [2002（1988）] "Subject Honor and Object Shame：The Construction of Male Homosexuality and Stigma in Nicaragua", in C. L. Williams and A. Stein（eds.）, Sexuality and Gender, Malden：Blackwell.
● Lang, Sabine [1996] "Traveling Woman：Conducting a Fieldwork Project on Gender Variance and Homosexuality among North American Indians", in E. Lewin and W. L. Leap（eds.）, Out in the Field：Reflections of Lesbian and Gay Anthropologists, Urbana：The University of Illinois Press.
● Leupp, Gary P. [1995] Male Colors：The Construction of Homosexuality in Tokugawa Japan, University of California Press.
● Levine, Martin P. [1998（1979）] "Gay Ghetto", in P. M. Nardi and B.E. Schneider（eds.）, Social Perspectives in Lesbian and Gay Studies, London：Routledge.
● Lewin, Ellen and W. L. Leap（eds.）[1996] Out in the Field：Reflections of Lesbian and Gay Anthropologists, Urbana：University of Illinois Press.
● Lockard, Denyse [1985] "The Lesbian Community：An Anthropological Approach", in E. Blackwood（ed.）, Anthropology and Homosexual Behavior, New York：The Haworth Press.
● Lunsing, Wim [2001] Beyond Common Sense：Sexuality and Gender in Contemporary Japan, London：Kegan Paul.
● Manalansan IV, Martin F. [2003] Global Divas：Filipino Gay Men in the Diaspora, Durham：Duke University Press.
● McLelland, Mark J. [2000] Male Homosexuality in Modern Japan：Cultural Myths and Social Realities, Richmond：Curzon Press.
● Murray, Stephan O. [1992] "The 'Underdevelopment' of Modern/Gay Homosexuality in Mesoamerica", in K. Plummer（ed.）, Modern Homosexualities：Fragments of Lesbian and Gay Experience, London：Routledge.

- Murray, Stephan O. [1997] "Explaining Away Same-sex Sexualities：When They Obtrude on Anthropologists' Notice at all", Anthropology Today 13 (3)：2-5.
- Murray, Stephan O. [1998 (1979)] "The Institutional Elaboration of a Quasi-ethnic Community", in P. M. Nardi and B.E. Schneider (eds.), Social Perspectives in Lesbian and Gay Studies, Routledge.
- Newton, Esther [1972] Mother Camp：Female Impersonators in America, Chicago：The University of Chicago Press.
- Newton, Esther [1993] Cherry Grove, Fire Island：Sixty Years in America's First Gay and Lesbian Town, Boston：Beacon Press.
- Ortner, Sherry B. [1996] Making Gender：The Politics and Erotics of Culture, Boston：Beacon Press.
- Parker, Richard [1989] "Youth, Identity and Homosexuality：The Changing Shape of Sexual Life in Contemporary Brazil" Journal of Homosexuality 17 (3/4)：268-289.
- Pflugfelder, Gregory M. [1999] Cartographies of Desire：Male-Male Sexuality in Japanese Discourse, 1600-1950, Berkeley：University of California Press.
- Read, Kenneth E. [1980] Other Voices：the Style of a Male Homosexual Tavern, Novato：Chandler&Sharp.
- Sonenschein, David [1966] "Homosexuality as a Subject of Anthropological Inquiry", Anthropological Quarterly 2：73-82.
- Summerhawk, Barbara, McMahill, C., McDonald, D. [1998] Queer Japan：Personal Stories of Japanese Lesbians, Gays, Bisexuals and Transsexuals, New Victoria Publishers.
- Tan, Michael L. [1995] "From Bakla to Gay：Shifting Gender Identities and Sexual Behaviors in the Philippines", in R. Parker and J. Gagnon (eds.), Conceiving Sexuality, London：Routledge.
- Warren, Carol [1998 (1974)] "Space and Time", in P. M. Nardi and B.E. Schneider (eds.), Social Perspectives in Lesbian and Gay Studies, Routledge
- Weston, Kath [1991] Families We Choose：Lesbians, Gays, Kinship, New York：Columbia University Press.
- Williams, Walter [1986] The Sprit and the Flesh：Sexual Diversity in American Indian Culture, Boston：Beacon Press.
- Wright, Timothy [2005 (2000)] "Gay Organizations, NGOs, and the Globalization of Sexual Identity：The Case of Bolivia", in J. Robertson (ed.), Same-Sex Cultures and Sexualities：An Anthropological Reader, Malden：Blackwell.
- Wright, Les [1999] "San Francisco", in D. Higgs (ed.), Queer Sites：gay urban histories since 1600, Routledge.

◉著者紹介
砂川秀樹
（すながわ・ひでき）


文化人類学者・博士（学術）。1966年、沖縄県生まれ。東京大学総合文化研究科超域文化科学専攻（文化人類学コース）博士課程単位取得満期退学。

1990年より20年以上にわたり、東京で、HIV/AIDSに関する支援活動や啓発のための研究にたずさわる。同時に、LGBTのパレードをはじめとするコミュニティ活動を牽引する。また文化人類学者として、実践女子大学、東京大学、筑波大学、関東学院大学などで非常勤講師をつとめてきた。

2011年に沖縄へ帰郷し、「レインボーアライアンス沖縄」を設立。2013年、沖縄初のLGBTプライドイベント「ピンクドット沖縄」を共同代表として実現する。セクシュアリティやジェンダーに関する論考・寄稿多数。共編書に『カミングアウト・レターズ』（太郎次郎社エディタス）がある。

新宿二丁目の文化人類学
ゲイ・コミュニティから都市をまなざす

2015年7月20日　初版発行
2018年3月1日　第3刷発行

著者……………砂川秀樹
デザイン………山田信也（スタジオ・ポット）
装画……………大塚隆史
発行者…………北山理子
発行所…………株式会社太郎次郎社エディタス
東京都文京区本郷3-4-3-8F　〒113-0033
電話 03-3815-0605
FAX 03-3815-0698
http://www.tarojiro.co.jp/
電子メール tarojiro@tarojiro.co.jp

印刷・製本……大日本印刷
定価はカバーに表示してあります

ISBN978-4-8118-0784-3　C0036